破解中国企业走出去的文化障碍

沈健 著

知识产权出版社
全国百佳图书出版单位
—北京—

图书在版编目（CIP）数据

破解中国企业走出去的文化障碍/沈健著. —北京：知识产权出版社，2020.1
ISBN 978–7–5130–6571–9

Ⅰ.①破… Ⅱ.①沈… Ⅲ.①文化交流—研究—世界 Ⅳ.①G115

中国版本图书馆 CIP 数据核字（2019）第 251161 号

内容提要

文化障碍，看不见摸不着却异常凶险，难以克服。中国企业浩浩荡荡"走出去"，如果只凭勇气那大多会成为"烈士"；要能凯旋而成为英雄，除了要有勇气，更要足智多谋。中国企业真正全球化的路还很漫长，学习跨国经营的功课还很多，克服文化障碍的能力还很弱。跨国经营的企业是一种多文化机构，跨国公司的经营管理就是要把政治、文化等的多样性综合起来加以管理。面对全球市场，既要有雄心，更要有耐心。如今，"走出去"与"一带一路"相契合，必将助力中国企业走向全世界，也必将有越来越多的中国企业成为跨国公司。但中国企业要在海外立足和成为成功的全球化公司，受制的因素有很多，其中，文化障碍是最难以逾越的鸿沟。如何跨越这条"文化沟"是中国企业海外经营的必修课。

责任编辑：国晓健	责任校对：谷 洋
封面设计：臧 磊	责任印制：孙婷婷

破解中国企业走出去的文化障碍
沈 健 著

出版发行：知识产权出版社 有限责任公司	网　　址：http：//www.ipph.cn
社　　址：北京市海淀区气象路 50 号院	邮　　编：100081
责编电话：010–82000860 转 8385	责编邮箱：guoxiaojian@cnipr.com
发行电话：010–82000860 转 8101/8102	发行传真：010–82000893/82005070/82000270
印　　刷：北京九州迅驰传媒文化有限公司	经　　销：各大网上书店、新华书店及相关专业书店
开　　本：787mm×1092mm　1/16	印　　张：13
版　　次：2020 年 1 月第 1 版	印　　次：2020 年 1 月第 1 次印刷
字　　数：264 千字	定　　价：68.00 元
ISBN 978-7-5130-6571-9	

出版权专有　侵权必究
如有印装质量问题，本社负责调换。

目 录

第一章　导论：文化的力量 ··· 1
　　一、文化的内涵 ··· 4
　　二、文化的核心力量：精神力、思想力 ················· 6
　　三、全球化下的文化视角 ······································ 12
　　四、国家软实力 ··· 16
　　五、文化差异：跨文化管理研究的基点 ················ 20

第二章　史上"走出去"与文化思考 ························· 23
　　一、陆路时期：商路带动文化之路 ······················· 24
　　二、海路时期：海上丝绸之路 ······························ 26
　　三、新航海时期：西方的崛起 ······························ 27
　　四、中国失去海路：文化的缺失 ·························· 29
　　五、荷兰的"走出去"：靠的是技术创新和思想创新 ·········· 30
　　六、英国的走出去：靠的是制度文化和思想文化 ·········· 32
　　七、美国的走出去：靠的是"八大金刚"等抓手 ·········· 36

第三章　走到欧洲：欧洲文化要点 ···························· 47
　　一、欧洲文化进程 ·· 48
　　二、欧洲文化要点 ·· 52

第四章　走到美国：美国文化要点 ···························· 56
　　一、美国国家文化历史背景 ································· 56
　　二、美国国家文化特点 ·· 58

第五章　走到日本：日本文化要点 ···························· 69
　　一、日本文化进程 ·· 70
　　二、日本文化要点 ·· 71

第六章　走到非洲：非洲文化要点 80
　　一、欠发达的大陆 80
　　二、本土部落文化丰富多彩 80
　　三、宗教信仰多元 81
　　四、黑非洲 82
　　五、殖民地文化印记明显 83
　　六、语言体系庞杂 84
　　七、典型的非洲人轮廓 84

第七章　走到拉美：拉美文化要点 86
　　一、拉美的原始宗教 87
　　二、欧洲的殖民统治让拉美本土文化物是人非 88
　　三、拉美的本土文化和外来文化的融合 89
　　四、拉美文化特色的形成 89
　　五、拉美风情下的拉美人轮廓 91
　　六、拉美之困 92
　　七、中拉"海上丝绸之路"之源 92

第八章　走到中东：中东文化要点 94
　　一、希伯来文化 94
　　二、希伯来宗教——犹太教的主要特点 95
　　三、阿拉伯文化 97
　　四、伊斯兰教 98
　　五、耶路撒冷城 101

第九章　跨国公司：商业和文化 104
　　一、跨国公司：商业网络 105
　　二、跨国公司：商业纽带 107
　　三、跨国公司：跨国能力与全球能力 109
　　四、跨国公司：文化有机体 115
　　五、跨国公司：中国启示 117

第十章　德国企业的启示 120
　　一、德国经济崛起之初的启示 121
　　二、德国企业的十大意识 122

第十一章　美国企业的启示 ······ 132
一、个人奋斗精神 ······ 132
二、冒险与创新精神 ······ 133

第十二章　日本企业的启示 ······ 138
一、"二战"后日本经济迅速发展的经验总结 ······ 138
二、日本锻造的日式"合金文化"：中日西美"四合一" ······ 139
三、独特的日本企业思想文化 ······ 140

第十三章　破解文化障碍之道 ······ 143
一、改善形象，提升品质——形象 ······ 144
二、品牌至上，胜者为王——品牌 ······ 152
三、社会责任，理解万岁——责任 ······ 158
四、内外兼修，管理为本——管理 ······ 161
五、上下一心，以人为本——人力资源 ······ 164
六、兼容并蓄，海纳百川——企业文化 ······ 165
七、铁杵磨针，定海神针——精神力 ······ 170
八、全球传播，内外兼顾——传播 ······ 174
九、兵马未动、粮草先行——影视 ······ 178

结　语 ······ 196

参考文献 ······ 198

第一章　导论：文化的力量

毛泽东曾经引述过一句古话："不是西风压倒东风，就是东风压倒西风。"综观世界历史，亦是如此。西方压倒东方的历史并不长，东方胜过西方的时间则要长得多。西方压倒东方的力量源自何处？关键的有两个：文艺复兴的精神力量，工业革命的物质力量。

斯塔夫里阿诺斯在《全球通史》中写道："文明的到来使得经济关系和政治关系都发生了巨大的变化……这种由文明引起的文化变化是根本的和持久的。"[1] 文化学界将埃及文化、苏美尔文化、迈诺斯文化、玛雅文化、安第斯文化、哈拉巴文化、中国文化7个古代文化称为人类原生形态的"母文化"。"中国人拥有高度发达的文化、先进的工艺、大规模的商业、以功绩为基础的有效的官僚政治和提供社会凝聚力及思想意识基础的儒家学说。于是中国人也就顺理成章地认为他们的文明优于其他文明，并将外国人视为'野蛮人'……这种态度尽管可以被理解，但它却使中国人在一个巨变的时代没能发生变化。相反，西欧人却恰恰因为自身比较落后，所以他们渴望学习，并积极创造。他们拿来了中国的发明，竭尽全力发展它们，并将其用于海外扩张。这种扩张反过来又引致更大的技术进步和更多的制度变化。最终的结果是中世纪文明转变成现代文明，而欧洲人则成为这一转变的先锋和受惠者。"[1]

在东西方博弈的大棋局中，中世纪是一个关键的时空节点。在中世纪普遍被称作"黑暗时代"的时候，恰恰也是西方暗地里无意识地积聚力量准备翻盘的时候，可谓是黎明前最黑暗的时候。西方中世纪文化和知识的发展，同经济和政治的发展一样意义重大，富有革新精神。从罗马陷落到约1000年，前后的几个世纪在完全缺乏文化创造力的意义上说，构成了西方历史上的"黑暗时代"。可见，西方相对于东方显得自卑不已，可以说自卑了1000年，那么最终是什么让西方摆脱了这漫长的黑暗岁月呢？极度贫穷、危机四伏、与世隔绝，不可能产生文学、艺术和学术杰作。的确，修道院的修士设法保存了部分古典文化，但他们自然致力于保存与其宗教信仰相一致的部分，而忽视了那些更为世俗的东西，结果形成了"基督教的"即"教会的"文化，这种文化对教会是一个补充，并依附于教会。11世纪，主教们为了教育其管辖区内的教士，创办了教会学校。一个世纪以后，以教会学校为基础的早期大学逐渐形成。这些大学是具有合法身份的自治团体，这是它们与众不同的特征。此外，它们不像教会学校那样只有一个文科，另外还有教会法规、民事法律、医学和神学系。文科的全部课程包括三个低级学科（拉丁文法、逻辑和修辞）和四个高级学科（算术、几何、音乐和天文）。12世纪，在博洛尼亚、巴黎和牛津出现了第一批大学；随后一个世纪中，在帕多瓦、那不勒斯和萨拉曼卡创办了一些大学；14世纪，在中欧的布拉格、克拉科夫和维也纳也建立了一些大学。这些大学最初都是培养教士的机构。这一培养重点是自然的、合时宜的，因为当时教士垄断了文化职业和行政职位。但是，12世纪，当有人将亚里士多德的形而上学的著作和其他古典名著从阿拉伯语翻译成拉丁语，后来直接从希腊语翻译成拉丁语时，这一限制受到了挑战。这些著作的翻译使西方学者首次面临体系完整的、唯理论的自然哲学，引起了欧洲思想界的大动荡。因此，是知识的火炬照亮了欧洲的黑暗时代，从此走向光明。中世纪是一个信仰的时代，不存在不可知论者，因为上帝的最后审判日在人民的脑海中萦绕。……这一神学展示出中世纪世界的等级性。社会、自然界和宇宙以相似的等级关系表示出来。土在下，水在上，空气再上，最贵重的元素火在顶层。教皇和主教、皇帝和国王、贵族和普通百姓在自然界中都能找到各自的位置。宇宙也是如此，月球和太阳在下，行星在上，恒星更上，万星之上是天堂，出于神学的需要，与天堂相反的是地狱。这幅世界图画一直流行到科学革命时期；16世纪哥白尼的太阳中心说，17世纪牛顿的世界机器论推翻了地球中心的宇宙观。人类对于时间和空间的好奇和探索让西方开始觉醒。"除了面包，没有什么比人类的宗教信仰更可贵的了，因为人活着不仅仅是为了面包，还有给他希望的信仰"……[2]

地理大发现是东西方棋局中的一个"活眼"。在世界文明史上，地理大发现是一个举足轻重的大事件，因为它撬动了西方世界崛起的大盘，海洋时代终于到来，陆路时代的王者——中国的苦日子也开始到来。而无数人尤其是中国人总是不由自主地会问：为什么中国没有地理大发现？中国当时有指南针、航海术和先进的造船技术。这个问题的最佳答案还是上面说到的中世纪的教会文化。成也萧何败也萧何，基督教的最黑暗统治却把欧洲人带入到文艺复兴的黎明之中，即可谓黎明前的黑暗。

第一章
导论：文化的力量

西方称霸了世界。过去狭小的西欧国家纷纷走向了世界，变成了世界大国。它们走向东方、走向南方、走向更西的地方——美洲新大陆。西方文明在几百年时间里给这些地方带去的是贫穷和落后。只有在东方的中国走出了一条不同于西方模式的特色道路，并取得了令世人惊叹的成功。这一次，东西方的天平将向东方倾斜。人类社会从农耕文明、草原文明的陆地时代迈进到海洋文明的海洋时代，再到工业文明的机器时代，未来将步入深海和深空文明时代。中国曾经错过了海洋文明和工业文明的发展机遇，但不会再错过深海和深空文明的时代。从生产力和生产关系两个方面，中国都已经准备好。农耕时代是以人力为主导力量，要靠耕地，农田民族成为时代弄潮儿；草原时代是以马力为主导力量，要靠草地，马背上的民族成为时代弄潮儿；海洋时代是以炮舰为主导力量，要靠基地，海洋民族成为时代弄潮儿；工业时代是机械力作为主导力量，要靠厂地，工匠民族成为时代弄潮儿；深空时代将是火箭作为主导力量，要靠太空基地，航空民族将成为时代弄潮儿；深海时代将靠深潜器作为主要利器，要靠深海锚地，蓝海民族将在未来笑傲江湖。尽管以往的海洋时代还不是真正意义上的海洋开发时代，充其量只能是海运时代，真正的海洋时代还在等待人类去向蓝海进发，但中国正在努力弥补海洋时代和工业时代的欠账。航空母舰、造岛技术、核电、新能源汽车、高铁、大飞机、智能手机、人工智能、量子计算、海洋深潜器、深海工程装备、远海运输工具等制高点都已被攻克。"中国制造"也正在崛起，继英国制造、德国制造、瑞士制造、美国制造、日本制造后，中国制造业正在努力赶超，迈向中高端。令人欣慰的是，中国的航空、航天、航海科技更是取得了骄人成绩，空间站、飞行器、载人技术、导航、天眼、海洋工程等关键领域都排世界先进行列。深海时代和深空时代的世界观将颠覆以地球为视域的世界观，时间坐标、星际关系、空地关系将让人类的思考空间大大拓宽，过去的生产关系必将会发生革命性的调整。私有制明显不适合人类瓜分太空资产，公有制将显示出无与伦比的优越性，"集中力量干大事"的制度优势必将中国在深海和深空时代的地位牢牢锁住。

人类的文明进步已经让地球人不断理性。谋发展、谋幸福成为所有国家的目标，不论是政治体、经济体还是文化体，都是人类共同体，不同个体的差异既可以产生吸引力，也可以产生摩擦力；既可以产生"距离美"，也可以产生差距，关键是如何分析差异，发挥差异正能量，克服障碍。文化障碍就是其中一个。

一、文化的内涵

直到今天，人类对文化没有一个统一的界定，导致对文化的概念表述不下三百个，各说各话。

"文化"作为一个中心概念是由英国文化人类学的奠基人爱德华·泰勒（E. D. Talor）在其1871年出版的《原始文化》一书中第一次提出。他把文化的含义系统表述为："文化是一个复合整体，包括知识、信仰、艺术、道德、法律、习俗，以及人类在社会中所获得的一切能力与习惯。"后来人对文化的概念阐述基本上都认为文化是特定人群中有关观念、习俗、规范和准则的总和，比如，有代表性的荷兰文化协作研究所所长霍夫斯特德（G. Hofstede）认为，文化是一个环境中的人的"共同的心理程序"（collective mental programming）。如此，不同的群体、区域、国家这种"复合总体"就互有差别，具有不同的思维模式、行为方式，不同的国家、地区和民族就有不同的文化，正如法国哲学家帕斯卡（Blaise Pascal）在其《思想录》中所说的那样："在比利牛斯山这边是真理的东西，在比利牛斯山那边就成了谬误。"

文化，从最广义上说，人类创造的一切就是文化，文化是人类社会的特有现象。因此，广义的文化是指人类在社会实践过程中获得的物质、精神的生产力和创造的物质、精神的总和，它包括物质文化、制度文化、行为文化和思想精神文化四个方面。从这个意义上说，广义的文化类似于文明这个概念。文化和文明的区别可以简单列举为：是否穿衣服是文明，怎么穿衣服是文化。人类经历了农耕文明、草原文明、海洋文明、工业文明。下一个文明应该是太空文明。中国错过了海洋文明和早期工业文明，太空文明的时代则一定不会缺少中国人的身影。

从狭义上讲，文化是知识、信仰、价值观念、艺术、道德、法律、习俗以及个人作为社会成员而获得的能力和习惯组成的复杂整体，是指人类精神生产力和精神产品，包括一切社会意识形态，如自然科学、技术科学和社会意识形态等。作为一种历史现象，文化的发展有历史继承性；作为社会意识形态，文化是一定社会政治和经济的反映，同时又对一定社会的政治和经济产生巨大的影响。

从广义角度看，最大的视角是整个人类、地球，背景是宇宙和大自然；从狭义角度看，最小的视角是个体人，背景是社会。

从分层看，文化呈现表层、中层、内层和核心层。表层包括有形的物质、色彩、质感、造型、线条、界面元素等，是文化的载体，如英雄人物、故事传奇、环境布置、象征物、崇拜物、偶像等；中层包括人的行为，如艺术、生活、日常行为、宗教行为、风俗、习惯、作风等，是文化的表象，如典礼、仪式、规律性行为等；内层包括制约人的行为的显性和隐性的规则和制度，如历史、传统、文明、流程、指导性文件等，它保证行为的持续性、连贯性和时代性；核心层包括人的文化意识，如思想、观念、理念、价值观、精神、修养、情感、心理等，它是文化形成差异性的根源（见图1）。文化价值观是人们的一种内隐文化，处于文化最深层的价值观念体系，是决定文化性质、方向和特点的最根本、最重要的因素。它的形成与一个民族的历史经历、社会发展和民族构成有着千丝万缕的联系。

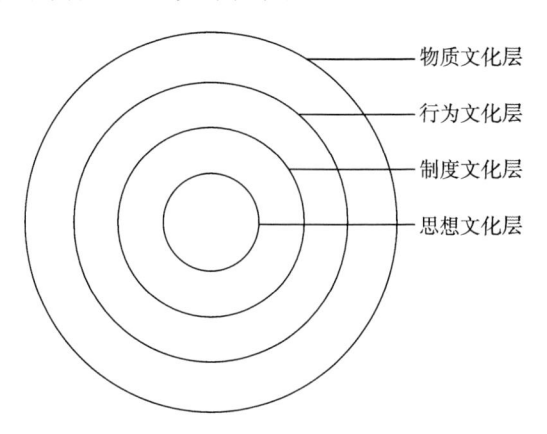

图1 "文化"的分层模型

人类文化作为一个整体，在一定的宇宙空间中具有唯一性，文化是人类的特有现象，可以被称为"人化"；同时，人类文化并非铁板一块，它是丰富多样的，甚至千差万别，其终极根源还是在于人的意识。"文化"就是对"何为人"这一总问题的终极思考，"何为人"就是人性。人性的大问题是生和死。如何生、如何死，尤其是对生的思考，因此，古代的代表性文化都是哲学。

文化里，蕴藏着思想；而思想，可以表现在不同的文化中。正因为人类在自身发展过程中，可能某一个民族与其他的民族都曾经面临过同一个问题，并且又都找到了同样的解决问题的方法，所以，不同的民族文化中，可以存在相似的思想价值观念。思想，如同急流中的河水撞击礁石上激起的浪花。在这个比喻里，急流，指的是历史上特定的时代；礁石，指的就是这个时代里社会所面临的问题。时代在发展，河水在流动，不断地冲击礁石，就会不断地产生浪花，而思想，如同浪花一样，形状各异，层出不穷。如果在礁石周围存在沙石和土壤，浪花浸润在各处的沙石和土壤就形成了文化。所以，文化不容易变，但很容易受到"浪花"的冲击。文化是思想的落地。思想史学家们认为，观念的创造导致现实的变化，因而，观念的力量要超先于物质的力量，观念的力量可以成为比物质的力量更具有决定性意义的变化动力。以法国大革命为例，就像拿破仑曾经说过的那样，法国大革命就是由启蒙运动的观念而引发的。路易十六在阅读了伏尔泰和卢梭的著作后，叹息道："伏尔泰和卢梭亡了法国。"法国历史学家饶勒斯在分析大革命的原因时也说："社会革命将并不仅仅依靠事物的力量来实现，它要依靠意识和意志的活力。"

人类的经济活动也是独特的，不仅仅生产物质，也生产精神。从产业角度看，文化产业的重要组成部分如文学、音乐、戏剧、美术、电影电视、广播、新闻、出版等，都是人的思想的成果。思想者们通过文章、诗歌、戏剧和绘画等方式来宣传和表达思想，使其他人明白他们所经历的和想要表达的东西。我国文化产业还处于起步阶段，把文化当作"产业"也是近几年的事，因此，我们和发达国家，尤其是文化帝国主义国家的差距还是很大的。从世界角度看，文化产业还基本上被西方垄断，一些国家的"文化霸权"对我国的发展非常不利。只有物质产品和精神产品的"双一流"才能助力我国成为真正的强国。无法想象，听着外国的歌，看着外国的电影，崇拜外国的偶像，吃穿外国的品牌，被外国的审美观左右，甚至学术成果只有发表到外国的刊物才能被认可，这样下去，中国将来会怎样！固然，我们可以通过性价比策略在物质产品方面与强国竞争，形成竞争力，但是，精神产品则无法通过性价比策略赢得市场。

二、文化的核心力量：精神力、思想力

政治要讲思想力，经济要讲生产力，军事要讲战斗力，文化要讲精神力。

从"文化"的分层模型来看，文化的力量主要包括物质力、制度力、行为力、思想力、精神力。精神就是文化的根。根须拼命地延伸，形成范围广阔的根系网络。每一根根须都在贪婪地寻找水分、养料，根系的核心精神就是求生。所以，一种文化能否旺盛成长就取决于根系是否发达。一种文化战胜另一种文化，某种程度上也是精神的较量。

人类精神是维系和支撑人类社会存在和发展的强大观念力量。参加过朝鲜战争的一位美国兵曾回忆了发生在冬天的一场战役：天气非常寒冷。双方对峙了已经好几天。中国士兵几乎弹尽粮绝。美国兵认为胜利一定是他们的。

第一章
导论：文化的力量

但是，他们做梦也想不到，中国士兵简直像"疯了"一样，即使眼前已经尸横遍野，而且他们已经是腹中空空，但是仍然不停地发起冲锋。中国军人的这种"不要命"的精神，不仅震惊了美国兵，而且也决定了那场战役的最后结局：中国军人胜利了。不单对这个美国军人，大概对于大多数美国人来说，中国人这种忍受各种各样的痛苦的精神，简直是一件不可思议的事情。在朝鲜战场上，中美军队的力量明显不对称，美国军队的物质力量远远超越中方，但中国军人靠不怕苦、不怕死的精神打败了美国。同样地，近现代以来，中国的农民、工人依靠着他们的肯吃苦、肯流汗的精神，使中国的商品充斥于全世界。一个民族，敢于吃苦受累，甚至连死都不怕，它能不兴旺，能不崛起吗？中国的成功模式之所以难以被他国复制，根本原因就在于此。

相比于中国崛起之前屈辱时期的中国人的精神呢？鲁迅弃医从文，写下了无数篇"阿Q精神"式中国人的文章，就是看到近现代中国的精神力式衰，试图通过文化的力量来唤起中国人的精神力。在数千年中华文明史的演进中，有过无数次的辉煌，亦曾多次经受各种天灾人祸的考验，尤其是近代百年，更是灾难深重、内忧外患。但是，无论经受怎样难以想象的磨难，我们始终民族未散，文脉未断，文明延续，伟大的中华民族总是能够从坎坷中奋起，攀上新的巅峰。正是在这一过程中，我们形成、发展并传承着那民族至大、至刚的浩然正气。中华民族五千年生生不息的"根系"，就是"一息尚存、自强不息"精神的结果。

中华民族精神博大精深，是优秀历史传统精神、革命传统精神和新时期精神的有机统一。在中华民族的传统精神中，有"天下兴亡，匹夫有责"的历史使命感，有"富贵不能淫，贫贱不能移，威武不能屈"的伟大气节，有"见利不亏其义，见死不更其守"的人生态度，有"出淤泥不染"的高尚品格，以及吃苦耐劳、艰苦奋斗、注重修身等美德。革命传统精神主要是"五四"以来，在马克思主义的指导下，中国共产党领导中国人民在革命斗争中培育的时代精神、民族精神，是对中华民族优秀历史传统精神的继承和发展、充实和升华。像"五四"精神、井冈山精神、古田精神、长征精神、刘胡兰精神、延安精神、白求恩精神、张思德精神、红岩精神、雷锋精神、大寨精神、大庆精神、两弹一星精神，等等，举不胜举。这些都体现在各个历史时期的重大决策之中，表现在以工人、农民、军人、知识分子为代表的中国人的言行之中，并被凝聚到新时代精神的科学内涵中，为中华民族精神增添了新的内涵和光彩。新时期精神则集中体现中国人在改革开放后以深圳精神为代表全面建设新成就的精神，"时间就是金钱，效率就是生命"的深圳口号响彻神州大地。女排精神代表的信念、坚持、艰苦奋斗、团结协作、敢拼敢搏、不怕失败、百折不挠、不言败、不言弃、不放弃的精神鼓舞、激励了一代国人，不断地传承。抗洪精神代表的是万众一心、众志成城、不怕困难、顽强拼搏、坚韧不拔、敢于胜利的精神。航天精神承载的是满怀为国争光的雄心壮志，自强不息、顽强拼搏、团结协作、开拓创新，铸就了特别能吃苦、特别能战斗、特别能攻关、特别能奉献的内在品质。青藏铁路精神代表的是顽强拼搏、求实创新、挑战极限、克服艰难险阻、勇创一流的精神。黄大年精神代表了新时期知识分子心有大我、至诚报国、淡泊名利、甘于奉献的境界，和国家至上、民族至上、人民至上的不变信条，等等。

中国是世界文明古国，有着极为丰富的精神、智慧资源，其中的很大一部分具有普世意义，符合人类文化或文明的共性要求，比如"和而不同"的文化价值理念，"民本主义""人道主义""和谐社会"的精神，以及人与万物和谐相处的可持续发展观、"人类命运共同体"，等等。中国的道路也证明民族精神、人文精神、意志力、创新精神才是成功、成就、成仁这三条大河的"三江之源"。

企业要长盛不衰，同样要靠精神的打拼。企业竞争要差异化，差异化靠创新而来。企业的发展壮大离不开员工的奋斗，奋发向上、积极有为的员工精神必然是企业文化建设的核心内容之一，具有什么样的精神风貌就必然成为衡量一个企业员工的品质和素质水平的重要标准。松下幸之助早在1937年就明确提出要打造"松下精神"，经过一段时间的企业思想文化建设以后，松下企业精神已明确地形成七条，即产业报国的精神、光明正大的精神、和亲一致的精神、奋斗向上的精神、礼节谦让的精神、适应形势的精神、感恩报德的精神。无疑，"松下精神"为松下公司成长为世界级企业起到了"催化剂"和"发动机"的积极作用。企业和员工具有什么样的精神完全是在CEO的带领、宣讲和坚持下才能建设起来的。惠普创始人戴维·帕卡德1949年在一个商界企业领导人会议上与参会的老板们讨论的焦点是企业如何做得更大，利润如何提到最高，而年仅37岁的戴维直言不讳地反驳说："请不要忘记，一个企业对社会的责任远远重要于对股东的责任，而企业更有责任尊重雇员的自身价值和人格。"这一论点遭到身为企业领袖的同仁们的抨击。鉴于他的想法如此不入"主流"，他被公认为没有资格经营任何重要企业，更不要说继续归属于企业领导人这个俱乐部了。然而50年后的今天，当初自以为是的几十位领导们，又有谁的名字留在世人的记忆中了？又有谁的企业能像惠普那样，成为了美国硅谷最重要的"基因"，并且至今还拥有雄厚的竞争力？无论多么富贵，几十年下来，戴维都住在一栋简朴的房子里；为许多大学和公益基金会捐款，但是他从不允许自己的名字留在任何建筑物上面。惠普的理念和价值从未改变，因为创造者本人的精神就从未改变过，它是戴维用生命写下的真实品格和精神。

企业要靠企业领袖。企业 CEO 在自身的精神力和企业的精神力方面都起着无法替代的作用。CEO 的成熟与否主要表现在职业化程度上。职业化程度包括两个方面：职业能力和职业精神。表现为管理能力、营销能力、创新能力、学习能力、国际化能力等的职业能力固然重要，但更容易忽视的是职业精神。CEO 的职业精神应该怎样？通过对世界优秀的 CEO 们研究会发现一些共性的地方：作为企业领袖的 CEO 都是一些卓尔不凡的优秀之人，其优秀之处不仅体现在卓越超群的职业能力上，更体现在难能可贵的职业精神中。

GE 公司的高级副总裁、首席大律师小本杰明 W. 海内曼很早就说：没有任何事情可以阻止我们 GE 公司不断向前发展，唯独诚信。GE 选人时，首先要求为人诚实，诚实比能力更重要。所以，他们挑选人才是把职业精神放在首位，而不是职业能力。同样是 GE 公司，韦尔奇披露了多年来用于筛选"领导"的四个标准：首先是要有对付急剧变化节奏的"精力"；第二是能"激发活力"，就是要有能力使机构兴奋起来，能激励鼓动人们去采取行动；第三要有"锋芒"，要有自信去面对棘手的问题，要说"是"或"不是"——而不要说"也许"；最后就是要"实施"，即永远都要兑现承诺，绝不让人失望。四项要求处处体现了对职业精神的渴望。看来，无论是对普通员工，还是企业领袖，"职业精神"都是首要条件。

清华大学经济学家魏杰讲过曾经在他身边发生的一件事情："有一次，有一个董事长到北京来开会请我吃饭，结果刚坐下来董事长有事要走，就让自己的副老总陪我吃饭，我看着买单，算了 2300 元，结果这个副老总告诉那个服务员：给开 9700 元。第二天我琢磨了一天，为什么开 9700 元，看来是有空子可钻的，因为董事长请我吃饭，你花了钱写上请谁吃饭了，他也不会问我吃了多少钱，这就是制度失效了，不应该这么干他就干了。后来我见到这个董事长，就告诉他你这个企业有问题，副老总都这样干，那还了得，干脆把他换了。本以为这能激起这位老板的极大愤怒，但让我吃惊的是这位老板没有吭声，而且平静地告诉我不用换，换了张三、李四来了也还是一样的。"一件小事折射出 CEO 的差距不光是在职业能力，更是职业精神上——做 CEO 的差距，做人的差距；也反映出我国职业精神建设的紧迫性和重要性。如果说传统意义的领导主要依靠权力，那么现代的领导则更多的是靠其内在的影响力。一个成功的领导者不是指身居何等高位,而是指拥有一大批追随者和拥护者,并且使组织群体取得了良好绩效。企业的可持续发展依靠稳定而有创造性的员工,只有具备精神感召力的 CEO 才会聚集起一大批这样的员工在其周围,从而产生规模效应。什么样的 CEO 具有这种精神感召力?成功的 CEO 人人相似:优秀的个性品质+执着的追求。执着的追求源于使命感,在追求中会使优秀个性品质得到锤炼和发扬光大。使命感是 CEO 们在思想活动和追求真理中所产生的情感体验,它与人的求知欲望、兴趣以及对真理的追求相联系。优秀的 CEO 个性品质能够体现出对企业和职工的强烈责任心,并形成一种巨大的凝聚力,密切企业领导与员工之间的关系。20 世纪 10 位最卓越的企业家:惠普公司的戴维·帕卡德、《华盛顿邮报》的凯瑟琳·格雷厄姆、3M 公司的威廉·麦克奈特、范尼·梅公司的戴维·马克斯韦尔、强生公司的詹姆士·伯克、金佰利-克拉克公司的达尔文·史密斯、默克集团的乔治·默克、沃尔玛公司的萨姆·沃尔顿、波音公司的比尔·艾伦和通用电气的查尔斯·科芬。他们伟大的共性在于对职业精神的理念与价值自始至终的捍卫。几十年,甚至近百年,随着时代的变迁,企业在外观和规模上更新换代,然而,企业自身的思想文化与精神价值,从建业的第一天起,从来不曾改变,而且靠职业精神建造的企业根基,也不会因为任何一个创始人的退位和生命结束而终结。

精神力量之所以能够改天换地,推动历史发展,是由精神力量对人们思想和行为三个方面作用形成的。精神力量对人的思想、行为方向具有引导或指导作用,精神是人的主观能动性表现,具有高度的目的性和指向性;精神力量的本质就是精神激发人产生主观能动性,积极进取,以达到自己预期的力量;共同的精神追求,共同的理想信念,共同的奋斗目标,可以产生强大的凝聚作用。

因此,精神力必然依赖思想力。要有思想力就必须思想正确,思想正确就是政治正确。中国人从"站起来"到"富起来",再到"强起来"的道路无不证明了这一点。马克思主义、列宁主义、毛泽东思想、邓小平理论、习近平新时代思想等都不仅改变了中国人的命运,也改变了人类历史和人类力量格局。不过,先进的思想要战胜落后的思想也不会一帆风顺。中国从古至今,很多思想改变了中国人的精神家园,甚至改变了国家的命运。从以儒家为代表的诸子百家,到维新变法、孙中山的"三民主义",再到如何运用马克思主义的不同意见等,最终,思想和精神的契合让中国走上了复兴之路,崛起的力量势不可当,世界的格局也随之改变。从中国革命到中国改革,中

第一章
导论：文化的力量

国道路是前无古人后无来者，也是无法复制的。中国的成功归结于走出了一条适合本国国情的特色道路。不照搬照抄，不教条，不迷信经典，不崇拜权威，而是灵活变通。一切从实际出发，实事求是，理论联系实际，实践是检验真理的唯一标准，这些通过挫折和失败换来的真理性认知，任何时候都是取得成功的思想法宝。历史也反复证明，思想上违背了这些真理必然被真理惩罚，教训也是深刻的。另一方面，一味地灵活变通，脱离基本面，违背基本规律，盲目、莽撞、冲动、拍脑袋，没有中心点的灵活，没有原则的变通，也必将走向失败。因此，变是绝对的，不变是相对的。思想上追寻真理、发现规律是没有终点的任务，永无止境，只有进行时，没有完成时。从这一点看，人类苦苦探求的力量和动力不是存在于外部世界，而是在人类本身。只有人类的大脑才是发展的永恒动力，思想才是真正的"永动机"，是源源不断的力量源泉。

中国共产党的革命事业"星星之火、可以燎原"，中国的改革开放从无到有、从小到大，无不证明了一个历史规律：世界的改变必然是先从思想的改变开始，思想力也是生产力。思想将会产生巨大的能量。解放思想，释放思想力，是改变现状和改变世界的力量源泉。中国化马克思主义、毛泽东思想和邓小平理论是中国国家面貌翻天覆地改变的根源所在。毛泽东思想给新中国带来了30年翻天覆地的变化，邓小平理论也给中国带来30年翻天覆地的变化，习近平新时代理论必将给中国带来又一个30年变化。新中国发展的100年远远超过了新中国之前的1000年。世界历史也证明了这一点。资本主义战胜封建主义靠的就是思想力。资本主义思想的三个支柱"私人""私产"和"私有制"迎合了时代所需，释放了人性要求，才爆发出摧枯拉朽、势如破竹的巨大能量。因此，文艺复兴运动的人性追求、契约精神和立宪主义才如此重要。资本主义的100年比封建主义1000年的生产力还要巨大，归根结底功劳就在于"市场经济"的思想。这一思想发现了一只隐形的手，并通过各个阶段的思想家的理论不断丰富和完善，彻底释放这只看不见的手的能量，缔造了前所未有的资本主义经济，适应了生产力的要求，从而创造了资本主义的繁荣。但是，资本主义的两个副产品却也十分可怕：破坏环境和放纵人性。

因此，科学、理性的思想，如果系统化、体系化，则是天下无敌的利器。

要有思想力，必须先培养思考力。思想教育是培养思考能力的重要方式。只有实干家是远远不够的，没有思想家，在文化竞争中必将落入失败的结局。在讲求创新的时代，中国还处于竞争劣势。不仅要行动，更要思考。意识到这一点的都早早下手了：1970年，美国洛克菲勒基金会在一项美国生活人文研究报告中强调：教育部应增订"批判性思考"为个人基本能力之一。美国总统克林顿在1974年签署《美国教育法案》（Goals 2000：Educate America Act），正式将思考列入全国性的教学目标。连我国香港、新加坡也已开始推动思想教育。前新加坡总理吴作栋在1997年第七届国际思维研讨会上提出未来的教育目标：思考型学校、学习型国家（Thinking Schools，Learning Nation）。自2000年以来，新加坡教育部已推展一个包含加强批判性思考能力的"工作计划"，在小学中年级以上实施。我国香港的做法更为积极。"教育统筹局"的课程改革短期目标（2001年至2006年）中，优先培养学生的共通能力（沟通能力、批判性思考能力及创造力等）融入现行科目或学习领域中，以提高学生建构知识的独立学习能力。根据"教育统筹局"委托香港城市大学做的调查显示，课程改革工作推行至今已见成效，超过70%的小学校长及50%的中学校长认为学生在沟通能力、独立思考能力、学习动机、创意等方面都有明显进步。

三、全球化下的文化视角

"全球化"这个词表述的是这个世界正在发展的一种趋势。"所谓全球化，说的是一种运动，一种过程。主要讲各国经济都在走向开放，走向市场化，世界经济趋向于某种程度的一体化，各国经济互相依赖的程度大大提高等。"[3]确切地说，全球化是世界经济发展的一种趋势，也就是"经济全球化"表述的内容。经济全球化就是"国际分工不断扩大和深化，世界各国和地区在经济上紧密地联系在一起，逐渐结合为一个统一的整体。"[5]市场经济一统天下，生产要素等经济技术资源在全球范围内自由流动和优化配置。它反映的是当今人类社会对市场经济这种模式的普遍认同，也反映了市场经济在当今世界的风靡程度，因此，经济全球化是在特定的历史条件下产生和发展的一种潮流和趋势。

"全球化"自80年代提出来后，如今已席卷世界，深入到我们的日常工作与生活中，生产全球化、市场全球化、贸易全球化、资本（金融）全球化、科学技术合作与信息网络的全球化都常常被提及，生产、交换、分配和消费的国际化已成为当今经济全球化的基本特征。

全球化的迅猛发展态势既是一种社会现象，又是一种历史发展的必然，它的产生和发展可以归结为以下几个基本原因。

1. 现代科学技术的发展和传播是全球化的物质基础

20世纪以来，特别是"二战"后，以电子计算机技术、微电子技术、信息通信技术、新材料技术、空间技术、海洋技术、现代交通运输技术等为主体的现代高技术群的出现，大大加快了各个国家、各个地区之间的信息流、物资流、资金流、技术流和人流，使相隔数千里甚至上万里的世界瞬间变成了一个地球村，从而在很大程度上缩小了人际、组织、民族、国家间交往的时空，为加速经济全球化的进程奠定了坚实的物质技术基础，提供了可靠的信息、交通工具和手段。特别是互联网促进了电子商务的发展，激发了企业追求全球化的动力，正如全球化理论权威、伦敦经济学院院长吉登斯（Tony Giddens）所说："在全球化电子经济社会中，所有公司以及千千万万的投资人只点一下鼠标，就在瞬间把大笔钱从世界一端转到另一端。"

2. 以市场经济为机制的世界大市场的形成为全球化扫除了障碍

经济全球化的根本前提是全球统一大市场的形成。在全球市场分割情况下，国与国之间的经济交往和自由化贸易不等于经济全球化。只有在各国之间广泛分工基础上形成的世界市场，才意味着从根本上消灭了国家间的孤立发展状态，从而最终形成广泛的、深厚的世界经济联系。任何国家和地区，一旦融入世界经济体系，都必然深受来自世界市场的各种影响。20世纪80年代以来，特别是90年代，随着苏联解体，东欧巨变，以中国为代表的社会主义国家在坚持社会主义基本制度前提下的不断深化改革转入了市场经济轨道，市场经济一统天下。市场竞争和市场逐利行为打破了经济的国家和地区限制，把世界各国的国民经济日益联结成一个整体的全球经济。

3. 以发达国家为龙头的区域经济一体化的迅速崛起给全球化奠定了板块基础

全世界已有100多个地区经济集团，几乎囊括了所有的国家。其中欧盟、北美自由贸易区和亚太经合组织已成为世界经济的主体三极，其区域内所实现的进出口总额和经济总量都占全世界的80%。而且近年来，各地区经济集团在壮大自身队伍的同时，也不断相互渗透，区域市场边界不断向外延伸和相互接轨，极大地促进了各国经济的融合和全球化的发展，形成了庞大的市场经济运行体系。在这个体系内，各国间的合作障碍日益减少，渗透和依存关系不断增强，各个国家程度不同地分享着世界市场上生产要素自由流动而实现的资源最佳配置带来的收益，同时也承担着经济一体化可能的风险。随着国际分工的深化，无国界经济的扩大，各国经济文化也突破了国家和民族界限，从对立、碰撞，走向了渗透、融合。

4. 发达国家的积极倡导和推动以及跨国公司的发展是全球化的加速剂

20世纪以来,世界经济的国际化趋势一直是在逐渐发展着的,大体经历了商品国际化、资本国际化和生产国际化三个阶段。而经济全球化只是这种世界经济发展过程中的突变和飞跃。跨国公司的出现是经济全球化的主要承担者和体现者。由于它们拥有雄厚的技术资源(据有关资料统计,现在世界科学技术的创新有90%被控制在跨国公司手中)和资金资源,存在大量的过剩商品,加之受到本国、本地区生产资源、消费市场和有限廉价劳动力的限制,这就迫使他们要进行商品、资本和技术的输出。尽管这种输出客观上促进了输入国的经济、技术和社会的发展,但其主观动机则是以获取最大的经济利润为目的的。发达国家商品、资本的过剩和技术的超前与其资源、能源、市场、廉价劳动力缺乏之间的矛盾是经济全球化的内在动力。

5. 发展中国家的有效参与是全球化的助燃剂

为了缩小与发达国家在经济、技术和综合国力上的差距,无论是主动还是被动,发展中国家都不得不投入到经济全球化浪潮中去,这在客观上进一步促进了经济的全球化。由于种种原因,20世纪后半期,发展中国家在科学技术、生产力、经济和社会整体水平上与发达国家的差距越来越大。因此,一些发展中国家为了缩小这一差距,便积极地融入世界经济体系中去,以吸收发达国家的技术、资金和先进的管理经验来发展本国的经济。此举产生了显著的效果,70年代到80年代发展起来的韩国、新加坡、我国台湾、我国香港和泰国等国家和地区就是最明显的例证。正是基于这些后起的工业化国家和地区的影响,其他一些发展中国家才清楚地认识到,只有顺应经济全球化的客观潮流,采取正确的政策和措施,使自己国家的经济尽快地、更好地融入国际经济体系,才能不被经济全球化的浪潮所淹没。当然,发展中国家不管是主动的还是被动的,是乐观的还是悲观的,这种或积极顺应或消极受应的举措表明实际上他们已被纳入或接近于世界经济一体化的潮流中。事实上,若没有发展中国家参与经济全球化,新的世界经济格局和秩序的形成便是不可能的,至少是不完善的。

当今世界上已经有越来越多的国家和地区逐渐融入了全球化浪潮,表明一个全球化时代的来临。随着国际分工的深化,无国界经济的扩大,各国经济、文化也突破了国家和民族界限,从对立、碰撞,走向了渗透、融合,使得世界上绝大多数的企业面临着文化的冲突与融合的挑战。

如今,汹涌的全球化浪潮洪水般地冲击着这个世界的各种文化,有的文化因被更大范围地认同而发展,有的文化因群体的逐渐缩小而萎缩甚至灭亡,而浪潮的淤泥也成为孕育新文化的新鲜土壤。

全球化对文化的影响可以概括为以下几个方面。

1. 全球化将会促使世界大文化的产生和发展

全球化浪潮下，多种多样的文化形态开始呈现，如商品文化、制度文化、价值文化、语言文化、科技文化、艺术文化等。全球化不仅会影响全球的经济结构和秩序，而且会对不同民族的文化带来程度不同的冲击。文化的这种碰撞和冲击将形成全人类都可认同的大文化，主要又包括以下几点。

第一，经济文化的盛行。世界对"经济文化"已有了共同的标准。如市场经济的法则、商品流通的规则等，已被普遍认可和遵循。

第二，科技文化的普遍。现在不论发达国家还是发展中国家，为了生存和发展，都在抓科学技术和教育，都已认识到科学技术是强国之本。尽管各个民族国家之间的科学技术发展水平不平衡，但科学技术的交流已成为一种不可阻挡的潮流。科学技术文化早已冲破民族国家间的界限，渗透到世界的各个角落。

第三，民族文化的交流。随着"经济文化"和"科技文化"的发展，各个民族国家之间的文学、艺术、哲学、宗教、风俗习惯的传播与交流更加容易，信息网络技术和交通运输技术已为这种交流提供了现代化的工具和手段。人们总会自觉不自觉地、程度不同地吸收这些外来文化的营养，以填补本民族、本国在某些方面的不足。这也是文化全球化的某种表现形式。

第四，制度文化的重塑。"所有文化进化式传播过程都首先以制度变迁的形式发生。无论是以发明的形式还是以传播的行动，新的技术装置总要被结合到业已确立的组织化行为系统之中，并逐步对原有制度产生全部的重塑。"[5]"民主和法治"作为一种制度文化，也将成为一种不可阻挡的历史发展趋势。

2. 全球化必然对民族文化带来一定的冲击

随着经济全球化趋势的加快，妨碍资本、技术和产品跨国界流通的障碍一个接一个地被拆除，继之而来的是不同文化、不同价值观、不同生活方式、不同信念的流入。这将使得各个民族的文化特质消长不等、各有特色。有些在相互冲突和撞击中形成了新质——世界大文化，有些则改变了本民族的生活方式、价值观念和文化特性。

所有民族的文化中都存在规范人类行为的约束机制。文化是从社会的历史发展中逐步产生的，体现了这个社会中的生存机制。各种文化的价值观都在最大限度地为这个社会的团结和生存服务。因而文化中包含的价值观念一般都是要最大限度地完成种族繁衍，最大限度地完成物质生产，最大限度地加强军事力量以保证生存。

3. 全球化必然凸显跨文化问题

经过几千年的发展，文化已经成为社会的基本组成部分。人们通过文化知道做什么和怎么做，任何威胁文化价值的东西都变得像威胁基本生存物质——比如食物和水———样严重，因此，人们极不愿意忍受对传统文化的重大更改。历史上，文化对变化总是进行强烈的反抗。即使在今天，当科技的更新需要社会文化产生相应的变化时，这种抵抗也同样存在。不过，科技变革基本上还是被接受和欢迎的，因为它们一般都提高了生活水平，而文化变更则会引起恐慌和抵抗，因为它威胁到了传统的、人们已经习惯的价值和实践。

随着世界经济一体化和区域经济集团化的不断深化，企业经营国际化已成为势不可当的热潮。全球化使世界出现一批又一批跨国公司，跨国经营和管理必然使跨国公司成为跨文化企业。跨国公司既是改变世界经济的力量，也必然是改变世界文化的力量。跨国经营企业因其经营方式的特点，不可避免地要面对不同民族文化之间的相互差异乃至冲突问题，这往往是其经营管理的重点以及难点。[6]

因此，面对不可逆转、势不可当的全球化进程，只有充分了解这个过程的必然性以及将对文化产生的影响，顺应大势、应对全球化将给文化带来的冲击，无论是冲突还是融合，是生存还是消亡，也无论是宏观领域还是微观领域，未来文化都要做好充分的准备。

四、国家软实力

"一个国家能否繁荣，文化是一个重大决定因素，因为文化影响到个人对风险、报偿和机会的看法……在人类进步的过程中，文化价值观确实是重要的，因为它们影响到人们对进步的想法；文化价值观之所以重要，尤其是因为它们形成人们组织经济活动所遵循的原则，而没有经济活动，就不可能有进步。"[7] 以往的世界可以分为"以德服人"的"王道"和"以力服人"的"霸道"这两种不同的政治学说。罗马强权、英国强权和美国强权都是以经济和军事这些硬实力为物质基础，同时以强大的文化形态和政治制度这些软实力为精神基础。中国自从汉朝初期以来，把儒学定为朝廷尊崇的教义。两千多年里，无论是对周边的国家，还是对国内的统治，中国历代朝廷最强调的是"以德服人"，推崇"教化"，即以道德、文化的方式，来使别人服从

第一章
导论：文化的力量

它的统治和权威。

　　文化、制度、传媒等被看作软实力。20世纪90年代初，哈佛大学教授约瑟夫·奈首创"软实力"（Soft Power）概念，按照他的观点，软实力是一种能力，它能通过吸引力而非威逼或利诱达到目的，是一国综合实力中除传统的、基于军事和经济实力的硬实力之外的另一组成部分。硬实力（Hard Power）是指支配性实力，包括基本资源（如土地面积、人口、自然资源）、军事力量、经济力量和科技力量等；软实力（Soft Power）则包括国家的凝聚力、文化被普遍认同的程度和参与国际机构的程度等。依靠政治制度的吸引力、文化价值的感召力和国民形象的亲和力等释放出来的无形影响力。相比之下，硬实力较易理解，而软实力就复杂一些。约瑟夫·奈把软实力概括为导向力、吸引力和效仿力，是一种同化式的实力——一个国家思想的吸引力和政治导向的能力。"软实力"主要包括以下几方面内容：一是文化的吸引力和感染力；二是意识形态和政治价值观的吸引力；三是外交政策的道义和正当性；四是处理国家间关系时的亲和力；五是发展道路和制度模式的吸引力；六是对国际规范、国际标准和国际机制的导向、制定和控制能力；七是国际舆论对一国国际形象的赞赏和认可程度。另一位美国学者斯拜克曼把民族同质性、社会综合程度、政治稳定性、国民士气统统视为软力量。英国学者罗伯特·库伯则把合法性视为软实力的核心要素。

　　软实力是国家之间竞争的新领域。它是通过直接诉诸心灵的方式，动员和发挥心智能量的作用来达到目标。换句话说，就是要依靠对内激励民众的士气，整合民众的力量，发挥民众的聪明才智，以实现发展目的。文化的力量之所以能够长久，在于文化能广泛地唤起人们内心深处的认同感。按照小约瑟夫·奈的解释，"一个国家文化的全球普及性和它为主宰国际行为规范而建立有利于自己的准则与制度的能力，都是它重要的力量来源。"[8]美国的"软实力"主要体现在：世界排名前10名的商学院10所来自美国；美国几乎吸引了6倍于德国的全球移民，居世界第一（德国为世界上第二大移民国）；美国是世界上最大的电影和电视节目出口国；在全球160万留学生中，在美国留学的外国学生占28%；2002年，有86000名外国学者在美国的教育机构工作；另外，美国的出版物居世界首位；美国的音乐制品是日本的两倍，后者居世界第二位；美国的电子网址是日本的13倍，后者居世界第二位；美国的物理、化学和经济学诺贝尔奖居世界首位；文学诺贝尔奖居法国之后，位于世界第二位；在科学杂志上发表的文章是日本的4倍，后者位居世界第二。[9]美国的"软实力"还体现在对于各种文化的包容、社会的责任和人们之间的诚实与信任上。这也是这个民族的吸引力所在。发达的非营利组织、志愿组织也是国家软实力的标志。志愿组织和志愿者的发展是一个国家和民族社会责任感的重要体现。一个国家在国际上所产生的吸引力、亲和力和影响力，都是软实力。有句话说，只有民族的，才是世界的。其实，并非一切民族的都是世界的，只有那些鲜明的民族特色被世界所接受和认可才能走向世界。

而中国两个有潜力的软实力：媒体和宗教。

对于中国而言，长城、熊猫、京剧、孔子、奥运冠军、演艺明星、载人航天飞船、三峡大坝等都是软实力资源，但要使资源转化为实力，并在国际上加以运用，则要靠对外传播。软实力资源丰富和软实力竞争力是两码事。传统文化被认为是中国软实力的重要组成，然而，这样的软实力在世界上是否具有竞争力、如何才能具有竞争力还没有准确的答案。

软实力之间的竞争和软实力的竞争力问题需要特别关注。

21世纪是亚洲的世纪。中国崛起已是势不可当。世界舆论的主导权、话语权还在西方媒体手中。美国搞乱中亚、非洲、东亚甚至欧洲的战略和策略任何时候都不会改变。哪里有快速发展，哪里会影响美国的独霸，哪里就会成为美国搞乱的目标。搞乱的先手就是媒体战、舆论战、心战、信息战。前南斯拉夫、阿富汗、利比亚、伊拉克、叙利亚、乌克兰、埃及、菲律宾、印度、伊朗、朝鲜、中国南海等，美国的这一手屡试不爽，"颜色革命""阿拉伯之春"表明美国善于运用新媒体尤其是社交媒体这些重要的手段。世界对美国、英法、北约的战争罪行没有任何声讨和追究，伊拉克、利比亚等国原领导人的巨额财富去向也不再是媒体关注的焦点，足见美国等西方对媒体话题、话语体系、世界舆论的操控何等深厚。有鉴于此，中国要加大媒体力量的建设，电视、广播、报纸、杂志、新媒体等一定要以传播力为核心，加快"走出去"。这方面，我们要敢于正视失败，总结经验教训。我们的"喉舌"如何在全世界发声，我们如何才能做出世界权威的期刊（尤其是学术期刊）是越来越紧迫的任务。应积极抓住媒体融合时代的机遇，加大中国传统媒体和新媒体的影响力建设。

发挥宗教影响力也是中国必须正视的课题，佛教、道教要"走出去"，佛教的"核武器"在中国——佛祖舍利是佛教徒最为崇拜的圣物，要把宗教资源盘活。天主教目前在扩张亚洲的影响力，教宗方济各先后访问了韩国、菲律宾、缅甸、孟加拉国、斯里兰卡等国。中国要积极与伊斯兰教国家发展关系。向西开放将成为中国经济升级版的必然选择，"一路向西"是中国未

第一章 导论：文化的力量

来战略的不二选择。中国西进过程中必然要与伊斯兰国家进行交流合作。丝绸之路和海上丝绸之路都要途经大量伊斯兰国家。伊斯兰成为中国发展迈向现代化、走向西方的桥梁，这里早就存在着伊斯兰丝绸之路和伊斯兰经济走廊，覆盖着伊斯兰绿色产业群。伊斯兰人口在全世界大约有 16 亿，中国境内 2000 多万伊斯兰人口，此外还有在中国经商的 100 万外国伊斯兰流动人口。新疆的伊斯兰人口就达 1340 万。这是一个庞大的市场，也是巨大的价值洼地。伊斯兰经济产业带这一隐性板块必然崛起成为未来广阔的蓝海！为打好全国乃至全世界伊斯兰经济（含清真产业）这张牌，打通伊斯兰经济走廊，融合伊斯兰文化，针对中国与伊斯兰文化必然交融的历史机遇，伊斯兰经济迟早会从价值洼地变成价值高地。对此中国应该有所作为，不妨打造三个品牌：塑造市场"牛街"品牌、建造园区品牌"伊商园"、打造文化品牌"伊博会"。现在的牛街是北京著名的伊斯兰街区，已经成为闻名世界的伊斯兰符号。"牛街"具备能够成为世界性品牌的潜质，将有助于街市品牌的迅速推广，走向全国，走向世界，成为继"唐人街"之后中国街市文化的又一个品牌。除了"牛街"这个品牌外，还应建设伊商园（伊斯兰商品园区）为在中国的外国伊斯兰人口和所在国的伊斯兰人口提供一流的工商业、饮食、娱乐、住宿、文化等全方位服务。如今我国是一个高度开放和包容的大国，国民的消费能力不断提高，对国外产品的接受度和渴望程度越来越强。开放的中国经济蓬勃发展，给世界各国带来了发展机遇，也给世界各地产品提供了巨大市场。伊商园通过产业集聚和规模效应，成为伊斯兰产业（含清真产业）的"服务器"和孵化园。最后，可以树立伊博会（伊斯兰商品博览会）品牌，经济唱戏，文化搭台。加强经贸联系，成为丝绸之路和海上丝绸之路沿线国家与中国经济之间的一座桥梁，把这些国家的特色产品呈现给更多的中国人，充分发挥中国产品和伊斯兰国家产品的互补性。

文化不直接等于软实力，只能用于欣赏或消费的文化不能被看作软实力。只有那些有助于实现国家战略目标，具有慑服人心效果的全球方略才足以形成软实力。当今这个时代，我们现代人的文化输出载体应该主要集中在影视娱乐、休闲体育和通用外语上。我们输出的文化不应该只是四书五经六艺，也不应该只是孔子学院的汉语教学。随着全球汉语的学习热潮，孔子学院可以更好地向外国友人展示我国的传统文化（包括厨艺、茶艺、太极、武术、禅修等），慢慢消除他们对我国传统文化的误解。利用电影作为汉语教学的一个方式，一方面可以有效地消除中外文化隔阂，另一方面可以激起外国友人对中国原创电影的兴趣，从侧面帮助我国电影走出国门。除此之外，国家应该制定相关的外国学生来华学习的政策，吸引更多的外国年轻学子来中国留学，通过外国学生与我国学生的交流和学习，可以有效地消除隔阂，宣扬中国文化。

对于要跨国经营的企业来说，由于员工来自不同的国家和地区，文化背景、经济条件、政治法律制度不同，从而形成的价值观、管理行为、决策方式等往往有很大的差异，如果不加以协调整合，就会发生矛盾与冲突。"文化冲突"是指不同形态的文化或者文化要素之间相互对立、相互排斥的过程，它既指跨国企业在他国经营时与东道国的文化观念不同而产生的冲突，又包含了在一个企业内部由于员工分属不同文化背景的国家而产生的冲突。

企业的软实力是指企业以直接诉诸心灵的方式，对外占领利益相关方的心灵，对内依靠运用员工心智能量以达到企业目标的能力。在企业内部，企业文化、管理制度、组织模式、领导能力和创新能力是其软实力资源，而在企业外部，品牌和服务、社会责任和企业知名度三个方面则是其软实力的资源基础。

综上，中国的软实力建设还任重道远。

五、文化差异：跨文化管理研究的基点

从1961年克拉克汤姆和斯特罗贝克从人性的善与恶、个人与集体、等级与体系等方面探究文化之间的差异开始，"跨文化"研究越来越广泛和深入。可以说，跨文化问题是"二战"后美国的崛起和全球扩张伴随而来的学术产物。战后大量美国人到海外生活、工作和学习，美国学者开始关注文化之间的差异对人们生活和交往的影响，并开始寻求不同文化之间的融合和管理问题。其中，跨文化企业管理是指与企业有关的不同文化群体在交叉作用过程中出现矛盾和冲突时，在企业管理的各个职能中加入对应文化整合措施，有效地解决这种矛盾和冲突，从而高效地实现企业管理。[10]

20世纪70年代，跨文化管理问题的研究以美国的霍夫斯泰德为代表，他运用心理学方法对有着来自40多个国家和地区的各类职员的某一跨国公司长期研究后得出文化差异的结论：国家和民族文化的差异主要表现在权力距离、不确定性避免、个人主义—集体主义、男性—女性4个维度。可以说，霍夫斯泰德的研究开创了跨文化管理研究领域的理论思路和研究方法，霍夫斯泰德也当仁不让地成为跨文化管理研究的奠基人。

80年代的代表人物则是特拉姆皮纳。他把文化描述为人们解决问题的方式，并指出不同的文化具有不同的解决一般问题的方法。而这种解决问题的

方法说明了跨文化管理能够衍生出更具有决策性的办法。决策的意义就在于通过跨文化管理使得人们能够有更多的实现自己目标的方法。后来他通过对从事管理和国际工作的人员的跨文化实证研究，探讨管理的七个关键过程并把这些过程归为两难推理。

90年代后，跨文化管理研究方兴未艾，研究的触角越来越深入。特别是冷战格局的结束，世界一体化和全球化发展势头迅猛，企业在跨国经营过程中遇到的问题越来越多，跨文化研究也就吸引了越来越多的学者参与和企业的关注。哈勒和威尔波特对参与决策制定的研究总结出对于决策制定存在五种行为方法的巨大差异。本修斯对企业失败原因的研究得出结论，认为企业主要是对商务环境信息掌握不足以及对外国文化缺乏了解。塞德通过对不同国家的颇具创新思想的文献进行对比和研究，论证了价值取向对个人的作用，而不是使用集体行为准则作为成功协作的基础。加拿大著名的跨文化管理者南希·赫尔针对组织内部的文化差异提出了三种解决方案：凌越、折中、融合。凌越是组织内一种文化凌驾于其他文化之上扮演统治者角色，组织内的决策及行为都要受到该文化的支配。折中是组织内部不同文化采取妥协和退让，有意忽略和回避文化差异，做到求同存异而实现组织内部的和谐和稳定。融合是不同文化间在承认、重视彼此差异的基础上，互相尊重、相互补充、相互协调而形成你中有我、你我合一的全新的组织文化。

中国在这一时期也开始逐渐关注跨文化管理问题。秦斌在《跨国经营与文化冲突——兼论异域文化中的跨文化管理》中较系统地阐述了文化冲突的发生机制和后果、异域文化对跨国经理管理风格的影响以及跨文化冲突与海外经理的选派等，并指出跨文化管理的出路在于经营的当地化。卢岚、赵国杰在《跨文化管理初探》中分析了跨文化管理研究的必要性，探讨性地建立跨文化管理的一体化模式与评价标准体系。这些有代表性的研究成果对跨文化管理思路提供了有益的尝试。

进入21世纪以来，无论是在世界还是在中国国内，跨文化研究步入了一个新阶段。用"跨文化"题名对中国国家图书馆馆藏进行检索，1988—1994年有关"跨文化"研究的文献有24种。1995—2000年，有文献59种，其中文集、辞书和专著相继问世。2001—2004年出版的文献就有132种（包括硕士、博士论文），约占1988年以来全部馆藏相关文献221种的60%。[11]

当今世界是一个多元文化并存的世界，这种多元并存的文化空间使跨文化冲突和交融暴露出的管理问题达到了前所未有的程度。通过回顾跨文化管理的研究发展，我们有理由相信：关注与研究跨文化管理中文化差异的变量问题，显得尤为迫切与重要，因为这是成功的跨文化管理的基点。

我国历史上的丝绸之路既是商路，更是文化传播之路。中西方文化借助丝路开始相互交融，人员交流、文化交融、商业交易，促进了丝路沿线国家的繁荣。如今，丝绸之路将焕发新的生命，2013年，"一带一路"（新丝绸之路经济带和21世纪海上丝绸之路）倡议焕发出新的生命，为丝路沿线国家在各领域的合作交流打开了广阔的想象空间。"一带一路"倡议在全世界得到了空前反响；另一方面，"走出去"成为中国对外开放的又一重大举措。如今，"走出去"与"一带一路"相契合，必将助力中国企业走向全世界，也必将有越来越多的中国企业成为跨国公司。2015年，中国人和中国企业掀起了史无前例的"走出去"热潮，世界五大洲都感受到了中国无与伦比的经济力量。但中国企业要在海外立足和成为成功的跨国公司，受制的因素有很多，其中，文化障碍是难以逾越的鸿沟。如何跨越这条"文化沟"是中国企业海外经营的必修课。

第二章　史上"走出去"与文化思考

我国历史上曾经有几次"走出去"：商品的走出去如"丝绸之路"、瓷器之路、茶叶之路；人的走出去如张骞、班超、陈诚出使西域，唐玄奘等人西行求法，大规模人群的走出去如下南洋、留洋（西洋、东洋）等；软实力的走出去如鉴真东渡（佛教东传）、郑和下西洋（宣扬皇威）等。共产党让中国人站起来，"改革开放"让中国人富起来。"引进来"是改革开放的第一阶段；"走出去"是改革开放的第二阶段，现在是"走出去"的新阶段。"走出去"将是我国未来相当长一段时期的任务。现在的"走出去"有望超越历史，再次成就中国文明的传播盛世，"一带一路"将复兴历史上的丝绸之路和海上丝绸之路。

当然，"走出去"的也不仅仅局限于中国和中国人，从古到今，各个地区的民族和国家在强盛之际都是向外扩张、对外传播的。从古典时期的希腊、罗马、埃及、印度，到近代时期的西欧列强，再到现代的美国，无不印证了同样的逻辑。"在古典时代，欧亚大陆各文明中显著的、普遍的文化交流模式是，各地方文化分解成独立的要素后，融入到拥有各自独特的语言、宗教和社会制度的其他地区文明。对这些文明来说，交换有形的货物比交流具有不同特点的文化要容易得多。纺织品、香料和各种奢侈品处处可用、人人想要，而祖先崇拜、种姓等级制度和城邦制度则一旦超出它们的发源地就成了不合时宜、不受欢迎的东西。因而在欧亚大陆一致性的早期阶段，地区间的商业纽带通常要比文化纽带所起的作用更广泛和更有影响。不过，文化纽带也确实存在，而且在某些情况下它还具有极其重大的历史意义。希腊文化就是这方面最突出的一例，它曾从希腊世界向东传播到亚洲，向西传播至欧洲。此外古典时代末期兴起的伟大的世界性的宗教，尤其是基督教和佛教，也是这方面很好的例子：它们不只是要求某个群体的人信仰，而是要求全人类皈依。"[1]

古中国曾是最大的经济体和文化体之一，体量非常庞大，遥遥领先世界，必然通过各种途径源源不断地向外辐射、传播。古中国的丝绸、瓷器、茶叶、漆器等又多是世界高端产品，拥有无可比拟的核心技术，加上古中国的昌盛、发达和文明，这就吸引了周边文化体如中亚游牧文化、古印度文化、波斯文化、阿拉伯文化以及欧洲文化等交流特别是商业活动不断，从而造就了闻名世界的瓷器之路、茶叶之路、陆上丝绸之路和海上丝绸之路。

商业的交流必然促进文化的沟通，这是双向的。从西边来的文化成规模地进入中国，大致有五波：起初是汉唐时期，佛教文化流入中国，并逐渐开始散播，影响越来越大，最终与中国本土文化融合，形成了中国化的佛教体系。第二波是明末清初，文艺复兴中的欧洲人抛弃了禁欲主义，对黄金、香料、奢侈品的追求，使他们涌入东方，尤其是中国。欧洲人也给东方带来了天主教和以天文、地理、数学、机械、绘画、建筑等为代表的欧洲文化。此时的中国在经济和军事上都是强者，中西文化之间呈现碰撞、冲突、融合的双向对等的趋势。第三波是鸦片战争以后，中国衰落，西方文化单边强势进入中国。军事入侵、经济掠夺、文化殖民使得中国沦落为半殖民地状态。中国的民族文化陷入低谷，西方压倒了东方。第四波则是新中国成立后，当时的世界分裂为社会主义和资本主义两大阵营。中国毅然选择站在以苏联为首的社会主义阵营一边。"一边倒"的国策使得苏联和东欧的社会主义"体系"进入中国，包括政治、经济、军事、文化等。最近的一波就是中国的"改革开放"。中国主动"引进来"，当然，西来的不仅是技术、资金，还有文化，当然包括"苍蝇和蚊子"。这时候的"西方世界"还包括东边的日本。

一、陆路时期：商路带动文化之路

古典文明时期，各个地区围绕各自的中心形成几个主要的板块。各个板块之间的商业活动和技术交流促进了物质和文化的传播。印度的棉花、甘蔗和鸡等传到了中国和欧洲。中国的柑橘、桃树、梨树、牡丹、菊花、山茶等也传入欧亚大陆，西边国家的葡萄、苜蓿、黄瓜、芝麻、胡桃、石榴等传入中国。

公元前后，东西方之间贸易大发展，持续了两个世纪。这主要得益于古中国在中亚的影响力剧增。中国打通了好几条陆上商路，促进了丝织品等这种当时最重要品种的跨地区贸易。其次得益于古罗马稳固地统治着地中海以及欧洲中部和西北地区，形成一个相对和平的时期。

人口流动的通道的形成发展都呈现出一定规律。中国人最早从汉代开始移民东南亚。从汉代到明清，因为政权更迭或者是战争因素促使中国人不断移居东南亚。鸦片战争后的近代，当时的南洋诸国在英、荷、葡的殖民统治之下，为吸引华工，推出各种优惠政策。中国人为了改变个人的或者家族的命运，满怀希望与梦想去闯南洋。狭义的"南洋"指今天的东盟国家，包括马来群岛、菲律宾群岛、印度尼西亚群岛、马来半岛、中南半岛沿海等地。广义的"南洋"包括印度、澳大利亚、新西兰以及附近的太平洋诸岛。中国北方大陆上有一段人口向外迁移的通道被称为"西口"。山西朔州右玉县的杀虎口是"走西口"的"西口"之一，是通往蒙古、俄罗斯的重要商道，是晋商开拓新天地的必经之路。

政治之路、商业之路和文化之路总是有着某种联系。希腊文化传到东方，主要是由追随着亚历山大军队进入东方的希腊商人完成的。亚历山大大帝对中亚和印度河流域进行了东征。古希腊军事上的优势，推动了成千上万的商人、行政官员和各种专业人员涌入古希腊，并在其殖民地扩张运动基础上产生了大量城邦。有些城市成为传播希腊文化的中心，比如古埃及的亚历山大港和阿富汗的科贾特。但是，古希腊文化的传播尽管令人印象深刻，但却没有在中东留下永久的印记，根本原因在于古希腊文化的影响力仅局限于殖民城市和殖民王国的上层阶级，没有深深扎根于民间。广大农村和许多城市的老百姓仍然继续着自己的文化：说自己的民族语言、崇拜自己的神等。当中世纪的穆斯林征服者前来，毫不费力地就将孤岛似的存在于中东的希腊文化征服了。[1]

比希腊文化的影响要持久得多的是基督教和佛教的影响。这两个宗教从其各自的发源地向外传播，几个世纪后，基督教就传遍了整个欧洲，佛教则赢得了亚洲的大部分。

当时的世界贸易主要是通过穿越欧亚大陆中部的陆路和环绕欧亚大陆边缘的海路进行，互通有无。路上丝绸之路由中国西北部出发，经过中亚，抵达黑海和地中海沿岸。中国主要出口丝织品、铁器和香料等，同时中国获得来自中亚的毛皮、毛织品、玉石和牲畜；来自波罗的海的琥珀；来自罗马的玻璃、珊瑚、玛瑙、珍珠、亚麻布、羊毛制品、黄金等。除了丝绸之路，还有著名的茶叶之路、瓷器之路。

丝绸和瓷器曾经是两种神话般的商品，关于它们有着无数的传说。轩辕黄帝的妻子嫘祖传说是养蚕第一人。公元前3000年左右，古代中国人就会养蚕抽丝的技术。丝绸商品在西方国家贵族中大受追捧，利润翻好几翻，暴利空间驱使商人走上贩运丝绸的道路。但东方的丝绸生产商享有专断权，垄断着技术、技工、制作程序、原材料等，西方商人要获得大量的丝绸就要开辟出一条横跨东西方的快捷、安全、语言沟通便利的商业通道，于是丝绸之路、茶叶之路、瓷器之路在岁月的长河中终于展现出她的魅力身姿。

"丝路"首先是政治之路，使得西汉消除了西部地区匈奴的不断威胁，领土扩大到西域地区。随后的丝路既是商路，也是一条文化之路，一条凝固的文化脉络，它荡涤着历史的尘埃，润化着岁月的风沙，依然激荡人心，煌煌依旧。这条"文路"的开拓者就是商人。商人们肩负着东西方贸易的运输使命，凭着他们灵敏的商务嗅觉，寻觅东西方各自所需的特色商品，然后开拓商品运送的最佳路线。路线上的城池乡镇就如同项链上的珍珠连贯起来，在历史面前熠熠发光。敦煌就是其中最璀璨的一颗。

敦煌是当时最现代、最全面、最完整的文化"记录器"，如今我们可以从这个"记录器"中"下载"到很多很好的文化资料，比如，舞蹈可以称为"敦煌舞"，音乐可以称为"敦煌乐"，绘画可以称为"敦煌派"，等等，诸多文化形式绚丽夺目，也可见当时除了佛教的兴盛之外，文化的鼎沸繁杂也到了相当的程度。无疑，敦煌包括文化繁荣在内的城市繁华，源头来自商旅。商路的固定和源源不断到来的各国各路商人，带到敦煌的不仅仅是商品，还有文化。

丝绸之路上的珍珠还不止敦煌一个，商旅足迹到达之处，也是商务文化留下印迹之地。

二、海路时期：海上丝绸之路

陆地上的丝路并没有实现中国人到达古罗马的愿望，但东汉人和大秦人（中国对古罗马人的称谓）的握手则使古罗马（大秦）人通过海上之路千里迢迢来到了中国。东汉也打败南越，设置南海郡，通过南海进入印度洋，这条海路帮助古罗马人来到中国。

如果说"丝绸之路"反映出国际商务和文化是东强西弱的话，那么，这一历史被航海的大事件彻底改变。海路取代陆路成为国际间商旅的首选。美洲的发现和经由好望角抵达东印度航线的开辟，是人类历史上最伟大和最重要的两件事。这两件事的完成使世界上相距最遥远的部分联结在一起，让它们能够互通有无，能够增加彼此的联系，能够促进彼此的商业发展。

丝绸之路和海上丝绸之路让中国与外部世界紧密地联系起来，这两条路成为商品和文化的纽带，生生不息，繁荣昌盛。"商业纽带和文化纽带既不是毫无关联，也不是完全依赖。希腊文化传遍整个东方，主要是靠追随亚历山大军队东进的希腊商人完成的。同样，印度佛教传播到中国的历程也可以沿着举世闻名的丝绸之路追寻到。不过，各种文化交往也有其内在的动力，并非完全依赖商人和商路的推动。"[1] "当时的欧亚混血人非常清楚这些关系，而且他们肯定也已经意识到历史舞台正在扩大——生活变得愈来愈复杂，他们正受到日渐增多的内部和外部各种力量的冲击。"对此，希腊历史学家波里比阿在论述从公元前220年至公元前145年间的历史大事时说："可以说，在今天这个时代历史已经成为一个有机整体。意大利和利比亚发生的一切与亚洲和希腊发生的一切密切关联，所有的事件最终都能归于一个结局。这一新的"有机整体"有两个特点表现得特别鲜明，这点当时的人也都感觉到了，这就是跨地区的商业纽带和文化纽带。[1]

阿拉伯和印度的商人与欧、亚、非大陆继续着商业往来，但他们的活动范围基本上局限在印度洋沿岸。当时欧洲人笔下的世界是已知的三块大陆——欧洲、亚洲和非洲，分别由三个信奉基督教的国王统治，其他地方都是混沌未开。但就在公元1400年以后的两百年间，欧洲绘图人笔下的几大块陆地宛如正在成长的胚胎，逐渐由模糊的团状，演变成我们今天所熟悉的清晰模样。这样的世界等到新航海时代被彻底改变。

三、新航海时期：西方的崛起

公元1500年前后的地理大发现，拉开了不同国家相互对话和相互竞争的又一历史大幕，由此，古典时代的那些大国风光不再，新的大国崛起之路有了全球坐标。五百年来，在人类现代化进程的大舞台上，相继出现了九个世界性大国，它们是葡萄牙、西班牙、荷兰、英国、法国、德国、日本、沙俄和美国。大国兴衰更替的故事，留下了各具特色的发展道路和经验教训，启迪着今天，也影响着未来……绝大多数历史学家认为：公元1500年前后是人类历史的一个重要分水岭，从那个时候开始，人类的历史才称得上是真正意义上的世界史。在此之前，人类生活在相互隔绝而又各自独立的几块陆地上，没有哪一块大陆上的人能确切地知道，地球究竟是方的还是圆的，而几乎每一块陆地上的人都认为自己生活在世界的中心。

公元1500年前后，中国正处在明朝统治之下。1405年（永乐三年），郑和率领当时世界上最为庞大的舰队（27800多人，63艘船只）"下西洋"（当时称今天的加里曼丹到非洲之间的海洋为西洋）。28年间，郑和的船队七下西洋，经30余国，但不是为了开拓贸易，而是为了宣扬皇帝的德威。郑和死后，中国人的身影就在海洋上消失了。当时的中国本来可以凭借其强大的海运能力成为海洋强国，可令人惋惜的是，中国放弃了海洋，成为一个完全的陆地国家。硬实力并没有让中国幸运地成为海洋强国,更没有成为世界霸主。

郑和死后的一百年之后,海洋航行改变了整个世界,一些国家的国运也彻底改变。东西方的天平开始倾斜,从那个时候起,割裂的世界开始连接在一起,经由地理大发现而引发的国家竞争,拉开了不同文明间的相互联系、相互注视,同时也相互对抗和争斗的历史大幕。不可思议的是,开启人类这一历史大幕的,并不是当时欧洲的经济和文化中心,而是偏踞在欧洲大陆西南角上两个面积不大的国家——葡萄牙和西班牙。五百年前,他们相继成为称雄全球的霸主,势力范围遍及欧洲、亚洲、非洲和美洲。

那么,究竟是什么力量推动小小的伊比利亚半岛上两个小国征服海洋进而主宰世界长达一个多世纪的呢?这种力量天平的倾斜就是从思想和文化领域最先开始的。以"文艺复兴"为代表的欧洲优秀的思想文化哺育了西班牙与葡萄牙的科学思想与先进生产力。文艺复兴时代,亚里士多德主义与新柏拉图主义两大社会思潮的激烈碰撞产生的火花和动力点燃了思想与科学的莽原,改变了人们的自然观、宇宙观、人生观、价值观。理性、科学、人性、冒险等先进思想逐渐取代了蒙昧、禁欲、神性、禁锢等落后的宗教思想,解放了思想力,带来了生产力。代表先进文化的资产阶级逐渐占了上风,资产阶级的生产方式、生活方式以及思考方式开始主导社会,资产阶级文化逐渐取代了封建社会的宗教文化。"不断扩大商品销路的需要,驱使资产阶级奔走于全球各地。它必须到处落户,到处开发,到处建立联系。资产阶级,由于开拓了世界市场,使一切国家的生产和消费都成为世界性的了。使反对派大为惋惜的是,资产阶级挖掉了工业脚下的民族基础。古老的民族工业被消灭了,并且每天都还在被消灭。它们被新的工业排挤掉了,新工业的建立已经成为一切文明民族生命攸关的问题;这些工业所加工的,已经不是本地的原料,而是来自于极其遥远的地区的原料;它们的产品不仅供本国消费,而且同时供世界各地消费。旧的、靠本国产品来满足的需要,被新的、要靠极其遥远的国家和地带的产品来满足的需要所代替了。过去那种地方和民族的自给自足和闭关自守状态,被各民族的各方面的互相往来和各方面的互相依赖所代替了。物质生产是如此,精神生产也是如此。各民族的精神产品成了公共的财产。民族的片面性和局限性日益成为不可能,于是由许多种民族的和地方的文学形成了一种世界的文学。资产阶级,由于一切生产工具的迅速改进,由于交通的极其便利,把一切民族甚至最野蛮的民族都卷到文明中来了。商品的低廉价格,是用来摧毁一切万里长城、征服野蛮人最顽强的仇外心理的重炮。它迫使一切民族——如果它们不想灭亡的话——采用资产阶级的生产方式；它迫使它们在自己那里推行所谓的文明，即变成资产者。一句话，它按照自己的面貌为自己创造出一个世界。"[12]

新航路的开辟和"新大陆"的发现，打破了世界各地区相对隔绝的状态，使人类历史向近代迈进，原来处于世界领先的东方，逐渐落后于欧洲。随着第二次工业革命的完成，经济和军事力量强大的欧洲加快了向海外扩张和掠夺的步伐，更强化了"欧洲文化"在世界范围内的话语霸权，使欧洲经济和文化成为世界的一个样板，以"中心文化"的身份迅速冲击世界，成为世界弱小国家纷纷效仿的榜样（如近代史上日本的"明治维新"和中国清末年间的"洋务运动"）。欧洲文化（包括音乐）绑在殖民扩张的战车上，在殖民地广泛地传播和兜售，而交响乐、歌剧等欧洲音乐文化的典型范例也在殖民扩张的不平等文化传播中得到强化，在此经济文化背景下，便形成了"欧洲文化中心论""欧洲音乐中心论"。

四、中国失去海路：文化的缺失

中国在明朝时无论是造船还是远海航行方面都是达到世界巅峰的时代，标志就是郑和下西洋。中国的海洋技术是其他国家无法比拟的。早在北宋和南宋时期，中国的海船和海航技术就领先世界，并且中国的海外贸易也是世界第一。1987年发现的"南海一号"展现了南宋时期的造船技术和国际贸易盛况。"海上丝绸之路"沿线国家出土的中国陶瓷等产品，最远到达非洲。但是，与几百年后的欧洲海洋强国崛起所获得的收益相比，中国的海洋科技收益显得微不足道。因为，无论是葡萄牙、西班牙、荷兰还是英国、法国、德国、沙俄、美国，即便是最后来的日本，成为海洋强国后都在全世界范围内疯狂攻城掠地，标注主权，以强凌弱，成为殖民地宗主国。号称"文明强国"的这些国家都无一例外地制造了人类历史上最不文明的殖民时代。这些列强都赤裸裸地露出了它们披着文明外衣的恶狼本质。

那么，最早的航海强国中国为什么没有成为海洋霸主和殖民帝国呢？究其原因，还是思想文化上的原因多一些。

（1）主观思想上，郑和航海的目的是和平的。中国的船队基本上都是没有枪炮的商船。远洋航行的目标只有贸易，没有掠夺。中国的远洋船队是和平外交的使者，而不是开疆拓土的军舰，也不是寻宝淘金的探险家船队。

（2）组织上，中国的远海船队基本上都是民间行为，单打独斗。郑和下西洋的船队是国家意志，政府行为，完全由皇家出资，是个例外。

（3）社会思想方面，在中国全国范围内没有形成追求财富的热情，商人的地位最低下，没有"重商"思想，也没有对胡椒等商品寻求开辟商路的动力。国民的内在驱动力不足以推动大规模的海外淘金，也没有由航海的财富效应形成航海探险的社会风潮。

（4）科技方面，造船业总体上远没有产业化、规模化，造船和航海技术没有可持续发展、没有科学的地理知识、没有航海大探险的带头人。

（5）统治者思想方面，国家政策的失误也葬送了海洋之路。遇到其他海洋民族的骚扰和入侵便采取了海禁政策，导致了封闭和死循环。1405—1433年的郑和下西洋后，再也没有中国人的身影出现在远海上。闭关锁国的政策导致了与世隔绝，时代前进的脚步声再也无法传进中国人的耳朵里。

（6）文化上，航海的发展没有成为引擎带领其他产业发展。如航海舰队的制造、融资、财富分配等没有产生溢出效应和辐射效果，更没有衍生出金融、契约精神、城邦自治、市民意识、人性觉醒等资本主义发展的环境。社会的终极推动力——生产力没有因为海船这样的生产工具获得极大的提升，而由生产工具的优势造成社会极大变革的案例却总是发生在其他国家、其他民族身上。比如，历史上内陆农耕文明总是被北方游牧民族不断骚扰和进犯，根本原因就是他们掌握了比农耕民族更为先进的工具——马匹。农耕民族经常因为这种重要的生产工具和军事工具的落后而在竞争中败下阵来，丢掉了政权和江山。社会要进步发展主要靠经济，没有思想革命就不会有产业革命，没有和平宽容的人文环境也不会有思想革命。

（7）精神上缺乏创新力。封建社会的各种制度严重制约了国民思维和精神发展。一潭死水只会越来越腐臭，最后是干枯而亡。只有流水才会不腐，要有流水就必须有外来水的管道和水源。中国人的智慧开始停滞，精神逐渐麻木。皇帝专供、专用等垄断规制严重阻碍了民用科技的发展空间。中国人用智慧创造享誉世界的时代逐渐远去，再也没有发明创造来贡献世界了。

五、荷兰的"走出去"：靠的是技术创新和思想创新

最早得益于海洋时代和远洋冒险的葡萄牙和西班牙，主要是依靠暴力去进行赤裸裸的财富掠夺，紧随其后的荷兰由于缺少强大的王权和充足的人力资源，十分自然地选择了依靠商业贸易来积累财富，同时也积累着足以让自己强盛起来的竞争技巧和商业体制。荷兰凭借着自己的商业直觉，很快找到了自己的优势。对财富充满强烈渴望的中产阶级，将他们的爱财之心转化为一种力量，荷兰从精明的中间商变成远洋航行的斗士，靠自己去开辟前往东方和美洲的航线。

第二章 史上"走出去"与文化思考

荷兰的面积只相当于两个半今天的北京，人口仅仅150万。17世纪，它却是整个世界的经济中心和最富庶的地区。荷兰走出去了，并将自己的势力几乎延伸到地球的每一个角落，成为当时的海上第一强国。

剖析荷兰的成功案例，我们可以发现，荷兰的"走出去"是一小步一小步地逐渐积累，步步为营，扎扎实实，靠技术创新、思想创新才得以实现的。

荷兰走出去的路径是从小商品"鲱鱼"开始做起，然后延伸到产业链顶端的金融产业，从产业大国飞跃到金融强国的过程。起步阶段的荷兰能够把鲱鱼产业做到垄断靠的是创新精神。一个名叫威廉姆·伯克尔斯宗的渔民发明了只需一刀就可以除去鱼肠子的方法。把鲱鱼的肚子剖开，取出内脏，去掉头，然后把盐放在里面，这样可以保存一年多的时间，在没有冰箱的时代，这种创新的方法，使得荷兰的鲱鱼能够在全欧洲畅销，成为鲱鱼业的第一品牌，将一种人人都可以染指的自然资源，转化为荷兰独占的资本。小小的"一刀鲱鱼法"把荷兰送上了致富之路。鲱鱼的屠杀技术竟然造就了与胡椒堪比的奇迹（为寻找胡椒，葡萄牙和西班牙成为海运时代的强国），把一个国家送上了世界性帝国的征程。

借助荷兰产鲱鱼，荷兰人开始了产业链运作。第一步解决了海洋渔业，第二步瞄向海洋运输业，第三步向远洋贸易迈进，深挖海洋经济。就像发明一刀就能取出鲱鱼肠子的方法来打败对手一样，荷兰打败比自己强大几倍的强劲对手英格兰是从创新设计了一种造价更加低廉的船只开始的——大肚子船。因为运费便宜，于是荷兰就成为欧洲的海上马车夫。不过，让荷兰人赢得享誉世界的"海上马车夫"称号的不仅仅是船只，而是靠驾驭船只的人。巴伦支船长和17名荷兰水手宁可自己冻死也要保住货主的货物的故事，让全世界看到了荷兰人的"契约精神"。他们用生命作代价，守望信念，创造了传之后世的经商法则。荷兰人的职业精神再次铸就了荷兰这张金字招牌。16世纪末，他们几乎垄断了欧洲的海运贸易。

对于这个领土狭小、资源稀少的小国而言，走向强大国家的道路注定与众不同。荷兰人思想上不断创新，最早就运用了"众筹"方式办公司。1602年，荷兰联合东印度公司成立。上到国王，下到女佣，人人都可以成为投资股东。就像他们创造了一个前所未有的国家一样，他们又创造了一个前所未有的经济组织，它也是世界上第一个联合的股份公司。为了融资，他们发行股票，通过向全社会融资的方式，东印度公司成功地将分散的财富变成了自己对外扩张的资本。1609年，世界历史上第一个股票交易所诞生在阿姆斯特丹，东印度公司的股东们即使其股份在长达十年里都没有分红但也毫无怨言，因为他们的股份可以在这里流转。很快,这里成为当时整个欧洲最活跃的资本市场,大量的股息收入流入荷兰国库和普通荷兰人的腰包。当大量的金银货币以空前的速度循环流通时,荷兰的经济血脉开始变得拥堵起来。这一次,荷兰人解决问题的探索直接进入了现代经济的核心领域——建立银行。大量的资金通过银行流进和流出,阿姆斯特丹银行对于荷兰的经济稳定起到了重要作用。更重要的是,它发明了"信用"。

一系列的创新让荷兰成为现代商品经济制度的创造者,他们将银行、证券交易所、信用,以及有限责任公司有机地统一成一个相互贯通的金融和商业体系,由此带来了爆炸式的财富增长。

到17世纪中叶,荷兰联省共和国的全球商业霸权已经牢固地建立起来。此时,荷兰东印度公司已经拥有15000个分支机构,贸易额占到全世界总贸易额的一半。悬挂着荷兰三色旗的10000多艘商船游弋在世界的五大洋之上:在东亚,他们占据了中国的台湾,垄断着日本的对外贸易;在东南亚,他们把印度尼西亚变成了自己的殖民地,他们建立的第一个殖民据点——巴达维亚城,构成了今天雅加达的雏形;在非洲,他们从葡萄牙手中夺取了新航线的要塞好望角;在大洋洲,他们用荷兰一个省的名字命名了一个国家——新西兰;在南美洲,他们占领了巴西;在北美大陆的哈德逊河河口,东印度公司建造了新阿姆斯特丹城,今天,这座城市的名字叫作纽约。1648年的荷兰,已达到了商业繁荣的顶点。

荷兰的创新精神和职业精神结出了硕果,荷兰所开创的商业规则,今天仍然在影响世界。不仅仅是商业,荷兰还在市民意识、城市经营与管理、国家制度上创新地设计了一种体系,把商业体系、金融体系、海外体系不断地整合,良好地运行了几百年。

六、英国的走出去:靠的是制度文化和思想文化

1588年,英国和西班牙为抢占和扩大海上优势爆发了海战。英西海战实际上是世界领导权的一次转移,地球上的王者地位必须通过战场上的较量来获得。政治中心、经济中心的位移往往通过军事上的冲突来达到。

三十年前的1558年,伊丽莎白一世继承王位的时候,西班牙和葡萄牙的航海探险家成功发财的消息,已经在昭示一个新世界即将展现在世人面前。在这个被重新发现的世界面前,谁能抢到先机,接受新的思想,更快地打破旧有的价值观念,谁就会更快地变得富有和强大。在新世界的游戏规则里,赢得海洋比赢得陆地更为重要。1580年,普利茅斯人弗兰西斯·德雷克成为

世界上第一个亲自完成环球航行的人，在这次历时三年的航行中，德雷克的船队不仅掠夺了南美的西班牙殖民地，而且还袭击了西班牙在欧洲的港口。满载而归的德雷克给投资者带来了4700倍的利润。作为资助者之一，伊丽莎白一世分到了16.3万英镑的红利，这个数字几乎相当于当时政府一年的支出。前所未有的投资财富模式和赚钱效应让英国的统治者开始鼓励德雷克和"德雷克"们采取更勇敢的行动，加快自己的国家在新世界面前的海洋竞争。

1588年的"英西大海战"是人类历史上最重要的海战之一，它决定了两个国家乃至近代早期欧洲的命运。两个国家都孤注一掷、在所不惜。因为它们都明白，谁赢得这场战争，谁就能赢得这个新时代。英国以弱胜强的战果，显示了在王权统治下的民族国家的力量。它第一次以强国的姿态向欧洲大陆发出了声音，并迅速进入世界海洋霸权和商业霸权的争夺中心。

16世纪末的英国实际上还是一个人口很少的小国。作为一个长期处在欧洲主流文明之外的岛国，它劣势多多，那它究竟是如何走上商业和殖民地的经济扩张之路从而成为世界霸主的呢？

英国的"走出去"靠的是制度文化和思想文化。政治、经济、文化、宗教"四轮驱动"相互作用，终于"机缘合和"地让英国产生了现代工业，成为"世界工厂"，并引领工业革命。

1215年6月15日，约翰王和贵族的交锋和妥协的产物——《自由大宪章》签署了。这是封建时期划时代地首次把一国之王拉下神坛，"君权神授"被戴上了"宪法"紧箍咒，第一次把国王和贵族之间一直以来既约定俗成但又模糊不清的权利关系，转化为了明确的法律文字。从此以后，英国国王的权力不再是至高无上的，他只能在法律的限制之下行使权力，"王在法下"成为基本原则。国王还必须在贵族们组成的议会中协商国事。几个世纪下来，《自由大宪章》前前后后总共颁布超过了40次。这种长期的重申和普及，却积累起深厚的传统力量，将契约和法制的基本精神，注入到英国人的思想根基。

后来，贵族议会成为依靠《自由大宪章》的法制原则来限制君主权力的重要力量，王权和议会的矛盾此起彼伏，君权（王权）和法权之间的平衡术就成为英国繁荣与否的魔杖。

伊丽莎白一世能够给英国带来早期的辉煌，就是因为她恪守了祖先传下来的政治传统并遵守了《自由大宪章》的约定，维持了王权和贵族议会之间的平衡。其后来者查理一世没有遵循伊丽莎白的做法，不断挑战贵族们的意志。1642年议会和国王之间的英国内战，以国王查理一世走上断头台而告终，进一步确立"王在议会"的原则。王权（君权）、议会权、民权的均衡，是英国政治史发展的一个主线。正是在这样的一种抗争之中，产生了人类历史上一种崭新的制度，让英国走出了中世纪，走进了现代世界。1688年，英国"光荣革命"结束了王权的专制，共和制代替君主制，接着又是君主立宪制代替了共和制。英国人明白了：推翻王朝容易，建立新制度却很难。

从1688年起，英国正式确立了议会高于国王的政治原则，"王在法下"和"王在议会"得到了巩固。国王由议会决定产生，意味着君权（王权）从"神授"变成了"民授"，它根本性地改变了在英国已经存在了千年之久的王权性质。和平渐进的制度改革之后，英国出现了一个相对宽松、相对自由的社会环境。完全不同于封建时代禁欲、禁锢的人文环境，新的思想种子在新环境中开始孕育发芽。

从1588年战胜西班牙的大海战，到1688年的光荣革命，在整整一个世纪的时间里，英国一方面调整内部制度，一方面积极对外扩张。百年时间的积蓄之后，英国人开始释放自己的能量。光荣革命前后的英国，人口大量增长，商业和手工业迅猛发展，对外贸易成为越来越重要的国计民生。经过三次英荷战争，英国最终迫使荷兰接受了《航海法》。《航海法》规定：输入英国及其属国的货物，必须使用英国的船只或者是输出国的船只。从此，荷兰船只逐渐退出驰骋了近一个世纪的茫茫海域。在打败了西班牙、葡萄牙之后，英国人将"海上马车夫"荷兰也赶下了海上霸主的位置。

信仰基督教新教的伊丽莎白还带来了宗教思想的变化并确定了国教。信仰基督教新教的清教徒富于创业精神，他们认为人要开创产业必须要禁欲和俭省节约。他们限制一切纵欲、享乐甚至消费行为，将消费性投入和支出全部用在生产性投资和扩大再生产上，如此必然导致资本的积累和产业的发展。清教徒崇尚商业和工业活动，在商业中诚实守信、珍视信誉、绝不坑蒙拐骗，清教徒企业家不仅追求利润最大化，而且具有对社会的回馈意识，担当社会责任、扶植社会公正，为社会公益事业做贡献，承担公共事业义务。清教徒对一切充满信心，无论从事商业贸易还是生产耕种，都具有排除万难，获得非凡成就的勇气和信心，他们善于创造和创新，不断地开拓和征服。在新教思想影响下，人们开始努力创造财富，追求利润，他们想以现实的成就与上帝沟通，证明自己是上帝的选民。用他们自己的话来说，就是"弄钱是人生的主要之事"。

在建立帝国的道路上，英国已显示出不可阻挡的强劲力量。连续的征战中，英国建立起一支欧洲最强大的海军，它的商业触角已经伸向全世界。殖民扩张和海外市场的成熟使各种商品的需求量越来越大,以手工工场为支撑的生产能力变得捉襟见肘。为了能经受住这种考验,几乎整个英国都被动员了起来。"市场总是在扩大,需求总量总是在增加。世界市场使商业、航海业和陆路交通得到了巨大的发展。"[12]为了以更快的速度生产,工匠们的聪明才智被充分调动了起来,新的发明一个接着一个,英国开始一步步走上"工业革命"。专利制度也使得专利申请普遍起来,英国制定了世界上第一部专利法,对技术创新的激励机制,对知识产权的保护和奖励,使几乎所有的人,都陷入了一种对新技术、新发明的狂热崇拜之中。一本英国刊物称,"工程技术的贡献大于战争和外交;它的贡献大于教堂和大学;它的贡献大于抽象的哲学和文学;在改变社会方面,它的贡献大于我们法律所作的贡献……"在瓦特研制蒸汽机之前的一个世纪里,正是欧洲历史上一个科学鼎盛的时期。从17世纪中期开始,近代科学在一批巨人的推动下产生。在这批科学巨人当中,排在最中心位置的是一位妇孺皆知的人,他就是艾萨克·牛顿。他的最具影响力的著作即1687年发表的《自然哲学的数学原理》,证明了万有引力定律和三大运动定律,宣告了科学时代的来临。他告诉世人:自然界存在着规律,而且规律是能够被认识的。

　　力量就是一切。寻找力量、获得力量、力量的消长和变化是人类历史滚滚向前的终极原因,牛顿发现了力量,瓦特创造了力量,整个英国集聚蕴藏着力量。机械动力让人类从此开始拥有自己创造的动力,而不再受制于大自然。依靠畜力、人力、自然力(如水力)的时代必然要被依靠机器力的时代取代。从18世纪末开始,英国的各个行业相继实行了工厂化,短短几十年的时间,古老的生产方式、生活方式、思维方式都在发生变化。整个英国仿佛形成了一个被源源不断的力量推动着高速运转的链条。当蒸汽机启动了英国之后,又是一种什么样的力量,持续带动着这个链条,并最终将英国推向称霸世界的顶峰的呢?那就是另外一种神奇的力量——思想力。

　　1776年,亚当·斯密的著作《国富论》出版了,这部著作被看作一台特殊的发动机,一台思想的发动机,它为"自私自利"呐喊,呼唤自由交换和自由竞争,它为人类财富的增长提供源源不断的人性上的内心动力。正是它使得工业化不再停留于发明机器和制造产品的阶段,而真正对社会发展产生了革命性的意义。亚当·斯密认为:我们可以继续通过(贸易)保护主义、征服其他领地以及保持独有的垄断地位来赚取金钱,但是如果选择了自由贸易,我们可以挣到更多的钱。而且,如果我们让别人有钱了,他们就能够向我们购买更多的产品。这种崭新的思想颠覆了以往的认知,引爆了经济思想的革命。英国著名历史学家汤恩比认为,工业革命的实质既不是发生在煤炭、钢铁、纺织工业中引人注目的变革,也不是蒸汽机的发展,而是"以竞争代替了先前主宰着财富的生产与分配的中世纪规章条例"。亚当·斯密所说的"看不见的手"比技术革新影响更深刻的,是经济社会运行规则的变化,由此形成了自由主义经济模式。亚当·斯密的思想也构成了后来的资本主义核心价值观。

英国以机器为代表的生产工具的革新带来了生产力的变化,随后带来了生产关系的变化,新制度、新产品、新思想、新模式、新知识、新国家治理构建了人类的工业文明,新时代的引领者地位把英国扶上了世界霸主宝座,自由贸易成为英国的国策,"英国制造"从此在更大的世界市场里长驱直入。也使全世界的资本主义得到发展。英国成为世界工厂之后,世界进入了自由贸易的时代。[1]

今天,全球范围内人们之间和商品、物品之间的交流仍在继续,但却是以加速度的形式在进行——如果说过去是用独木舟和帆船传播的话,那么现在就是用汽船和喷气式飞机在传播了。全世界正在成为一个经济单位,世界市场第一次真正出现。

七、美国的走出去:靠的是"八大金刚"等抓手

一个国家能真正走出去,走得远,走得久,归根结底,靠的是实力。

第二次世界大战又一次彻底地改变了我们的世界。几百年来以欧洲为中心的局面宣告结束,世界资本主义的重心转移到美国。战后是美国的黄金时代,美国经济力量继续增强,还独家垄断原子弹,并在世界各地拥有军事基地。在新的经济、军事力量对比下,美国开始了争夺世界霸权的活动,力图实现美国统治下的和平。

与以往不同的是,美国的成长是在一个全球化时期,一个人类历史上新的时期。全球化就是全球经济、政治、文化(包括意识形态)的一体化。在当今世界,以美国为首的西方发达国家凭借其强大的经济、政治、科技和军事实力,不仅从整体上统治着全球的经济政治"新秩序",而且在思想文化上同样从整体上统治着全球。这在科学技术惊人发展,特别是由美国主宰的信息技术进步的时代更是如此。

为实现"美国世纪"的雄心,美国逐步实施全球战略,全面走向世界,采用了历史上没有过的新手法。回顾和总结,美国靠的主要是以"八大金刚"为代表的几个抓手:

首先，美军。军事力量历来是霸权的基础。19世纪以来，美国利用地理上的优势，以"门罗主义"为借口，以"泛美联盟"为工具，从欧洲列强手中夺取拉丁美洲的殖民统治权，使美洲变成美国人的美洲。第二次世界大战期间，不仅德、日的势力被赶出拉美地区，连战前美国的主要竞争对手英国的势力和影响也日益缩小，唯独美国逐渐在拉美取得了优势地位。1947年和1948年，美国通过在泛美联盟基础的改组，史上第一次建立和直接控制了一个地区性的政治和军事集团，企图以此来支撑其在西半球的霸主地位。1949年，美国利用欧洲各国的不安全感，建立了北约组织，挫败了原来的欧洲霸主英国，将欧洲揽入翼下。中华人民共和国成立后，美国又在亚洲开始构建一个新月形军事条约链，对新中国实行月形包围。到1955年，美国把北大西洋公约组织与亚太地区的军事同盟体系连结起来，从大西洋经过西欧、地中海、中东、东南亚到西太平洋，建立了一个以美国为首的军事同盟条约网和军事基地网络。美国通过构建战后世界军事体系，使美军走向全世界，军事霸权完全建立。

其次，美元。中国的货币发展从铜钱时代到白银时代开始逐渐衰落（1581年明朝万历年间废铜改银的金融改革是重要转折点），美国则是从美元时代到美金时代开始逐渐称霸（1944年布雷顿森林会议是世界货币体系的转折点）。一国的货币一旦成为世界货币，必然获得世界性的利益。一币独大代表的是金融霸权。1914年，第一次世界大战爆发，美元开始逐步取代英镑成为主流储备货币。"二战"后，美国一枝独秀，以压倒性的优势为其经济霸权的建立提供了基础，美国开始构筑以美国为中心的世界经济体系。1944—1945年，通过一系列国际会议和国际条约，以国际货币基金组织、国际复兴开发银行、"金本位制"为代表的"布雷顿森林体系"撑起了美元的中心地位，美元完全取代了英镑成为主流储备货币。1947年，美国推动的贸易自由化产物"关税及贸易总协定"落定。这样和布雷顿森林体系配合，以外汇自由化、资本自由化、贸易自由化为名义的多边经济体制，促成了美元的支付和结算便利化与世界各国外汇储备美元化，美国实现了其货币霸主的体制。黄金开始从英国流入美国。金本位制度也让美元成为美金。美元霸权的地位得以巩固。

"锚货币"是一个国家用于衡量并稳定本国货币价值的货币。以美元为主要锚货币的国家所占比例已经从1950年的30%和1980年的50%上升到了现在的60%。这些国家的国内生产总值占全球的70%左右。换言之，世界上大多数国家选择站在美元阵营。要成为"锚货币"，并不仅仅取决于经济规模。历史表明，单凭经济规模不足以成为金融超级大国。从1450年到1700年代末，主要储备货币都来自较小的国家——先是葡萄牙，然后是西班牙、荷兰、法国。这些国家都是靠金融体系、贸易地位和军事强力。而中国，在那几个世纪里都是最主要的经济体，但它一直没有获得拥有主要储备货币的优势。美国在19世纪末就已经超过英国，成为世界最大的经济体，但美元取代英镑成为最主要的储备货币，则是在"二战"之后，"二战"期间，英国的金融受到严重冲击。

据2017年3月份的环球银行金融电信协会（SWIFT）数据，全球支付货币使用广泛度的排名：美元占40.86%，欧元占32.00%，英镑占7.41%，日元占3.30%，人民币占1.84%。由此美元的地位可见一斑。

不战而富是最好的选择，战争是财富的最大消耗。冷战结束后，美国在30年内发动了13场战争，耗费14万亿美元。用战争促发展只能是一条死胡同，只会造成国内财虚，为经济危机埋下隐患。2008年，虚高的房地产引爆金融危机，造成19万亿美元的灰飞烟灭。兵戎之灾、经济危机和自然灾害是三只吞噬财富的猛虎。

但是，美国债务高企，截至2017年11月美联储公布的数据显示，美国二季度家庭负债总额同比增加了5000多亿美元，达到了12.84万亿美元，相当于美国GDP的三分之二。以美国的3.3亿人口计算，人均负债高达近4万亿美元。更可怕的是，金融危机以来，美国消费者信用卡债务突破了1万亿美元，美国穷人的情况在恶化。根据债务时钟，目前美国债务已经超过了20.57万亿美元，美国的年GDP大约在18.1万亿美元，平均每个美国人负担6.3万美元，每位纳税人负担17万美元。上下加总，每个美国人平均负债10.3万美元左右。这对于一向不爱存钱的美国人来说是不可承受之重。国家赤字、政府停摆、百姓遭殃、公司赚钱、别国承担，这些乱象就是靠美元霸权来支撑。假如美国债券不能正常发行，或者美债不再是用印刷美元绿纸来还债，而是用黄金，那么，美债和美元就会崩盘。

为了摆脱美国头顶上的债务炸弹，美国会想尽一切办法，关键一手就是利用美元这个货币地位。

第三，美企。"二战"时，美国本土远离战火，战争带来了天赐机遇。工业能力提高了1.2倍，实物出口量增加了2倍，资本输出增加了34.1%。到1948年，美国独占资本主义世界工业产量53.4%，占对外贸易的32.4%以及黄金储备总量的74.5%。[13]"二战"结束后，美国以"援助"和"复兴"为名，对西欧实施"马歇尔计划"，对日本实施"道奇路线"，对第三世界实施"第四点计划";多边协定方面,通过"关税及贸易总协定"(GATT)的制度性安排及组织实施,美元带着美国商品走上了全世界,美国货大行其道,美国企业开始了世界征程。

第四,美国文化。美国在推行世界霸权的过程中,文化成为其全球战略的一个利器。冷战时期,以美、苏为首的两大阵营的对抗对世界的和平与发展构成了严重威胁。从杜鲁门的"遏制战略"、艾森豪威尔的"解放战略"到肯尼迪的"和平战略"、尼克松的"不战而胜",再到"里根主义"、布什的"超越遏制战略"、克林顿的"参与和扩展战略",都把实行"文化霸权"战略作为对外政策的重要部分。冷战之后,美国加强了文化力量来制约和影响世界事务和一些国家的发展。美国把政治目的包装在文化的花环之下,把"民主意识""民主文化""自由平等"价值观、人权观等作为"文化交流"最主要的选项向美国所认为的"非民主国家"输送。文化牌是"和平演变"屡试不爽、不战而胜的武器。美国文化的全球扩张使得地球上的每个人都感受到美国文化的存在,用古巴总统卡斯特罗的话来说:"这些东西对每个人的灵魂、人们的思想的渗透是难以想象的。"[14]美国人自己也毫不掩饰这一点,美国自由欧洲电台和自由电台委员会副主席本·瓦滕伯格曾经自豪地宣称:"我们在历史上是最强有力的文化帝国主义。"[15]

文化和意识形态必须有载体,如报刊、书籍、电脑软件、电影、电视台和互联网等,而这些载体是需要巨额投资的。美国有对外进行思想文化宣传的强大的资源和工具,特别是高功率、高覆盖率的广播和卫星电视使世界变小,数亿人在同一时间享受同一个重要新闻信息,并产生交流和互动。这种时空上的同时性和同位性,使强大的西方传媒舆论可以轻而易举地进入其他国家和地区,影响、干扰其他民族的舆论和情绪,甚至破坏一个国家的政局稳定。在互联网上占支配地位的当然也是以美国为首的西方文化。另外,当今世界各地的娱乐界充斥着美国制造的产品,流行文化已成为美国最大的出口行业。一位美国社会学家在1998年10月25日《华盛顿邮报》发表的《美国流行文化渗透到世界各地》一文称:"美国流行文化的传播是长久以来人们为实现全球统一而做出的一连串努力中最近的一次行动。它代替了罗马帝国和基督教徒推行的拉丁语以及(共产党政府推行的)马克思列宁主义。"无论是硬件还是软件,美国在文化领域建立起的霸权地位没有其他国家能够撼动,尽管其文化帝国主义的面目尽显,但没有什么防线能够抵挡美国文化工业产品的畅销,这种"攻心"能力已经渗透在美国所有产品之中。美国的文化霸权主义不仅在第三世界国家,而且在其他国家,都已引起关注和严重不安。作为美国全球化战略的一个有机组成，它着意在全球特别是第三世界国家普遍制造对美国的迷恋、膜拜和奴性，从而使第三世界国家心甘情愿地永远处于附庸地位。从这个意义上讲，广大第三世界被剥夺的绝不仅仅是资源、市场、劳动力，更重要的是坚强而美好的民族精神和深厚的爱国主义情感。

与过去称霸世界的欧洲列强不同的是，美国是文化超级大国，美国的文化霸权是别国无法撼动的，文化渗透、文化传播已经成为美国征服他国的主要手段。美国凭借其经济、科技上的优势，控制着国际舆论导向，形成的全球传播体系也是独一无二的，媒体帝国的地位无他国所能比。"国际新闻90%靠美联社、路透社、法新社提供，美联社、路透社提供的新闻又占其中80%，关于美国的新闻占60%～70%。"[16]美国控制了世界75%的电视节目的生产与制作，电影的生产总量只占世界电影产量的6%～7%，却占据了世界放映时间的一半以上。[17]在国际互联网上，英语是主导性语言，不仅电脑操作和网络操作的命令是英语，而且绝大部分信息也是用英语发布的，网上内容英语占90%、法语占5%，其他世界众多的语言只占5%。

美国的商业文化也已成为各民族文化的主要力量。遍布世界的可口可乐、麦当劳、肯德基、迪士尼等美国企业在兜售商品的同时，也把美国文化一同传播出去，隐藏在商品背后的是美式生活方式、思想方法、行为方式、美式价值观、美国优越感和美国梦等。

文化有两个重要的考量：符号和意义。符号资源和创造符号的能力是意义传播出去的重要保证。放眼现在的世界，到处充斥着西方的符号，如西服、牛仔服、英语字母、婚纱、圣经、刀叉、广场、教堂、沙发、足球、巧克力、葡萄酒、高脚杯、高跟鞋、飞机、航母、手机、计算机、汽车、电视等。这就是西方强力文化中心的标志。基本上都是西方往东方输出，文化高端向文化低端的单向流动。随着符号的流动，符号的意义也传播到东方，基本上可以说是东方被动地接受了。

第五，美式法律和规则。美国之所以能在全世界横行霸道，就是因为它占据了制高点，综合实力雄厚。为此，美国把自己的标准看作天下应该的标准，以美标为唯一的标准。利用美国国内法律干涉他国内政；利用控制权迫使国际组织为美国服务；当利益受到威胁时视国内法高于国际法，无视国际规则；合适的情况下利用国际法谋求霸权。

文化无高下，制度有优劣。要玩游戏就要控制游戏规则，要进场博弈就要懂得输赢的规则。全球这个大场合，美国处处要当老大，事事说了算，美国就是要占据制度霸权、规则霸权。美国穆迪、标普、惠誉等评估组织、联合国总部、国际法院、非政府组织（NGO）甚至体育比赛都是谋求规则霸权和制度霸权的工具。美国的评级机构和投行相互联手，一方面要维持美元的所谓霸主，把庞氏骗局维持下去；另一方面，伺机对一些国家进行洗劫。20世纪90年代的"日本泡沫"破灭、1997年的东南亚金融危机、近年的希腊债务危机，都是美国靠另外一种炸弹——评级标准来毁灭一个国家的。当美国货需要市场时，美国用自由贸易撬开它需要的国家市场；当美国货面临强敌时，美国就用贸易保护把竞争对手挡在国门之外，对有关国家关闭美国市场。臭名昭著的"301"条款毫不掩饰地表示，凡严重损害美国商业利益即为"不合理"，美国可以单方面实施强烈报复。对己有利就用"自由主义"，对己不利就用"保护主义"，无视国际规则。2017年，美国宣布退出TPP、巴黎气候协定、联合国教科文组织、联合国移民难民全球契约，重新谈判北美自贸区，后面还会有任性的"退群"，维护所谓的"美国优先"，"美国任性"暴露无遗。

美国操纵规则霸权已经引起世界的反感。肆无忌惮的霸权主义、单边主义，对自己有利的就利用，对自己不利的就放弃或改变，美国的这种双重标准招致大量批评，失去了道义形象，成为名副其实的任性霸道国家。但美国不是没有害怕，它最害怕的就是失去它需要的国际组织的会员资格。美国在2017年决定停止缴纳联合国教科文组织会费，因为该组织已经脱离了美国的操控之手；美国已经拖欠联合国会费很久了，但美国绝不敢拖欠世界银行和世界货币基金组织会费，因为失去这两个组织，对其将非常不划算。美国完全不顾世界贸易组织的条约义务，另搞一套甚至背信弃义的做法也不鲜见。这种做法势必将削弱美国的"规则维护者"形象，而成为世界规则的破坏者。假如这些组织动用另一套制度和规则，拖欠会费将自动失去会员资格；不遵守国际条约义务将自动被该国际组织剔除成员资格；不执行联合国决议或者安理会决议，或者绕开安理会单独行动，可以剥夺联合国席位或者安理会席位等，如果这些变成约束美国的规则并且得到执行，彼时美国的制度霸权恐将永远不再。美国就不敢绕开联合国发动制裁、发动战争，就不敢单边发动对世贸组织成员国的反倾销调查等。当"没有美国更好""让美国一边去""美国自己玩去"成为各种国际组织的普遍想法时，就是美国最孤独、最失落的时候。当然，美国这个老虎哪会心甘情愿地被关在笼子里变成"纸老虎"呢？除非另一个霸权超过它。

第六，美国科技。美国超越英国，接棒工业革命主要靠的就是科技。科技人、科技企业、科技制度构建起一个前所未有的科技环境。在美国出现这么多个人奋斗成功的企业家，不仅是企业家，也是各个行业的出类拔萃的人，不是偶然现象，它是有一系列文化和制度环境的。美国经济在一套比较成熟的制度体系的保障下，实现了跳跃式发展。在以电气化为标志的第二次工业革命中，这个新兴的工业国家以重大科技发明为基础，在19世纪末迅速赶上并超过了在过去两个世纪里一直走在前面的欧洲强国。1894年，美国的工业总产值跃居各大国之首，成为世界第一经济强国。

截至2016年，世界上获得诺贝尔奖的个人共881人，其中，美国人获得诺贝尔奖的人数达到322位，居世界各国之首。在自然科学领域，美国以压倒性的多数获得自然科学领域的诺贝尔奖（远超世界其他国家的总和）。美国的大学汇集了全球70%以上的诺贝尔奖获得者，50%以上的菲尔兹奖获得者，在计算机领域，图灵奖几乎被美国人垄断。

第七，美国教育。霸权是个合力的过程，综合手段是必需的，比如，美国的教育霸权，美国依靠大量外来移民支撑起国家所需的各方面人才，这些从全世界"掐尖"的外脑，为美国的发展贡献不俗。可以说，美国这个国家从建国到原子弹的发明，再到称霸世界的过程中，外来移民的智慧必不可少且功不可没。美国的教育产业为各项事业提供了强大的支持。从20世纪50年代，美苏两国太空竞赛的时候，美国正视与苏联的"导弹差距"，大力改革教育，产生了以杜威为代表的教育家。通过新教育，美国逐渐赶超了苏联，第一个登上了月球。在全球160万留学生中，在美国留学的外国学生就占到28%；信息时代来临后，美国紧紧抓住这一新的力量，迅速成为信息霸主。"信息革命包括两部分：积累信息和传播信息。今天积累知识的速度是空前的和爆炸性的——仅世界各地每24小时公布的科学信息的数量就足以填满7套24卷一套的《不列颠百科全书》。同样空前的和爆炸性的是用计算机储存和检索信息的速度，以及以光速——特别是通过卫星——向全世界传递信息的速度。任何国家的任何人都可以通过报纸、杂志、广播、电视机或计算机得到这些信息。"[1]美国的电子网址是日本的13倍（后者居世界第二位）；主要的服务器都集中在美国。美国在信息的积累和信息的传播这两个方面的能力都是全世界顶尖的。美国无疑已经成为全世界网络的中心。世界的概念也不断变化，从最早的陆地变为今天的陆海空天网五维概念。

在获得诺贝尔奖的大学中，美国的斯坦福大学、哥伦比亚大学、加州大学伯克利分校排名前三，前十名中八所为美国的大学。

大学排名是重要的参考之一。来自英国的QS排名是目前比较流行的世界大学排名，由英国职业与教育研究公司 Quacquarelli Symondsm 联合《泰晤士报》自 2004 年开始每年根据数据调查研究发布。排名基本上体现了大学的综合实力，它不仅看重大学的研究水平和教学质量，更看重毕业生参加工作后雇主对其的评价和学校的国家化水平。其排名指标主要从四个方面量化：研究、教育、就业、国际化。具体占比为：学术声誉 40%、雇主评价 10%、师生比 20%、人均论文引用率 20%、国际学生比例 5%、国际职工比例 5%。从排名看，美国的大学遥遥领先。

世界所有强国的背后都有基础教育作为强大的支撑。美国从政府、国会、高等教育、基础研究成果推广四个方面对教育进行全方位管理。其先进的管理理念和管理方法都是世界其他国家无法比肩的。

第八，美国传媒（含美国网络）。传媒的力量，简言之，就是话语权，即控制舆论的权力，代表着话语霸权。话语权是掌握在媒体控制者的手里，掌握在拥有经济权的人手里。由于经济、政治、文化的巨大差异与差距，国家之间完全平等的对话并不可能，在国际文化交流中显现着一种不平等关系，制造了一种特殊的知识话语权利。世界上能发声的是靠国家实力，否则发出声音也只是引来沉默。

20 世纪 90 年代苏联解体的背后即藏着一支美国力量。全球 90% 的新闻信息被美国及其盟国掌握，75% 的电视节目和制作被美国实际控制。当今世界占有国际舆论信息霸权的无疑是美国的媒体。美国媒体通过"设置话题""舆论审判"等手法来针对特定的对象进行媒体战。对中国，美国媒体提供的是一个用政治、意识形态的"筛子"过滤后的中国。长期以来，美国媒体对中国的报道一直是消极的、负面的，还经常使用容易引起美国人敌意的标题、词汇或漫画，如"民族主义""独裁政权""共产党中国""红色中国""极权政府""邪恶帝国""天安门大屠杀""下一个超级大国"等，把中国刻画成张牙舞爪的龙或狮，用以"妖魔化中国"。美媒试图给全世界的人造成一种对中国的"刻板印象"，这就是美媒的最重要的任务，也是美国的战略之一。另一种重要任务就是把美国意识传播到中国内部，在中国内部培养出美国力量，最好的例子就是"美国之音"（The Voice of America）。

澳大利亚前总理霍克援引美国斯坦福大学一位教授的统计，从 1996 年之后的若干年内，包括《纽约时报》《华尔街日报》《时代周刊》等在内的美国主要媒体出现的关于中国负面报道与正面报道比例高达 30∶1。另据对《纽约时报》1993 年至 1998 年间对涉华报道分析，其涉华报道共 3930 篇，其中负面报道（报道立场与中国政府完全相反或是批评中国政府的）2175 篇，占

55%；中性报道（介于正面与负面之间）1736 篇，占 44%；正面报道（赞扬中国政府的有关政策与做法的报道）仅 19 篇，占 1%。其报道的兴趣点是持不同政见者、人权、宗教、武器扩散、中国台湾问题、西藏问题等。而且长期以来的报道基调一脉相承，客观效果上塑造了一个"共产主义＋民族主义＋专制主义＋异族文明＋经济威胁"的中国国家形象。

现在，全球传媒市场的控制权已经掌握在了 7 家跨国公司的手中：迪士尼（Disney）、美国在线—时代华纳（AOI－TimeWarner）、索尼（Sony）、新闻集团（News Corporation）、维亚康姆（Viacom）、维旺迪（Vivendi）和贝塔斯曼（Bertelsmann）。好莱坞统治着全世界的电影院。虽然并不是世界上所有的故事片都是好莱坞拍摄的，但是美国电影是唯一进入世界所有市场的电影。据统计，1992 年美国电影占领了英国电影市场的 95%，法国的 66.7%；1996 年，美国电影占据欧盟电影市场的 70%，比 1987 年增加了 56%，占据日本电影市场的 50% 以上；加拿大电影院放映的电影中，96% 来自美国。美国电影在我国进口电影中也占据主导角色，1996—1998 年我国共发行进口影片 149 部，其中港台片 37 部、外国片 112 部。在外国片中，美国片 62 部，占 55.3%。但是，外国电影在美国市场的份额不到 3%。另外，好莱坞将近一半的利润来自海外，比如，仅《泰坦尼克号》在全世界的票房收入就高达 18 亿美元，而在 1980 年，好莱坞海外票房收入仅占 30%。1995—1996 年，欧洲与美国在影视业的贸易赤字从 48 亿美元增长到 56.5 亿美元。

杂志（Magazine）的力量也是史上未有的。全世界几十万种杂志，全球杂志势力 100 强，联手改写了杂志的定义，创造性地记载了历史，成为人类不可或缺的读物。世界著名期刊杂志前 100 名中，美国的杂志份额占比最大，它们用独特的方式在各自的领域把持着话语霸权。《时代周刊》《国家地理杂志》《财富》《时尚》《花花公子》《名利场》《新闻周刊》《商业周刊》《福布斯》《读者文摘》《科学》都是其中的佼佼者。在科学研究类期刊中，美国的学术期刊往往都是全世界科技工作者最重视的，能将自己的研究成果发表在美国的学术期刊绝对是一生中最大的荣耀了。

信息时代的新媒体尤其是社交媒体掌握在美国手中，美国这方面的科技更是称霸世界。美国是计算机、互联网等通信技术的创造地，其创新能力又是世界首屈一指，像脸书（Facebook）这样的新锐势力向世界扩张的脚步也无人能挡。美国开始将控制的重点从传统媒体转向网络。美国是网络的发明者，占尽先机。目前，全球最大的搜索引擎（Google）、最大的门户网站（Yahoo）、最大的视频网站（YouTube）、最大的短信平台（Twitter）、最大的社交平台（Facebook）都是美国的。当今80%的网络信息和95%的服务器信息是由美国提供的，超过2/3的全球网络流量来自美国。美国凭借其强大的媒介影响力，通过思想渗透，扶植代理人，或由内而外地肢解对手，或推动社会运动，自下而上地、由外而内地推翻对手政权，搞和平演变、颜色革命。美国通过各种无形的网络力量，加上像福特基金会这样的非政府组织（NGO），在世界各地搞动乱，比如"阿拉伯之春"就是美国全球舆论办公室指挥，美国国家安全局、网络司令部联合运作的信息战和思想战。中东的"茉莉花革命"、我国台湾的"太阳花运动"都是美国全球媒体战的新样本。

当然，美国称霸不仅仅局限于以上"八大金刚"。比如美国的移民国策。美国移民是美国社会变革和创新的重要来源。美国有3.25亿人口，其中1/6的人口出生在海外。每年100万的新增移民，持续的移民是非常好的社会动力，人口的流动性、较好的人口年龄结构和劳动力的持续增长有助于形成年轻活力的社会。美国的教育和研究机构将能够继续吸引来自全球的顶尖人才。2013年，200多万中国人移民美国，中国取代墨西哥成为移民到美国最大的单一来源地。之前历史上曾经有过华人移民到美国的两次浪潮。19世纪50年代到80年代，清朝政府的政治和经济局势动荡，约30万中国人漂洋过海到美国西部寻找机会。1952年到1965年，大量台湾留学生到美国求学，很多人毕业后成为移民。还有就是美国的创新力培养。50个州有50种不同的体系和框架来保证在联邦体系内部进行实验性的安排。这种安排有利于不同的区域之间形成创新的大环境。

历史证明，靠军事称霸或靠产业称霸世界都是短暂的，只有思想和文化的影响力才能长久。英国称霸的时间比荷兰长许多，而美国称霸的时间可能会超过英国，因为美国帝国权力比英国更全面。过去，世界的意识形态分裂成社会主义和资本主义两个阵营，东西方完全对立，政治思想主导着两个独立的体系。现在，市场经济一统天下，成为普世的社会意识。另外，宗教的影响力也愈发突出起来，宗教超越了国家边界，却能深入人心。极端宗教思想的危害也日益显现。思想和文化领域矛盾斗争也将日趋复杂。我们人类走到今天，都是民族之间、国家之间的"走出去"和"走进来"相互交融的结果。世界的矛盾性也越发突出，一方面，世界已经变成"地球村"，地理距离越发缩小，科学技术把人与人之间的距离不断地拉近，"走进来"和"走出去"比历史上任何时候都容易，世界似乎在统一着；另一方面，人们的内心距离却在不断拉远，民族之间、国家之间的差异有时被放大。不同的思想和文化要想真正相互理解、相互包容、相互融合却比历史上更艰难。或许是因为都坚守各自的个性、特性和特色，不愿意被共性同化、融化、异化。"我们这个时代动乱频仍，其中多数都是因为这两大相互矛盾力量的冲突而起。一方面，由于现代通信媒介、跨国公司以及环球飞行的宇宙飞船的发展，现代技术正在前所未有地将全球统一起来；而另一方面，那些沉睡至今的大众也开始觉醒并决心创造自己的未来，全球因此又陷入四分五裂。这种冲突是历史性的，其根源可以追溯到公元1500年以后的那几个世纪。在那段时期，西方探险家和商人首次把世界上所有的居民都联系在一起。这些行为注定会产生多方面影响，而且直到今天我们仍需面对这些影响，无论它们是积极的还是消极的。"埃及记者穆罕默德·海克写道："陷入重围的民族主义已经武装起自己，准备为了未来而不是过去背水一战。"[1]

美国的全球扩张主义和谋求世界的霸权主义实践已经力不从心，也不得人心。2017年12月，美国的《国家安全战略报告》将中国定位为美国"战略上的竞争对手"，势必引发核竞赛、军备竞赛和对华新一轮的战略围堵和包围。中美博弈开始走上台面。

第三章　走到欧洲：欧洲文化要点

欧洲自古以来就属西方世界。古代闪米特人把西边太阳落山的地方叫作"欧罗巴"。

欧洲实际上是亚欧大陆向大西洋方向突出的大半岛，三面向海。沿海国家多过内陆国家，海洋文化的影响力自然超过大陆文化。全洲大约有8亿人口，约占全世界总人口的16%。其中包括160多个民族。

西罗马帝国的衰落为外民族入侵敞开了大门。从4世纪起，大批的日耳曼人、斯拉夫人以及来自亚洲的一些民族相继进入帝国疆域，在这块广阔而富饶的土地上开拓新的家园。这种入侵不同于一般的军事侵略，而是整个部落的迁徙，因此历史上称其为欧洲民族大迁徙。其过程整整持续了4个世纪，从公元4世纪开始一直到7世纪。在中世纪的过程中，斯拉夫人逐渐分为东、西、南三支。东斯拉夫人发展成为今天的俄罗斯人、乌克兰人和白俄罗斯人；西斯拉夫人即今天的波兰人、捷克人、斯洛伐克人和索布人；南斯拉夫人包括保加利亚人、塞尔维亚人、克罗地亚人、斯洛文尼亚人、马其顿人、黑山人和波斯尼亚人。位于西罗马帝国心脏的意大利，在帝国崩溃后，相继遭到东哥特人、伦巴德人、法兰克人、阿拉伯人的入侵，后来又曾被奥地利和法国所占领，直到1870年才统一。意大利人主要是由古代罗马人吸收了埃特鲁斯坎人、希腊人、日耳曼人、阿拉伯人等多种民族成分而形成。

1500年前后，欧洲开始主导世界。"地理大发现揭示了新大陆的存在，从而预示了世界历史的全球阶段的来临。也正是在这一时期，欧洲人凭借其在海外活动中的领先地位崛起为全球霸主。而在这些世纪中发展起来的某些全球性的关联自然也会随着时间的推移而变得愈加紧密起来。"[1]"欧洲人由于在这一全球历史运动中居于领先地位而支配了这个刚刚联成一体的世界。到19世纪时，他们以其强大的帝国和股份公司在政治和经济上控制了全球，并取得了文化上的支配地位，西方文化于是也就成为全球的典范。西方文化被等同于文明，而非西方文化则天生低劣。"[1]

欧洲文化的力量迸发如同沉寂很久的火山，摧枯拉朽的火焰来自长期积累、蓄势良久的内部量变过程。

一、欧洲文化进程

古典时期的欧洲文化代表是古希腊和古罗马的崛起；近代时期的欧洲文化代表是"文艺复兴"运动；现代欧洲文化的代表是欧洲联合运动。缘起于古希腊、古罗马的欧洲文化，经过中世纪1000多年的历史积累和孕育，再经文艺复兴人文思想的洗礼，面向现实世界、重视时间和理性的风气促进了科学技术和文学艺术的迅速发展。近代欧洲在自然科学领域取得了巨大的成就，而这些成就又迅速转化为巨大的生产力，推动着社会进步和发展。三个时期紧密结合，承前启后，互相促进，相得益彰，最终将现在的欧洲文化呈现给全世界的人们，让世人称羡。

1. 古典时代

一般认为西方文化发源于欧洲，其直接源头便是古希腊、古罗马文明。哲学思想是西方传统文化的基石，它深刻地影响着西方的政治观念、社会思想、文化观念和伦理道德。恩格斯说："只有奴隶制才使农业和工业之间的更大规模的分工成为可能，从而为古代文化的繁荣，即为希腊文化创造了条件。没有奴隶制，就没有希腊国家，就没有希腊的艺术和科学；没有奴隶制，就没有罗马帝国。没有希腊文化和罗马帝国所奠定的基础，也就没有现代的欧洲。"[18]在思想意识、国家制度、科学文化等方面，现代欧洲和古希腊、罗马之间都存在着千丝万缕的继承关系。正因为如此，整个欧洲都有某些同质性和相似性，正是它们的母体孕育出的文化结果，或多或少地都会带有彼此的基因。

随着古代社会的衰落、奴隶制日益腐朽、社会激剧动荡，人们对同一个世界和同一的社会现实产生了基本的看法，古希腊、古罗马的哲学、神学体系辉煌不再，新的文化必然悄然孕育，取而代之。

2. 近代时期

欧洲早在古希腊以前创造了辉煌灿烂的文化，但在中世纪时实行了政教合一，且成为欧洲社会封建政权的基本结构，把意识形态的其他一切形式——哲学、政治、法学，都合并到神学中，基督教的教义几乎具有法律效力。基督教文化作为主流文化，不仅在文化上占统治地位，而且凌驾于世俗王权之上，为基督教政治统治提供了理论基础。基督教堂和修道院星罗棋布，遍布整个欧洲。中世纪在基督教神学思想的统治下，教会无孔不入，发展教会文化，去除异己，扼制新思想，精神和文化受到束缚，欧洲人的思想被禁锢了，结果导致欧洲经济与文化的停滞不前。在思想文化领域，这种基督教文化的主要特点就是蒙昧主义和禁欲主义。作为生产关系一部分的文化禁锢对生产力的反作用是消极的，导致欧洲社会生产力受宗教神学的束缚，在漫长的中世纪里一直处于停滞、落后的状态。

11世纪开始，随着生产力的发展，城市不断兴起，与基督教传统相违背的追求世俗享乐的主张不断显现，市民和世俗分子不断增长。资本主义生产关系自14、15世纪开始在封建社会内部生长和发展起来。随着资本主义因素的产生，许多国家内出现了新的阶层——中产阶层和新的阶级——资产阶级。生产力的变化催生生产关系随之改变。资产阶级开始向统治阶级的贵族和僧侣阶级夺权上位，从而一场波澜壮阔的由思想文化领域最先开始最后到政治权力领域的"文艺复兴"运动逐渐展开。

14—16世纪，最先是意大利，然后是欧洲许多国家先后发生思想上和文化上的社会运动，重新审视古希腊、古罗马文化，故称对古典的"文艺复兴"。但"文艺复兴"不是古典文化简单的复兴，而是标志了封建社会新力量——资产阶级的文化萌芽，反映了新兴资产阶级的诉求，是反对封建社会和封建统治者的号角，实质上是借古典文化上位，客观上使古典文化螺旋式上升。

封建社会统治阶级不会让渡权力，资产阶级从封建阶级那里夺得权力主要通过三条途径：文艺复兴运动、社会启蒙运动、宗教改革运动。

14世纪开始，到16世纪达到巅峰，意大利各个城市从兴起到中兴，开启了欧洲的近代史，是中古时代迈进近代的标志。欧洲文艺复兴普遍的表现是对科学、文化和艺术的高度重视，使得科学、文化和艺术高涨，不论是在自然科学领域，还是在社会科学领域，情况都一样。文艺复兴最突出的特点之一是使视觉艺术取得了与自由艺术并驾齐驱的地位，艺术家竭力对当时的生活与思想施加影响，造就了与资本主义诞生相适应的思想文化条件，这是以文化变革为先导的一次社会转型，它对人类以后的历史影响非常深远：在当代西方一些发达的资本主义国家，经过200多年的发展和演变，形成了它的经济、政治、文化模式。在宗教研究领域，从17世纪中叶开始，欧洲兴起了一股自然神论的思潮，该理论主张用具有理性的自然神代替虚无的神。文艺复兴运动是世俗阶层用人文主义精神来对抗基督教精神，试图将人从神的束缚中解放出来，是封建主义生产关系中新因素的主张和表达。

17世纪到18世纪，以法国为代表的启蒙运动又将目标对准了将欧洲人踩在脚下一千多年的宗教思想意识领域，被看作第二次思想解放运动。古希腊、古罗马古典主义中突出个体，主张个性解放、个性自由，崇尚理性的核心价值观就成为资产阶级拿起来斗争的思想武器。继文艺复兴运动之后，欧洲人又一次经历了思想文化上的洗礼：反封建、反教会，从中世纪的黑暗中解放出来，奔向光明。覆盖领域广泛的启蒙运动将矛头对准了天主教会和封建王权，其统治靠的是宗教上的蒙昧主义、特权主义和文化上的专制主义。社会新力量则要求去掉政治、经济、思想上对他们的束缚。到18世纪，理性主义形成，这是欧洲资产阶级思想文化建设中一项最伟大的成果，其核心内容是自由、人权、平等、博爱、民主。它把人的个体存在与社会共同存在、历史理性与价值理性整合成一个文化共同体，力图建立起人与社会并行不悖、良性发展的社会运行机制。

16世纪初，德国爆发了以马丁·路德为首的宗教改革运动，严重打击和动摇了作为封建势力基础的天主教统治。这次宗教改革的实质是人类理性对信仰的公开反叛。路德将圣经从拉丁文译成德文，并主张教徒可以根据自己的理解来解释圣经。这样就使普通人获得了以理性解释圣经的权利，反对盲目的信仰，使理性成为一切宗教论争的最高裁夺者。恩格斯认为，德国的宗教改革是欧洲资产阶级反封建的第一次大决战。教会是封建制度的主要支柱，资产阶级"要在每一个国家内从各个方面成功地进攻世俗的封建制度，就必须摧毁它的这个神圣的中心组织"[19]。宗教改革以后，天主教在西欧分裂为新教和旧教两大派。在很长时期内，新教称基督教，代表资产阶级利益；旧教称天主教，代表封建阶级利益。文艺复兴时期所形成的资产阶级思想体系被称为人文主义。

人文主义者主张一切以"人"为本，来反对神的权威——以神治国、以神为本的政教统治。资产阶级要把阻碍它发展的宗教信条以及其他封建观念重新予以估价，以形成自己阶级的上层建筑：反对教会认为人生是苦难和罪恶的妄说；反对禁欲主义和来世思想；肯定现世生活；肯定人有追求财富和个人幸福的权利；歌颂人类的爱情；要求解放个性；多方面发展个人才智；提倡冒险精神。为了反对蒙昧主义、神秘主义，资产阶级就提倡理性，认为人是有理性的动物，应该去追求知识，探索自然，研究科学和唯物哲学。为了反对封建专制的残酷压迫，资产阶级就鼓吹仁慈、博爱；为了反对等级制度，资产阶级就歌颂友谊和个人品德，提倡平等。总之，人文主义反映了一个新兴阶级的要求，它在当时是进步的思想，表现了蓬勃的革命朝气、满怀信心的乐观精神和巨大的创造性。它是以后资产阶级革命的最初思想准备和思想动员。但是人文主义者所想到、所推崇的"人",实质上是指资产阶级自身和本阶级的人,他们把资产阶级和个人的要求合理化,个人主义被视为天经地义的准则。在提倡发挥个人才智和事业心的同时,资产阶级表现了它的弱肉强食的掠夺本质;在反对贵族血统的同时,又看不起下层人民。个别人文主义者如马基雅维利为了夺取并维护权力,主张使用诈术,不受任何道德的约束。

3. 现代时期

历史上欧洲内部国与国之间的战争从未停止过,频繁的战争给人类社会特别是欧洲文明民族带来了巨大的灾难,严重地破坏了欧洲国家的力量和文化成果,饱受战争之苦的人民普遍渴望和平,希望建立统一的组织来维护秩序,以期带来持续的和平与稳定。因此,欧洲的理想主义者纷纷提出各种联合思想,以便谋求欧洲的长久和平与发展。但主张实行欧洲联合是17世纪以后的事情。

即便是战争时期,欧洲各民族国家间的文化交流也从未停止过。尽管欧洲国家众多,分裂持久,并导致了连绵不断的战争,但毕竟同属一个文明体系。从1713年法国的圣·皮埃尔在《争取欧洲永远和平方案》中最早提出"欧洲邦联"的思想为开端,欧洲的理想主义者提出了各种统一欧洲的方案,以谋求欧洲的和平与发展。各种关于欧洲联合的思想终于酿成一场社会运动,使欧洲从分裂走向联合,欧洲一体化思潮终于成势。"二战"后,几千年来的统一梦想逐步付诸实践。欧洲统一的观念以欧洲的同一性和多样性为基础,形成了共同的价值观,共同的文化思想渊源和文化认同,这是其实现一体化的深层次原因。

1951年4月18日,法国、联邦德国、意大利、荷兰、比利时和卢森堡在巴黎签订建立欧洲煤钢共同体条约。1957年3月25日,六国又在罗马签订了建立欧洲经济共同体条约和欧洲原子能共同体条约,统称《罗马条约》。1965年4月8日,六国又签订了《布鲁塞尔条约》,决定将三个共同体的机构合并,统称欧洲共同体,但三个组织仍各自存在,具有独立法人资格。《布鲁塞尔条约》于1967年7月1日生效,欧洲共同体正式成立。欧洲一体化从能源开始向投资、贸易、人员、安全领域等纵深领域拓展。1991年12月11日,欧共体马斯特里赫特首脑会议通过了以建立欧洲经济货币联盟和欧洲政治联盟为目标的《欧洲联盟条约》(通称《马斯特里赫特条约》,简称"马约")。1993年11月1日"马约"生效,欧洲联盟成立,标志着欧共体从经济实体向经济政治实体过渡。欧洲统一货币为欧元,1999年1月1日正式启用。除英国、希腊、瑞典和丹麦外的11个国家于1998年首批成为欧元国。2000年6月正式批准希腊加入欧元区。2002年1月1日零时，欧元正式进入流通。其后，欧盟不断扩展，欧元区成员国也不断增加。

欧洲大陆通过一体化使得西方国家发生了格局改变，英国从一流国家沦落为二流国家，在欧洲的控制力和影响力大大下降。欧洲的主导权掌握在大陆国家的法国、德国等手中。

二、欧洲文化要点

国家众多、民族众多，地理环境差异较大，历史复杂，使得欧洲国别文化差异很大，西欧和东欧、北欧和南欧之间的区域文化差异也比较明显。比如，北欧国家有完善的社会保障制度，高额的税收制度，强大的福利制度使国民之间的贫富差距较小。人与人之间生活品质差异不大，人的生活得到充分保障，生活较为轻松和自由，人们讲究礼貌，在社交活动中有"讲风度、重修养"的传统。人们的自律性强，生活中提倡节俭，厌恶浪费；崇尚节制，反对享乐。尊崇秩序，严格遵守规则，体现在交通规则上，不需要警察在马路上维持交通，行人都能够自觉地遵守交通规则，即便是在半夜，路上没有车辆也是如此。时间观念严格，所有的公共交通工具飞机、火车、公共汽车、轮渡都十分准时，公共汽车能像火车一样正点运行。人们在社交场合也严格守时，严格遵守时间并要求对方也同样做到。而南欧国家则不完全这样。南欧国家拥有温暖的阳光和海岸，有世界上最好的葡萄酒，南欧人显示出更多的随性和任性。

尽管欧洲文化成分多元多样，纷繁复杂，但其共同特点还是鲜明的，表现为以下几个方面。

1. 契约精神和基督教

宗教是人类思想文化的重要组成部分，世界各地的文明都共同经历过"以神治国"的阶段。不同的宗教是不同文化的表现形式，反映出不同的文化特色和文化背景。在欧洲社会，基督教起着特别重要的作用。它在罗马帝国后期已被定为国教，后来有了更大的发展，甚至跻身于欧洲政坛。古罗马时期的文化成就使欧洲人难以忘怀。古罗马文化的意义不仅仅在于继承和发扬了希腊文明，更重要的是，随着罗马共和国和罗马帝国的向外扩张，它把同一种文明推广到整个西欧大陆，给其所属地区都留下了深深的烙印。无论欧洲的民族和语言如何复杂，每个民族都以大体相同的方式接受了来自同一渊源的文化。

基督教成为罗马"国教"以后,共同的宗教信仰使得欧洲人彼此接近、互相认同。后来罗马帝国分裂,但统一的基督教信仰仍然在精神上联系着欧洲的东部和西部。基督教通过它的宗教组织系统把分崩离析的欧洲联结在一起,客观上促进了各国之间的思想文化交流和社会生活的联系,加速了欧洲文化的认同过程,为欧洲中世纪基督教文化的确立奠定了基础。

基督教给欧洲提供了理想人格的道德标杆。基督教信仰上帝,认为上帝是仁慈的,上帝要求人与人之间应该互爱。受这一观念的影响,欧洲文化崇尚个人的价值,强调个人高层次的需求。欧洲人还注重理性和科学,强调逻辑推理和理性的分析。虽然欧洲文化的精神基础是相同的,但由于各个国家民族文化的不同,欧洲各个国家的文化也存在着差别。

基督教给欧洲带来的良性资产之一就是契约精神,它成为主导西方文明的最主要的力量之一。"契约"在拉丁语中意为交易,即交易自由的本质。契约精神实质上就是尊崇自由、平等、守信的原则。

契约精神后来成为法治社会和商品经济的主流精神,为以后的"以法治国"培育了良好的守约和守法的基因。

2. 罪感文化和宗教教育

基督教另一个好遗产就是提倡建立道德的绝对标准,并且依靠其发展人的良心的社会。

人如果违背了"绝对的道德标准"就会有负罪感。人类的始祖——亚当和夏娃一开始便违背了那个"绝对的道德标准",听信了蛇的逸言,偷吃了禁果,犯下了罪恶,并被上帝逐出了伊甸园。从此,人类无法摆脱原罪的制约,羞耻感、罪恶感就此被唤醒,人类的生命也有了生老病死的痛苦。

在"罪感文化"中,人一旦觉察到自己违背了那个"绝对的道德标准",便会有一种深重的罪恶感,"在这种情况下,即使恶行不被人发现,自己也会受到罪恶折磨,尽管这种罪恶可以通过忏悔来得到解脱"[20]。

积极地看,"罪感文化"中的那个向善的力量是以自发和主动为主的,那从善的脚步,无须他人的催促便在灵魂的深处不停地向前迈进。

无处不在的基督教于无形或有形中开展了无意识的宗教教育。在欧洲国家,表面看,宗教教化引导民众的方式似乎平淡无奇,但它们却为民众设计了一种潜移默化的社会环境(人是环境的动物,环境设计至关重要)。教堂无处不在,可以说,教堂是欧洲人最为重要的公共空间,它是人们摆脱罪恶感的诉解渠道。基督教一方面通过罪感文化让人的内心有了自律机制,同时又通过教堂和向神父的忏悔和祷告建立起释放内心罪恶感的宣泄机制。

欧洲的社会文明程度相对要高，他们在这其中受到的教育也对形成他们独特的文化有一定的作用。这与14—16世纪始于意大利，后发展到德、法、英、荷等国的文艺复兴不无关系。有许多文艺复兴时期留下来的建筑、文学、舞蹈、音乐、工艺、雕塑、绘画等各种世界闻名的作品至今仍受到世界各地人民的喜爱，"仍然能够给我们以艺术的享受"，"显示出永久的魅力"[21]，这不仅是因为它们具有一种艺术美，而且还因为它们都体现出人文主义思想：反对中世纪的禁欲主义和宗教观，摆脱教会对人们思想的束缚，打倒作为神学和经院哲学基础的一切权威和传统教条。这对于发展资本主义生产关系、推翻束缚社会生产力发展的封建制度、消除封建割据，起到了极大的作用。目前的欧洲诸国在学校教育中还在积极倡导学生自由发表个人见解，鼓励不拘泥于老师和书本上的观点解放思想。再比如，欧洲酒店的客房中，都摆放着《圣经》，有的酒店还提供专门的房间供客人搞宗教活动（如做礼拜等）。至于建筑风格颇为艺术化、装饰精美华丽的各种教堂，更是到处可见。这些遍布城乡的最显眼的建筑不仅是人们开展宗教活动的场所，而且是民众相互交往的场所，人们一代接一代地在教堂中举行宗教仪式，一遍又一遍地接受宗教意识的熏陶和教化，形成了自己的精神支柱。此外，欧洲国家也很重视强化公民的国旗意识，进行爱国主义熏陶。不少国家在公共场合挂满了国旗，甚至把国旗图案大量印制在商品包装盒上。如瑞士的巧克力包装上，儿童使用的小书包上，都印有十字形瑞士国旗的标志。欧洲国家中的这类教育不显山露水，却悄悄地起到了教育作用，收到了良好效果。

3. 法治精神

欧洲的共同文化还体现在重视发挥法律法规在思想文化教育方面的基础作用。

宗教为欧洲人培养操守打下了良好的基础，培育出来的守约精神为守法精神打下了良好的基础。文艺复兴等思想运动为从"以神治国"向"以法治国"的转变扫清了障碍，法治精神得以弘扬。欧洲一些国家的思想文化是以法律法规制度为基础的。他们把一些人治或法制不健全的国家中属于思想教化、公共道德提倡的东西纳入法制轨道加以规范，即道德的法治化。人们的公共责任和义务不单从道德角度而且从法律角度加以规范，把每个人的操守行为和个人的利益紧密地联系起来。比如公民的信息记录，每个公民都有三个号码伴随终身，即身份证号、社会保险号、驾驶证号。无论走到哪里，在什么地方工作和生活，只要打开联网的电脑，个人的工作记录、纳税记录、犯罪记录、劳保救济记录、交通违规记录、出入境记录等，很快就可以通过三个号码查到。一旦有不良记录，那么求职、经营、消费等就会遇到麻烦，甚至寸步难行。欧洲高速公路的良好秩序和低事故，就是得益于一张薄如纸片的"记录器"光盘。车辆的运行情况，包括车速、开车和停车的时间（规定连续开车两小时后必须休息20~30分钟，以防司机疲劳而发生事故）等，一天24小时都会自动记录。每天的光盘由司机自己更换。沿途交警随时可查光盘记录，有时甚至抽查10天前的记录。如果查出一个问题，则要罚150欧元，如果漏掉了一天的记录，则要罚2400欧元（相当于司机一个多月的工资）。在这种情况下，司机们一般是不敢违规的。道德的法治化取得了极大的效果。

据有关研究资料显示，靠道德力量维系社会，只有10%的人会始终遵守道德规则，而用法律机制维系社会，则90%的人能够遵守道德规则。在欧洲，"德治"是用法治手段来达到的——道德的法治化。这就启示我们，凡是思想文化教育所坚持和倡导的原则，要尽量从法规制度上予以鼓励和支持，把思想文化提倡的观念融于有关的法律法规中。同时，凡是道德文化教育反对的东西，最好用法律法规进行严格的约束和诫勉，以规范行为，提供警示。

那么，欧洲的未来会是什么情形呢？这将取决于欧洲的"整体性"。一旦失去维系的纽带和集体精神，欧洲必将分裂，印证"天下大事，分久必合，合久必分"的中国古语。作为"资本主义精神"和"法治精神"的起源地，欧洲靠人文精神打败了封建主义和神权统治，唤醒了人文主义和人权精神，以宗教神权、封建君主制为代表的传统，和以法权、资本经济为代表的现代相互交融，构成了欧洲文化"多瑙河文明"的两岸，间以东欧国家短暂的社会主义实践，多样性、复杂性、多元化恐怕是欧洲永远抹不掉的色彩，考验着欧洲"均势"和"均衡"的智慧。

第四章 走到美国：美国文化要点

美国是当今世界最发达的资本主义国家，其政治、经济、军事、文化、外交等实力领先全球。美国是一个较新的国家，国家运行的方式方法与历史上强大国家有所不同。美国经济是世界上最强大、最丰富多样的。美国具有高度发达的现代市场经济，其劳动生产率、国内生产总值和对外贸易额均居世界首位，有较为完善的宏观经济调控体制。美国健全的法治环境、健康的生活环境、顶尖的教育资源等，吸引着世界各地的人来这里追逐美国梦。

一、美国国家文化历史背景

1. "一战"前后

美国东部的独立发展精神和"西进运动"的冒险创富精神让美国迅速发展。西部垦殖区在原料、市场方面所拥有的优势，强烈地吸引着东部制造业逐步西移。自19世纪中叶起，食品加工、屠宰、罐头、木材加工、农机制造、煤炭、钢铁等工业陆续扩散到西部地区。随着西部工业的兴起，西进移民的开拓能力进一步增强，从而把工业革命的浪潮进一步引向西部边远地区，直至太平洋沿岸。19世纪60年代以后，原来以农业为主的俄亥俄州、印第安那州、伊利诺伊州等中西部各州发展成为新的工业中心。

受西进运动的影响，美国的交通运输业发展特别迅速。19世纪20至30年代建成的伊利运河和俄亥俄—伊利运河，把密西西比河、五大湖和太平洋连接成一体。由政府投资修筑的坎布兰大道于1852年竣工，又在陆上提供了一条沟通东西部的交通要道。更重要的是，从30年代起，在政府的鼓励和资助下，全国掀起修筑铁路的热潮，在几十年内便建成了横贯大陆的5条铁路干线。这样，一个以铁路为骨干的全国水陆运输网建成了。交通运输业的发展加速了美国工业革命的进程。

1898年的美西战争中，美国打败了老牌帝国西班牙，美国人的信心彻底膨胀！战胜西班牙后，美国抢到了西班牙在美洲的殖民地古巴、亚洲的殖民地菲律宾，古巴成为美国继续南下的跳板，菲律宾则成为美国在亚洲的桥头堡，这种巨大的甜头让美国精英阶层意识到：军事实力是获取未来话语权最有效的手段。迅速扩张势在必行。1917年4月6日，美国国会投票通过决议，美国正式参加第一次世界大战。

美国先于法国、德国迅速完成了工业革命，一跃成为仅次于英国的世界工业强国。至1894年，美国工业生产跃居世界首位。1900年美国工业产值约占世界工业产值的30%，居世界第一位。它的煤、钢产量是英国和德国的总和。在此期间，美国的农业也获得大幅度增长。进入20世纪以后，美国继续保持着这种发展的强劲势头。从20世纪初到第一次世界大战期间，美国工业又增长了1倍以上。

19世纪70年代以后，由于资本主义经济政治发展的不平衡，各国实力发生了重大变化。1870年，英、美、德、法四国工业生产在资本主义世界所占的比重分别为31.8%、23%、13.2%、10%；1913年，四国所占的比重发生了很大的变化，分别为14%、38%、16%、6%，美国由原来的第二位升至第一位；德国由原来的第三位升至第二位，英国则由原来的第一位降至第三位。英国衰落，被后起的资本主义国家美国和德国赶超。到第一次世界大战爆发前，虽然英国在世界贸易中仍占首位，伦敦仍是世界金融的中心，但英国作为"世界工场"的地位已经丧失。

第一次世界大战的重大后果之一是欧洲的衰落和美国、日本的兴起。英、法虽然是战胜国，但在战争中力量被严重削弱了。从表面上看，英帝国的疆域更加扩大，但各自治领的离心力日益加强，英帝国终于改组为英联邦；印度等殖民地争取民族独立的斗争如火如荼，英国再也无法把它们平息下去。英国作为世界第一经济大国的地位早在1913年已经让位给美国，战后英美之间经济实力的差距则拉得越来越大，英国海上霸主的地位也一去不复返了。

总之，欧洲已经走向没落，而在第一次世界大战前夕已经兴起的美国和日本却利用战争之机大大发展了自己的力量。美国除未遭受战争破坏外，其战争费用也比其他国家低。英国的战争费用占国民财富的32%，法国占30%，德国占22%，美国只占9%。战争中，美国接受了各国的大批订货单，出口的猛烈扩大带动生产的急剧发展。从1915年起，美国进入了一个为时五年的新的"战争繁荣"周期。战后美国已成为世界上最大的债权国和最大的资本输出国。美国的黄金储备大为增加，国际金融中心开始从伦敦转向纽约，美元在世界货币中的地位上升，英镑地位开始下降。

2. "二战"前后

"二战"前，美国已经是世界头号工业国，但它在资本主义世界中尚未取得绝对优势，而且它的军事力量相对弱小，在国际事务中的影响有限。第二次世界大战为美国经济的发展创造了十分有利的条件，美国的工业生产、对外贸易大幅增长，欧洲国家的财富源源不断地流入美国的腰包。"二战"在削弱欧洲的同时，使美国变得比以往任何时候更富有、更强大。战后初期，美国经济在世界上鹤立鸡群，远远领先于其他资本主义国家；军事实力也迅速膨胀，垄断着原子武器；科学技术取得了长足进步，在核技术、航天技术、电子技术和新型材料等高技术领域，美国都占据领先优势。实力的增强把美国推上了资本主义世界中心的地位，美国的野心也日益膨胀，开始构筑美国支配下的世界政治秩序和经济体系。

联合国的成立、以美元为中心的国际货币金融体系、关贸总协定的签订勾画出美国充当世界霸主的蓝图。同时，美国发动"冷战"，在世界范围内建立安全地带维护利益和战略目标，形成资本主义阵营和社会主义阵营，两大阵营的矛盾冲突不断，甚至走到战争的边缘。

二、美国国家文化特点

每一个美国人基本上都是移民或是移民的后裔，美国一直被视为一个大熔炉，其人民分属不同的种族，来自不同的国家。然而他们却发展出共同的文化，大多数的人都顺应美国的风俗，遵循着美国的传统。但是也有一部分的外来者，仍遵循其祖先遗留下来的风俗与节庆。这种遵奉有助于美国生活的多样性。美国文化是"基督教、资本主义和民主的特别混合物"，这是构成美国文化的三个最基本的元素。

美国是一个开放型的移民社会。美国人口从建国初期的 350 万增加到今天的包含着一百多个种族的 3.2 亿多人口只用了 200 多年时间。这就是美国文化开放性和多元性的特殊环境。美国政治家梅里亚认为："美国思想的特性是很多因素形成的"，"其他许多民族的文化也在我国获得了反映，全都混合在民族的大熔炉里。"[22] 但是，美国主体文化的基因是盎格鲁—撒克逊的民族传统。盎格鲁—撒克逊民族到北美的移民是信仰新教的白人，以他们为代表的文化成为美国文化的主导模式，也就是"沃斯普"（WASP）文化。穷苦的移民远涉重洋，带着缥缈不定的期盼来到北美这片得天独厚的土地进行创业，他们的艰苦奋斗、开拓变革精神和自我意识成为美国文化的特殊传统，"合众为一"（From the many, one）成为美国的箴言。

1. 崇尚自律精神、自信和契约的新教主义

宗教是美国文化最重要的成分。宗教是美国社会最基本的个人精神信仰和社会道德的源泉，它要求人们在日益物质化的社会中，保持个人的精神信仰、虔诚、忠贞和团结。宗教在美国人民的精神生活领域占着统治地位。宗教生活也是美国生活中最重要的一部分。美国人一生中最重大的几件事——出生、成年、结婚、死亡，都有宗教习俗与礼仪，体现出宗教伴随着个人生命的始终。

美国与欧洲最大的不同点就是源于基督教的不同信仰。美国属于新教国家。过去被称为清教徒，在英国，清教徒对工业革命有很多影响，对于美国，清教徒更有其重要影响。美国的清教主义源于16世纪的英国。那时的清教徒在英国被视为异类，清教徒们怀揣着希望与梦想移民美洲新大陆，终于在1620年乘坐"五月花号"登陆马萨诸塞州，建立普里茅斯公民自治团体，清教徒开始在美洲大陆上扎根，为"移民国家"——美国的形成打下了基础。清教徒的精神和信念对美国的主流文化有着非常深刻的影响，清教徒的信心也促成了他们最终战胜英国压迫者，在实力悬殊的情况下获得了独立战争的胜利。在西进运动中，他们再次发挥了勤劳实干的创业精神，开垦土地，开发矿产，使西部很快发展到与东部同样的繁荣程度。

美利坚民族的文化深深地植根于大洋彼岸的欧洲文化，是欧洲文化在新的环境中的移植和发展。但是，美利坚民族的精神与最初欧洲人带来的宗教精神也不尽相同。马克斯·韦伯认为，美国的资本主义精神产生于新教伦理。清教徒们崇尚自由，不迷恋于教义、教条，而注重求实、创新和开拓、试验，强调勤俭致富，以致拯救灵魂。清教徒的苦行伦理造就了资产阶级的精打细算、兢兢业业的作风和追求财富的动力，养成了开发新疆土、征服大自然的冒险精神。[23]这些对美国资本主义的兴起和发展都具有重要作用。清教徒致力于建设一个新世界、创造一种新的社会模式的使命感产生了一种新的民族认同，将所有的宗教与世俗的成员都团结在一起，把宗教的改革与社会的改革结合在一起。总之，清教徒对美国国民的伦理道德、价值取向、社会风俗、生活模式有着深刻影响，可以说，它是美国文化的根源。随着美国社会的演进，早期清教主义的"苦行"伦理逐渐让位于现代文化的享乐主义，中产阶级的消费文化充斥了美国社会，但是宗教文化的影响仍然很大，讲究物质享受的美国人同时信奉上帝。

美国是世界上最现代化的国家，又是现代国家中宗教最发达的国家。美国政教分离，没有国教。美国社会宗教团体林立，派别众多，民意调查表明，

94%的美国人相信上帝存在，46%的美国人反对进化论，超过四分之三的美国人认为宗教十分重要。51.3%的居民信奉基督教新教，24%信奉天主教，1.7%信奉犹太教，信奉其他宗教的占2.5%，不属于任何教派的占4%。[24] 教堂数量也为世界之最。美国有7240万名新教徒属于186个新教教派，5000万名天主教徒有25000个教堂，580万犹太教徒有5000个犹太教堂。教堂除了作为宗教活动场所之外，也是美国人互相交往的重要场合，说明宗教是美国维系社会、人心乃至"美利坚民族"的重要精神形式。

普通的美元纸币，不管哪种面值，其上都赫然印有"我们信神"（In God We Trust），这在全世界是绝无仅有的。《圣经》是畅销书，美国总统宣誓就职要把手放在《圣经》上，美国的参议院、众议院两院都设有专职的新教牧师。在军队里，海、陆、空三军都有随军牧师。不信奉上帝的人不能在法庭上做证人。宗教对美国教育的作用更是令人瞩目。除教会办校外，学校还开设宗教课程，各高等院校教授宗教课程。政府对所有的教会和宗教团体做生意都实行免税制度，对教会的捐赠可以减税。

许多美国人认为，只有敬畏上帝的人，才会在世上规矩、诚实、恭敬地做人；不怕上帝的人，则极可能胆大妄为，自我膨胀，为所欲为，并最终陷入罪恶。因此，美国人用上帝的震慑力量约束自己的行为举止，规范自己的道德操守。但是，美国并非是没有罪恶的天堂。各种社会问题，如吸毒、犯罪、同性恋、艾滋病、道德败坏、非婚生育等层出不穷。许多宗教人士认为，美国人被物质引诱，已走上歧途，必须依靠宗教力量来清洁社会风气。要用重建人们的宗教信仰来解决，用宗教填补那些由科学和理性无法占据的心灵空间。为此，自20世纪末，美国人对宗教开始了新一轮的宣传。

2. 崇尚自我管理、自主决策的自治主义

1620年，一百多名逃避宗教迫害的英国清教徒，乘坐一艘叫"五月花号"的船只，开始了前往美洲新大陆的航程。他们漂洋过海的目的，是要建立一个自由的宗教圣地。清教徒是英国国教的分裂者，他们成立了自己的教派，希望按照自己的方式而不是按照英国国教的方式实现宗教理想。在"五月花号"即将登上北美大陆之前，船上41名成年男子在甲板上签订了一份被称作《五月花号公约》的契约。公约规定，船上的人到达北美新大陆后，自愿结为一个民众自治团体，并制定和实施有益于团体利益的公正法律、法规、条例和宪章，全体成员保证遵守和服从。《五月花号公约》可能是第一次在没有任何监管之下，一群人聚集在一起，决定要形成属于自己的社会和政治性契约，并用他们所认为的公平法律来实行自我管理。《五月花号公约》被历史学家确认为美国历史上第一份政治性契约文件。英属殖民地时期，由于"天高皇帝远"，英国的管理是表面化的。在很大程度上，这些殖民地需要依赖于自我管理。虽然会受到来自英国的监管，但他们还是相当自治的。殖民地议会是殖民地人们解决现实问题、实行自我管理的重要标志。这种特色的自治方式和自我管理模式源自于远道而来的清教徒们的宗教热情、契约精神及自我管理理念。

自治主义从此深入美国人的骨髓，成为美国文化的第一要素。自治就是使个人参与管理社会，对公共事务发表意见，享有独立的权利。自治主义为以自我管理、自我奋斗、自我实现为支柱的"美国精神"奠定了良好的基础。

大英帝国的殖民统治做法严重背离了《五月花号公约》中最根本的原则。同初来时凭借宗教热情、契约精神、自我管理理念一样，新大陆人选择了捍卫理想、反抗压迫，逐渐演变成"独立战争"。独立后的美国，用法律严格践行和保护自治主义。在宪法的确认和保障下，国家主权由州政府转移到联邦政府；同时，宪法规定由各州保留的自治权利，联邦政府不得干涉。在宪法中界定了个人、州政府和联邦政府在经济运行中的分工，为美国的经济发展提供了法律的保障。

3. 崇尚冒险精神、拓荒精神的英雄主义

从首批英国移民踏上北美大陆，到美利坚合众国成立这一个半世纪里，北美险恶的自然条件，培育了美国人顽强拼搏、艰苦奋斗的性格。北美大陆从茫茫荒原到资源大开发，培育了美国人开拓进取、敢于冒险的精神。这种冒险精神成了美国人民的传统。他们把冒险探求新大陆看作寻求新生活的机遇。

南北战争是美国历史上的一道分水岭。就在南北战争期间的1862年，美国总统林肯签署了著名的《宅地法》，法案规定：成年美国公民只需交纳10美元的登记费，就可在西部获得160英亩的土地，耕种五年后就能够拥有这片土地的产权。这项法律，点燃了美国人到西部去创造未来的巨大热情。此后，成千上万的美国人以及来自各地的移民，开始大规模地进入这片区域，开辟这里的土地。由政府推进的"西进运动"历时半个世纪。这为美国文化注入了强有力的"西部精神"和西部文化，其深层次的内容就是崇尚"野马疯牛"的"牛仔精神"、淘金者们为梦想不惜生命而冒险的"创富精神"、农民们为了梦中的田园不怕吃苦流汗的"田园精神"等，构成了史诗般的英雄主义篇章。到今天，这些内容也构成了美国电影和文学中不断描绘的精神

· 61 ·

主题。

"西进运动"是美国历史上充满开拓、勇气与冒险精神的一页，正是它，塑造了通过自我奋斗实现个人梦想的美国精神。"西进运动"的同时，美国的工业也正经历着革命性的飞跃。以爱迪生为代表的发明者、创新者、企业家也成为了那个时代至高无上的英雄，爱迪生一生中共有一千多项发明，而爱迪生本人也只是当时美国众多发明家中的一员，19世纪后半叶，各种各样的发明如雨后春笋般出现在美国。仅1865年至1900年，被正式批准登记的发明专利就达到了64万多种。这些发明改变了人们的生活，并成为创造财富的源泉。依靠强大的科技实力，美国很快在第二次工业革命中独占鳌头。大量的企业家涌现，财富效应显现，财富英雄的时代到来。在以电气化为标志的第二次工业革命中，这个新兴的工业国家以重大科技发明为基础，在19世纪末迅速赶上并超过了在过去两个世纪里一直走在前面的欧洲强国。

4. 崇尚开疆拓土、生存法则的扩张主义

美国的文明史和西方许多国家一样，都是一部扩张史。在美国思想里，扩张色彩十分明显，他们宣称："扩张无论是过去、现在和将来都是美国的生存规律。"1776年，北美13个殖民地宣布脱离英国独立。此时，美国的面积大约80万平方公里。1803年，法国拿破仑忙于争霸欧洲大陆，美国以1500万美元从法国手里购得260万平方公里左右的土地。1846年，美国入侵墨西哥，签订不平等条约，用1500万美元购得加利福尼亚、新墨西哥地区在内的近140万平方公里的土地。1853年又以1000万美元购得美墨边境近10万平方公里土地。1867年，狂热的扩张主义者美国国务卿威廉·西沃德同俄国签订条约，以720万美元购得阿拉斯加、阿留申群岛等150多万平方公里。"西进运动"结束后，通过战争吞并和购买的方式，美国的领土已比建国时扩张了10倍，成为拥有45个州、7000多万人口的名副其实的大国。通过不断地移民和通商以及扶植亲美势力，美国吞并了夏威夷。1897年，所谓的夏威夷共和国加入美国的协议签订，但夏威夷土著居民拒绝承认。

1894年，美国的工业总产值跃居各大国之首，成为世界第一经济强国。美国和以前的西方国家一样，用"坚船利炮"在开拓新的边疆，同时也用传教士的圣经去传播"上帝"的旨意，他们还借助商品的力量、先进的科学技术去占领新的世界市场。在美国人看来，他们"应当主动地、像传教士那样地去发挥他们的救世主作用"。

在过去的200年间，美国至少150次把它的军队送到世界各地，为的是追逐他们的利益、推销他们的价值观和完成"上帝"的使命。1801年，美国入侵非洲的利比亚，封锁的黎波里港，并于 1805 年迫使利比亚片面给予最惠国待遇。1815 年对阿尔及利亚宣战，并迫使阿签订了不平等条约。1836 年，美国用武力迫使摩洛哥、突尼斯接受不平等条约，并向美国交纳贡款。1846—1848 年，美国发动了侵略墨西哥战争，掠夺了得克萨斯。1844 年胁迫中国清政府签订了《中美望厦条约》，获取《南京条约》中的开放五口通商权利及片面的最惠国条款和治外法权。1858 年，美国又强迫清政府签订了《中美天津条约》，扩大领事裁判权。"二战"以后，美国走上全球扩张的道路，美国对亚、非、拉美新兴的独立国家的态度、观念始终没有根本改变，极力把其社会模式和价值观念强加于人，"二战"以来的当代世界历史充分表明了美国文化的扩张特性，现在这种扩张仍在继续。中国、日本、朝鲜、菲律宾、希腊、伊朗、危地马拉、黎巴嫩、古巴、越南、多米尼加、智利、格林纳达、利比亚、巴拿马、海地、伊拉克、前南斯拉夫等国都留有美国对外扩张的印迹。

5. 崇尚实用精神、利益第一的功利主义

美国是一个高度实用主义的国家，强调利润最大化、组织效率和生产率。讲究功效、追求利益一直是美国社会的一种行为准则和价值取向，是普遍的伦理观念。指导每个美国人行为的准则是功利和自身利益。美国人有一种观念，即他们必须维护的不是什么原则，而是利益。没有朋友，只有利益。利益才是他们真正崇拜的至高无上的上帝。托马斯·潘恩和约翰·洛克都认为，在美国，政治进步和经济进步是每个个人行为的产物，指导个人行为的准则是功利和自身利益。这种功利主义时而表现为"理想主义"，时而表现为"现实主义"，综观美国文化发展史上的许多争辩都贯穿着这两种思潮，此起彼伏，相互渗透，不管哪种观念占支配地位，其目的都是对功利的追求。正如亨廷顿所说，西方扩张的直接根源是技术：发明了到达距离遥远的民族的航海工具、发展了征服这些民族的军事能力。[25] 西方人在出征世界的时候，"既是为上帝而战，又是为黄金而战"。

实用主义是美国人的哲学。美国没有悠久灿烂的古老文化，因此文化的创造只有在北美大陆的开发过程中才能出现。而要开发这片富庶的处女地，就必须打破一切的条条框框，服从于实际问题的解决。在这种历史背景下，美利坚民族形成了实用主义的哲学观。他们坚信，"有用、有效、有利就是真理"。[37] 在实用主义哲学观念影响下的美国人不喜欢正规的、抽象的、概念游戏的思辨哲学，不喜欢形而上学的哲学思考。他们立足于现实生活和经验，把确定信念当作出发点，把采取行动当作主要手段，把获得效果当作最高目的，一切为了效益和成功。

6. 崇尚自由原则、平等观念的自由主义

在美国文化中，贯穿着一个最基础的观念——"天赋人权"。这是美国文化最核心的内容，是美国文化的"内核"。美国立国之本的三个文献——《独立宣言》《美利坚合众国宪法》及《人权法案》——集中体现了"天赋人权"的思想。《独立宣言》宣告：人人生而平等，他们都从他们的"造物主"那里被赋予了某些不可转让的权利，其中包括生命权、自由权和追求幸福的权利。1787年的《美利坚合众国宪法》开创了人权立法的新时代。宪法确保建立一个更完备的联邦政府来代替松散的邦联政府，从而更加有效地保障"自由、平等和财产"。1791年的宪法修正案《人权法案》是《独立宣言》中人权思想的发展。自此，天赋的人的自由、平等经过演变发展就成为美国的自由主义思想。

自由主义历来被视为美国最具代表性的思想，也是美国文化最突出的标志。自由的选择以及平等的机会，被尊奉到至高无上的地位，并被三个历史文献巩固。自由的内涵也在不断地发展：从立国时的信仰自由、言论自由和追求财富的自由到20世纪30年代富兰克林·罗斯福总统的"四大自由"，即言论自由、信仰自由、不虞匮乏和免于恐惧的自由，使得自由主义深入到美国民众内心。

不过，"天赋人权"观念在美国国内的立法、司法和行政实践中存在的种种弊端，有着明显的阶级局限性和弱点。人民的民主权利受到多种限制。以选举权为例：人民受到财产、年龄、性别、居住期限、教育程度的限制。美国国务院在一份人权报告中承认了如下事实："美国土著的命运和许多土著文明社会相似，他们的文化和社会均遭破坏并被取代。""美国其他少数民族的成员也遭受不公正的待遇。"[26]迄今为止，美国印第安人、非洲裔美国人以及妇女的人权状况仍然存在不少问题。

7. 崇尚自我奋斗、自我发展的个人主义

美国是个人主义（Individualism）和行动导向的国家，对风险具有高度忍耐性。美国是新大陆，早期的移民离开了欧洲的故乡，他们必须靠个人奋斗才能立足，才有望出人头地，因而个人主义急剧膨胀。财富成为一个人所追求的最重要的东西。在追求个人财富的过程中，一些美国的思想家进一步提出，个人不应只追求财富，还要寻求"自我"的精神发展。经过了一个多世纪个人主义思潮不断发展，又出现了诸如"自我表现""自我完成"为内容的个人主义价值观念。在美国文化中，个人主义构成了美国文化模式的基本

第四章
走到美国：美国文化要点

特性和主要内容。美国文化中的个人主义能真正表述美国思想，是美国文化的灵魂所在。美国是世界上最大的移民国家，移民们创建并繁荣、发展、壮大着美国。新移民的到来形成了多元文化，但是在日后的融合过程中大多数人都逐渐被美国的主流文化所同化。其中有一条无形的纽带把不同种族和肤色的人联系在一起，这就是美国人独特的文化价值观。美国的文化价值观包括很多方面，其中个人主义价值观、自由主义价值观和实用主义价值观是其核心部分。当然，这种以个人为主体的自由主义不同于利己主义。美国是一个法制健全、依法治国的国家。因此，一个人要想获得个人自由，必须遵守公共秩序，同时，还必须自我依靠、自我奋斗。如果一个人想拥有权力和受到尊重，那么他就必须是一个自立自强的人。要遵守公共秩序，任何人都不能脱离社会而存在，个人必须处理好个人同其他人及社会的关系。

个人主义是美国社会价值观中最为基本的、重要的价值观。美国在资源丰富亟待开发的早期，机会虽多，可是蛮荒之地仍未开辟，必须鼓励个人的自立自强。所以美国文化强调个人价值、追求民主自由、崇尚开拓和竞争、讲求理性和实用，重视个人的奋斗过程和追求个人价值的最终实现。美国人认为，每个人都应该根据自己的意愿和能力主宰自己的命运，只有通过自己的努力才能改变社会地位和实现自己的人生梦想。

美国的个人主义主要是宣扬个人价值，强调自主动机、自主抉择、自力更生、尊重他人、个性自由、尊重隐私。这是美国文化的显著标志。个人主义不同于利己主义，其中蕴含着民主自由思想。美国民主思想的出发点和归宿正是对个人自主的追求。个人主义成为一种道德标准、社会信条和国民思想的重要组成部分。对美国人而言，个人主义就是生命攸关的身份认同。

个人主义最早起源于文艺复兴时代的个性解放，强调个人的独立价值，把人从神的主义中解放出来。对当时反抗中世纪基督教禁欲主义统治是具有进步作用的，但是随着资本主义的发展，个性解放发展成为一切以个人为中心，忽视群体的个人主义思潮。19世纪以后，个人主义在西方文化中成了一种占主导地位的社会思想，并造成了日益明显的社会弊病：因个人主义而派生出来的享乐主义、颓废主义、性放纵、同性恋、"嬉皮士"等，都是个人主义扭曲发展和日益膨胀的反映。

美国人把个人主义看成是一种近乎完美的品德，它代表着独立、自强、自豪的精神。美国人从出生到死亡，个人主义贯穿始终。美国孩子的独立性受到社会的普遍鼓励。孩子从出生起开始独睡，不仅独睡一床（婴儿床），而且必须自处一室。当他们与成人交往时，也往往被看作是平等者。他们在

· 65 ·

与大人说话时经常会用 No I think 等来独立地表达自己的意愿和意见。当他们长大工作后会发现公司的老板大多只看中有独立个性的人，因为他们才有能力使其公司兴旺。所以，职员们一旦确立了自己的价值时往往敢于直视老板要求加薪并在不被重视时转身而走，傲然离去。当他们步入老年时，依然维护着独立自强的一面，如许多老人不愿接受帮助，他们更看重个人的独立性，受人照顾往往被视为弱者，他们认为自己能干的事便不求别人。在公共汽车上或商场里，常可看到步履蹒跚、双手颤抖的老人，若有人上前帮他们提东西或去搀扶，他们大多会不太高兴，连声说："No, no, thank you"。

美国社会文化和民族心态要求个人在社会生活中充分表现自我，实现自我价值。美国人相信自我决策，自我决策是建立在精确的数据之上的。美国人心中的"自我价值"主要指物质价值、财富价值，而且除开这个通常标准外，其他标准都是次要的。财富多少是评价一个人社会地位高低的重要依据，社会以赚钱聚财为荣。通过个人奋斗取得成功，从低贱者变成大富翁几乎成了美国式的信条。企业家普遍受到尊敬；人人都想办企业发家致富，人人都想个人创业。"白手起家"是英雄。石油大王洛克菲勒、汽车大王亨利·福特以及微软公司创始人比尔·盖茨等都是美国人心中的榜样。拼命工作，不惜付出自己的一切辛苦与智慧来谋求事业上的发展，被每个美国企业大力推崇。

8. 崇尚实力原则、天下独尊的霸权主义

美国对理想目标的追寻源自于他们"天定命运"的信念。1776年，托马斯·潘恩在其《常识》一书中曾引用清教徒关于至福千年的理想，说只有受上天祝福的上帝的选民才能在全球精神再生中起到特殊的领导作用。美国人自认为他们就是"上帝的选民"，有着"天定命运"，他们在为自己尽责的时候，也就为世界尽了责任，要教化全世界，要解救世界上"受苦受难"的人民。在美国的历史中，始终贯穿着这种"救世主精神""自命不凡的使命感"和天然的优越感，一直被视作美国民族的"明显的精神支柱"。迈克尔·H.亨特在《意识形态与美国外交政策》一书中也毫不掩饰地说，美国民族主义的一个显著特点就是"强烈的千年盛世情结。这一情结铸就了这个国家，使它向人类承担特殊责任，担当起救世主的角色"[27]。

这种优越感让美国觉得有权获得特殊的权利和义务。他们出征世界是"在为上帝而战"，是"主动地、像传教士那样地去发挥他们的救世主作用"，是要担负起领导并保卫世界各自由国家的责任。为此，美国到处干涉和指责别国，极力把其社会模式和价值观念强加于人，极力把自己的文明变成其他国家效法的榜样，使之成为全世界的普遍文明。朱尔斯·本杰明曾对这种种族优越感做如下描绘，美国迄今的所有扩张都"起源于这种信仰，即美国的文明是迄今产生的最高文明，其他民族达到美国水平的能力被认为至少取决于它树立的榜样，也就是取决于美国教化他们的努力"[28]。昔日美国的领土扩张和今天美国的霸权行径，其本质都是与杰斐逊的"民主理想"一脉相承。

美国社会崇尚"以力服人"而不是"以理服人"。傲慢与霸道就成为美国文化的典型特性之一。美国经常凭借其强大的实力优势，推行霸权主义和强权政治，宣扬他们的自由民主价值观。美国的"最高理想"就是完成他们引以为荣的所谓上帝赋予的使命——使全世界都变成"民主的资本主义"。综观美国历史，美国历届政府的领导人都极为重视自由民主的价值观，并将这种价值观向全球宣扬和推行，这是他们的一贯目标，"促进国外民主的发展"一直是美国全球战略与外交政策的三大支柱之一。

美国国家利益最基本的内涵就是要确保国家的绝对安全，促进经济增长，维护头号强国和世界霸权地位。布热津斯基指出，美国"帝国"力量的发挥在很大程度上来自占优势的组织制度，来自为军事目的而迅速动员巨大的经济和技术资源的能力，来自美国生活方式的那种说不清道不明但又很重要的文化上的吸引力，和来自美国的社会和政治精英十足的活力和固有的竞争力。约瑟夫·奈在《美国定能领导世界吗？》一书中断言，美国在国际体系中比其他国家具有更强的同化能力。他把这种力量概括为导向力、吸引力和效仿力，是一种同化式的实力，同化性力量是一种能力。同化力的获得是一个国家思想的吸引力或者确立某种程度上能体现别国意愿的政治导向的能力。他还引用德国记者约瑟夫·乔菲的话说："美国文化，无论是粗俗的还是高雅的，都强烈地向外散射，类似于罗马帝国时代，只是更具有新奇性。罗马和苏联的文化影响仅限于他们的军事疆界。而美国的软实力遍及一个太阳永远不落的帝国。"[29]

20世纪是美国的世纪，美国一跃成为第一超级大国。20世纪的两次世界大战是美国的两次最大机遇。从"一战"到"二战"这段非凡的历史过程中诞生了以西奥多·罗斯福、富兰克林·罗斯福为代表的非凡总统。"二战"后至今却再也没有出现"伟大总统"，21世纪不再是美国的世纪了。在20世纪，美国尚可以称为光明正大甚至伟大的国家，因为反战尤其是反纳粹、反法西斯主义的战争立场让美国站在了公理正义的一边。但在21世纪，美国头顶上的"伟大"光环逐渐退去，相反，美国一步一步地变成了靠发动战争、挑起战争来经营本国利益的国家。"二战"后的美国转变国策，开展与苏联的冷战政策，在这场博弈中，美国使出了各种方法，主要都是阴谋诡计，尤其是代理人战争抢夺势力范围，卑鄙的伎俩，无耻的招数让美国站在了非正义的一边。科索沃战争、伊拉克战争、阿富汗战争、利比亚战争、叙利亚战争、乌克兰内战、也门内战、苏丹内战、南海争端……都是美国的"作品"，这些国家的人民生灵涂炭。美国的伎俩已是司马昭之心——路人皆知。搞乱欧洲，制造"俄罗斯威胁论"让欧洲难以成为抗衡美国的一极，却不得不为美国提供军事基地，购买美国军火（爱国者导弹、反导系统、飞机、大炮、军舰等）；搞乱亚洲，制造"中国威胁论"，让中国难以超越美国，继续维系美国在亚洲的军事基地和军火贸易。如果欧洲和亚洲不上美国的当，保持稳定发展，美国的军事基地和军火贸易就会失去"机会"，因此，美国不断地在世界各地实施"搞乱策略"，到处"制造"紧张，目的就是要制造出"机会"，获得自己的发展。"搞乱策略"就是预先在世界必要的地点埋伏"炸弹"，等到合适的时机引爆，成为炸点，最好成为世界热点，美国就是如此操控雷区的。不过任性的美国"山姆大叔"已经开始招人烦，美国的国内问题成堆，却大肆指责他国——犯罪率最高、外债高企、经济危机频发、人权问题严重、贫富差距极大……这样的国家已经不配再领导世界，美国式民主、美国模式、美国梦、美国方案已经失去魅力。从世界和平角度看，美国的霸权主义、单边主义、美国例外主义、大美国主义等做法招致越来越多国家的反对；从长远看，美国的衰落是不可避免的。政治上，美国的两党制将从优势变为劣势，制约美国的发展，终成难以克服的制度缺陷；经济上，轻实体重金融的战略让美国经济的内脏被掏空，"空心的美国"将不再"一超独霸"，会失去动能，被他国反超；且美国经济已经触顶，又进入万亿美元赤字时代。文化上，美国式的个人主义恶性膨胀，一直被引以为傲的"合金文化"将逐步变为有"合"难成"金"。政治、经济、文化上美国再难有作为，只靠军事毕竟孤木难支，为此，美国举债也要发展太空计划。可以肯定的是，未来的美国将从世界的领导者逐步变为"孤独者"，尽管美国国内难再现自我"孤立主义"，但美国却难以摆脱逐渐被世界孤立的命运。

第五章　走到日本：日本文化要点

日本是第二次世界大战的战败国，战后全国满目疮痍，百业萧条。然而，没有人会预料到，在这样一片看似一无所有的废墟上，日本仅仅用了二十多年时间，就实现了经济的崛起。从1955年至1964年，日本的国民生产总值年增长率始终保持在9%以上。从1965年到1970年，这一增长率更是超过了10%。日本所创造的经济奇迹震惊了全世界，日本一跃成为世界最发达的经济强国之一。它的许多产品占领了国际市场，许多技术达到世界领先水平。日本经济的成功有目共睹，这其中的原因，除了抓住了外部环境有利于自身经济发展的历史机遇外，具有鲜明特色的日本文化对日本经济及企业发展发挥了至关重要的作用。日本明治维新以来百年发展的根基还在，科技文化等软实力犹存，这是日本战后能够尽快在一片废墟中腾飞经济的基础。

全面认识日本，要立体地看待本土日本、地下日本、海外日本、海洋日本四个维度。这也是整体日本观的四个构成部分。抛弃GDP的方法看日本，日本GNP连续24年两位数增长，2015年增长13%；根据海洋法，包括专属经济区在内，海洋日本是本土日本的1.5倍；日本的地下空间开发非常发达，对外一直保密；2017年末，日本国家债务达到约1085亿日元（约合人民币63万亿元），创历史新高。若以2018年1月1日的日本总人口计算，日本人均负债额约为857万日元（约50万元人民币）。据IMF统计数据，目前只有日本、希腊、意大利、葡萄牙四个国家的债务负担（国家债务与国内生产总值的比率）高于美国。而日本政府承担的债务占GDP的275%，远远超过世界其他国家，成为世界上最大的债务负担国。庞大的日本海外资产构成了日本国家债务十分强大的后援力量。在"失去的二十年"间，日本企业不断通过海外投资和并购打造了一个"海外日本"，日元可自由兑换的国际货币地位，也给日企创造了在日元升值时区海外并购的有利条件。日本是资源小国，但却是野心大国，一直在积极谋求大国角色。

分析"日本制造"崛起的深层原因，学习日本企业的"匠人精神"，做到"知彼知己，百战百胜"。

一、日本文化进程

历史证明，日本是个十分重视也十分善于吸收和输入他国文化的民族。日本文化大致经历了"中国化""欧洲化"和"美国化"三个阶段。因此，日本不能说是典型的西方国家，也不是纯粹的东方国家，日本就是日本，日本是各种文化主要是三种文化融合的产物。

公元4世纪中叶，日本开始成为统一的国家，称为大和国。公元645年发生"大化改新"，仿照中国唐朝律令制度，建立起以天皇为绝对君主的中央集权国家体制，开启"中国化"进程。在"大化改新"的1000多年的时间里，日本大量吸收了中国的大唐政治、经济、建筑和文化思想。儒家思想的影响一直延续到今，不仅对日本人的行为产生了深远影响，儒家思想传播的痕迹也处处可见。在东京近郊一家名为"后乐寮"的古建筑上，还悬挂着"先天下之忧而忧，后天下之乐而乐"的对联。这样的情形在日本各地不胜枚举。

12世纪末，日本进入由武士阶层掌管实权的军事封建国家阶段，史称"幕府时代"。19世纪中叶，英、美、俄等国家迫使日本签订许多不平等条约，民族矛盾和社会矛盾激化，实行封建锁国政策的德川幕府统治动摇，具有资本主义改革思想的地方实力派萨摩和长州两藩，在"尊王攘夷""富国强兵"的口号下倒幕。1868年德川政权崩溃。废除封建割据的幕藩体制，建立统一的中央集权国家，恢复了天皇至高无上的统治。自19世纪"明治维新"开始后，日本进入了"文明开化"时期。在这个时期，日本按照全盘接受中国文化的方法引进西方的文明，大规模地吸收与输入西欧文化。"欧洲化"取得了巨大的效果，使日本建立了具有本国特色的近代资本主义政治经济制度，并成功实现了近代化和工业化，为建设一个现代化的国家奠定了基础。

明治维新后，日本资本主义发展迅速，对外逐步走上侵略扩张的道路。1894年，日本发动甲午战争；1904年挑起日俄战争；1910年侵吞朝鲜。1926年，裕仁天皇登基，日本进入昭和时代。1931年发动侵华战争。第二次世界大战中，日本对外发动对东南亚国家、美国夏威夷、南太平洋战争，1945年8月15日，日本宣布无条件投降，成为战败国。战后初期，美军对日本实行单独占领，美国主导日本的"美国化"进程。1947年5月，日本实施新宪法，由绝对天皇制国家变为以天皇为国家象征的议会内阁制国家，天皇为日本和日本国民总体的"象征"。日本从政治经济制度改革到文化教育制度又经历了一次重建过程，将视野再次转向了发达国家，"脱亚入美"，大力借鉴美、英、俄为代表的现代西方文化，全面接受了美国文化的洗礼，从而很快在经济上重新崛起，实现了现代化高速发展。

总的来说，日本的文明历经土著化、中国化、西欧化、美国化几个重要阶段的综合作用造就了现有的独特文化。

二、日本文化要点

从古至今，日本文化的发展还是有它的许多特点，有许多既不同于中国，又不同于西方的发展规律。在日本文化形成与发展的过程中，有许多看起来是很矛盾对立的现象，可是又和谐地结合在一起，从而形成了自具一格的东亚文化，这种情况可以说是举世罕见的。所以美国哲学家穆尔认为，日本文化是"所有伟大的传统中最神秘的，最离奇的"[30]。

1. 日本宗教

日本是盛行宗教的国家。因为信徒存在交叉信仰、双重信仰，因此，信教人数是实际人数的两倍。其中，神道教人口1.8亿左右，佛教人口9000多万，基督教人口100多万。日本的宗教是一种以儒教、佛教及其本民族神道等多元共存的思想体系，博采众长。例如，既接受了儒家的"忠""和"思想，又融入了佛教中的"经世济众""虔诚感恩"等思想。

神道教是日本本土宗教，多神信仰，神仙体系达千万之多。祭祀场地为神社。神社遍布大街小巷、城乡各地。天照大神为祖神，供奉在5世纪中叶建成的伊势神宫。日本天皇号称是天照大神的后裔。皇家祭祀场所称作神宫。1945年，日本投降后废除了神道教的特殊地位，实施政教分离，神道教和民间其他宗教享有同样的地位。

日本佛教是在6世纪由中国传入。鉴真六次东渡，在奈良建立唐招提寺。日本佛教宗派也深受中国影响，其中，净土宗的寺院数量最多，占40%左右，日本50%的佛教徒也属于净土宗。

基督教新教在19世纪传入日本，但一直未能融入日本主流社会。

2. 集团社会

由于民族的单一性和社会结构的同质性，日本是典型的集团社会。在日本社会，人们由不同辈分、性别、年龄等形成以上下关系为核心的人际关系。但是这种上下关系并不是简单的掌权者与从属者的关系，而是通过"忠""孝""义理""人情""恩"等观念与行为连接起来，承担了重大义务的上司（长辈）与下级（晚辈）之间的关系。这种关系与其说是以契约为基础的交换关系，不如说是以"恩"和"义理"为基础的道德原则所维持的关系。集团社会的纽带主要是两种力量：以权力为核心的等级秩序（硬关系控制）和以"理"为核心的人文理念（软关系控制）。

因此，日本人特别爱"抱团"，盛行"圈子文化"，喜欢搞"小圈子"，特别爱组织各种小社团。今天的日本人有时一人要参加五六个组织。比如方先生有肾炎，他常常要去做肾透析，于是他就参加肾病友会；而他又是日本老兵，住在富士市，于是他参加原日本军人富士支部会；他又爱钓鱼，于是还参加钓鱼协会。一个日本人与外国人在一起的时候，他是平常人，和美国人、德国人、英国人、阿根廷人、索马里人一样，亲切、融洽、理解、自然，有同情心和正义感。当他以一个团体成员出现时，他就变成了有国籍的日本人；那时，他干什么事情都要服从团体的意志，或者说要看别人的脸色行事。岛国国民正像汪洋里的一条船，他们必须团结一致。不论在大海里捕鱼应付风浪或者到大陆架国家去学习先进国家的科学技术等，不团结就什么也干不成。

集团社会的另一点就是上下关系。从整个国家的等级秩序，到一个公司的部属隶制，到偏重权力的管控，层级固化成为日本很严重的问题，下层人群向上流动的可能性越来越小，整个社会的文化也不支持。

3. 耻感文化

美国学者本尼迪克特认为，日本属于不同于欧洲罪感文化的耻感文化。"真正的耻感文化依靠外部的强制力来做善行。真正的罪感文化则依靠罪恶感在内心的反映来做善行。羞耻是对别人批评的反应。一个人感到羞耻，是因为他被公开讥笑、排斥，或者他自己感觉被讥笑，不管是哪一种，羞耻感都是一种有效的强制力。但是，羞耻感要求有外人在场，至少要感觉到有外人在场。罪恶感则不是这样。有的民族中，名誉的含义就是按照自己心目中的理想自我而生活，这里，即使恶行未被人发觉，自己也会有罪恶感，而且这种罪恶感会因坦白忏悔而确实得到解脱。"[20]有耻感的人，天然和内省结伴而行，日本文化中有很多地方能够表现他们的这一特性。茶道、花道、剑道、棋道等，与其说是娱乐，不如说是一种自省修炼的方式，而面对樱花时外表的沉静和内心的激昂，可以看成是耻感文化的美好象征。这种能够内省的一面，就是本尼迪克特所说的"菊花"的一面，大和民族的"菊花"品格，保证了他们能够忠诚地对待自己的伦理道德，固然，"羞耻感要求有外人在场，至少要感觉到有外人在场"。但是内省与耻感同行，保证了在日本人的伦理道德范围内，他们具有相当高的诚信。一个称得上"诚"的日本人从不干冒犯他人之事，这反映了日本人的信条——不仅要对自己的行为本身负责，而且还要对行为所产生的后果负责。[20]

本尼迪克特正是基于对日本文化的认识，懂得对这把刀的控制人，依靠的是"耻感"。只要是天皇决定投降，日本人认为自己已经"尽忠"，他们就不会再继续抵抗。美国占领军没有在日本遭到一次袭击，这令人惊讶，但我们在了解了日本文化决定的性格特点之后，就自然不会感到奇怪。

日本的民族叙事诗《四十七士物语》讲述的故事也能帮助我们理解日本的耻感文化。故事中，大名（类似于中国的诸侯）浅野觐见幕府将军，由于没有向位居中枢的大名吉良送重礼，因此在吉良向浅野介绍上朝礼仪时，故意把礼仪乱说一通，导致浅野在上朝时穿上完全违反仪式的服装。这样，就使浅野羞愧难当，在朝堂上拔刀砍伤吉良前额。虽然，浅野是履行了"对名分的情义"的正当行为，但在朝堂上拔刀是对将军的"不忠"，因此，浅野必须按规定切腹自裁，才算是对将军"尽忠"。浅野回到自己家里，如式端坐，等到自己最有才智、最忠诚的家臣大石来了，两人双目久久凝视之后，就以刀刺腹，亲手结束了自己的生命。

后来大石等四十七位家臣，用尽了各种手段为主人报仇。值得一提的是，其中一位家臣，把知道内情的妹妹给杀了，另外一位，为了筹集资金，竟然把自己的妻子卖到妓院去，最令人不可思议的是，还有一位，为了获得吉良家的内情，竟然把自己的妹妹送给吉良作侍妾，这不但要求她忍辱负重，而且在谋刺成功之后，还不得不自杀以表明自己的清白。而这些在许多文化背景下，完全是悖离人之常情的事，在日本人看来，为了对"名分的情义"，是完全值得的。这部作品中，在家臣们为了迷惑吉良而制造的烟雾下，人们以为他们不替浅野报仇了，他们每个人可都羞于视人，耻为家臣。直到最后，在谋刺成功之后，他们被全日本视为英雄，但杀吉良并没有经将军同意，为了"忠"，这四十七士就在浅野坟前，用吉良的头祭奠完浅野之后，全部切腹自杀。

从这首叙事诗中我们可以看出，日本人对礼仪十分重视，对违背礼仪的"耻感"十分敏感且强烈，否则就没有浅野在朝堂上对吉良的拔刀相向，而且代价是自己切腹自杀。这种对礼仪的重视超过了对生命的重视，这种"礼教杀人"的严苛绝不亚于传统中国。

日本把儒学和他们传统的神教结合起来，反而把儒学对社会的正面意义发挥到了最大限度。日本人文雅、高洁、细致、严谨、忠信、诚敬以及勤奋刻苦的品质，是由于其文化和制度的特点都有利于耻感的形成。这也就是日本人性格中"菊花"的一面。但是，"真正的耻感文化依靠外部的强制力来做善行。"尽管日本人能在其他人不在场时也能保持内心的耻感，而且这种耻感成为了他们构建道德自我的原动力，我们还是应该看到，在他们的伦理范围和道德要求外，他们不能认清何为罪恶。在他们的内心深处，没有康德所说的"绝对的道德律令"。而他们的残暴、贪婪、好斗、嗜血的一面，正是他们有耻感而无罪感的表现。

耻感文化衍生出日本独特的"面子"和"里子"文化。日本的"面子"和"里子"文化的矛盾性就如同无法看见日本妻子的素颜和真实面孔一样。崇尚耻感文化必然特别爱面子。日本和中国一样特别注重面子，而不同于中国的是，日本把脸面尽力做到极致。给人印象的面子方面，日本一般都下足了功夫做好，比如和人初见、人群集中的公共场所、外国人爱去的地方等，但"里子"的日本呈现出来的是一个"问题国家"：性格有问题、思想有问题，突出表现就是日本的神经兮兮和错误对待历史的顽固思想。面子就是日本人耻感的护身符。日本人把面子和荣誉看得高于一切，高于生命、道德、法律。这种耻感走向极端，便会掩盖历史真相，歪曲事实，死不认罪。做错了事只要不被发现，就算不上什么耻辱，因此沉默就是最好的自我保护。在这样的信念指引下，军队在异国他乡烧杀抢掠只是增加了他们的荣誉，而在战后的岁月中又竭力掩饰历史事实。所以，回避罪责，对事实失声，对真相沉默，似乎成了必然。对日本来说，很难谢罪，谢罪就意味着承认自己有罪；顶多是"道歉"，就像损坏了邻居的桌椅而说声"对不起"。日本学校里的地理老师常常教育日本的孩子说，连自己国家地图都画不清楚的人是一种耻辱。可是，连自己国家历史都不清楚的人，难道不是更大的耻辱吗？这种文化现象当然表现在社会生活的方方面面。

任何一种文化的形成与发展都要受许多因素的影响。日本本国的和外国的历史，以及佛教、儒教甚至基督教都曾对日本文化起过作用，日本在变化，但是却从未真正脱离其最古老的本土文化根源。虽然日本在很多方面移植了其他国家和民族的文化，但是又不是照搬和全盘西化，而是加以"日本化"。比如佛教，中国的佛教宣扬的是"出世"思想，和尚的戒律十分严格；在日本，僧侣可以结婚，"僧侣"是作为一种职业存在的。又比如，中国的儒家思想以孝为本，尽忠次之，自古忠孝不能两全；而日本人则提倡忠孝一体，而且忠的地位要远远高于孝。再比如，欧洲的管理方式讲求个人主义，个人的表现占主导地位。在日本，管理中追求的理念则是团队精神，有时为了保证团队的利益，不惜牺牲个人利益。但是，在30年代国际国内社会思潮的冲击下，由于传统势力抬头，日本转而开始批判西方文明，主张脱欧入亚，在建立"大东亚共荣圈"的口号下，借恢复东亚传统文明之名，用武力攻占周边国家和地区，企图确立日本在东亚的盟主地位。随着"二战"的军事战败，日本的东亚盟主迷梦彻底破灭。

明治维新和"二战"结束后日本的两次崛起，其前提条件之一是日本国民承认本国的文明制度远逊于西方，忧患意识和虚心精神成为两次崛起的内在动力。而从当今日本的现实看，强烈的大国意识、偏激的民族主义乃至国家主义情绪的高涨，显然有悖于全球化发展的大势，更不利于日本反思当前和历史的问题，实现第三次远航。

4. 民族心理

截至2017年1月1日，日本人口总数约为1.2558亿。日本号称大和民族，古代日本由倭人、诸少数民族和亚洲大陆移民三部分人构成，长期的相互沟通和融合，在政治、社会、文化等的质化过程中，变成了单一民族。这种单一民族共享统一文化，日本文化和具有同质的民族心理紧密地联系在一起。

日本文化有三大民族心理比较显著：

首先是渴望成为强者的心理。历史上，日本的周边一直存在着一些强大的国家，这种地缘特点要求日本人必须发愤图强，才能赢得民族独立，并受到周边国家的尊重，这形成了日本人特有的民族自尊意识。在此基础上，日本人有一种强烈的愿望和感情——赶上和超过周边发达国家。基于传统的生存的危机感和忧患意识，日本民族特别渴望成为强者、成功者。他们崇拜强者、能者，而鄙视弱者和无能者。

其次是岛国心理。日本是一个国土窄小、自然资源贫乏但人口并不少的岛国。日本人不能"守株待兔"，不能固守本土而生存，日本必须得到世界各国的资源支持，必须学习和非常了解外国的文化，包括科技和管理，等等。民族的忧患意识促使日本人勤奋研究和学习外来文化，以弥补自己的不足。在科学技术、政治、经济、教育体制等方面都尽量吸收外来的优秀文化，并尽可能地使之与本民族原有的传统文化结合起来。这就使得"日本化"后的文化能博采各家之长，形成优秀的文化，从而为日本的全面发展提供了肥沃的土壤和强有力的基础。日本人形成了广采博取的学习精神，善于学习吸收海外优秀文化是日本民族的传统美德，他们在我国唐朝时学习中国，明清时学习荷兰，近代以后学习英、法、美等国。第二次世界大战结束以后，日本企业之所以成功，经济迅速腾飞，重要原因之一是他们更重视管理的软性因素，更重视把先进的科学技术与本民族的文化传统相结合，特别注重结合本国需要和本国特点进行加工改造。

最后是忧患心理。日本有"五多"，即地震多、台风多、海啸多、雪崩多、洪水多。除了水资源外，日本几乎没有任何资源，而且可耕地与可居住的面积不足国土面积的1/4。狭小的岛国，历史上长期孤立和现代工业对国外市场的依赖性，使日本人有着强烈的危机感。为了摆脱危机感，基于传统生存的危机意识，日本人特别务实。他们不喜欢幻梦式的、形而上的思考，而倾向于事实、现象、经验、实证的思维方式，形成"即物主义"性格。日本国民教育的宗旨之一是要使每一个日本人都有危机意识，从而形成了日本人根深蒂固自强不息的民族生存危机意识。在自然禀赋相对不利的条件下，日本民族精神由植根于日本国民内心深处的危机感和忧患意识而形成的团结合作、一致对外的集体思想构成，在任何时候都以群体发展为基础，以整体优势为动力。

5. 国民性格

日本文化的特质使日本人表现出两面性，即双重性格。

本尼迪克特在《菊与刀》中描绘日本人的这种国民性：好斗但又温和；黩武但又爱美；倨傲但又有礼；顽固但又善变；忠诚但又背叛；勇敢但又怯懦；保守但又容新；现代但又传统。这些矛盾的两面令人不可思议地融合在一起。"菊"的一面表现的是艺术、美、柔性、暖意、文化；而"刀"的一面表现的是血腥、杀气、硬性、冰冷、武力。

这种矛盾与统一首先表现在文化的吸收性和独立性方面。

在日本，电视、空调、汽车、电脑、出国度假等已深深地渗入了日本的普通家庭，日本人的生活表面变得无可辨认日本的特质。尽管如此，在现代化的帷幕背后其仍旧保留了许多属于日本本土文化的东西。从深层分析看，日本仍是一个传统的国家。例如，日本国民爱吃生冷的食物，比较崇尚原味；喜好素淡的颜色和天然情趣；家族势力、家族意识和集团意识很强；民间信仰和巫术特盛；女子对男子温顺而依赖；想发财，能发财，但发了财以后又不知所措；做事谨小慎微，注重细节，容易钻牛角尖；崇尚暧昧，表达方式委婉；等等。

这种文化现象当然表现在社会生活的方方面面，也表现在男女的性问题上，这就是独特的日本"色情"。在日本男女的性交往过程中，即使是嫖妓，人们也讲究规矩，讲究礼貌，把最粗鄙的性动作用一层文雅的外衣遮盖起来，否则怕被别人看不起,而绝大多数日本人是很要面子的。在这方面,似乎和中国古人所提倡的"温、良、恭、俭、让"有很多相似之处,但是不同的地方是,日本人更重视把这种态度形成一种外在的礼节,而且还存在形成鲜明对比的粗犷、暴烈的一面。在实际生活中,日本人轻柔、温顺的民族性格是和民间文化中突出的极端的暴力共存的。

可能与中国唐朝有关,日本在江户时代,娼业发达。明治国家建立后,日本政府于1900年将之作为一种"劳动职业"加以肯定。政府管辖内的妓院要定期进行卫生检查,并将这些从业人员称为"公娼";不受政府管辖的,则称之为"私娼"。这种公娼制度的存在,起了淡化日本人对娼妓业丑恶印象的作用。

日本是岛国,靠海洋生存,靠贸易自立,因此存在着许许多多的舶来品,也难免会有矛盾冲突。比如神道教与佛教之间,还有传统文化与西洋文化之间,都多多少少存在矛盾。而这些矛盾在日本的不断发展中一一得到化解。在明治维新以前,日本一直秉承着"和魂汉材"的态度,不断向中国学习借鉴。日本的长崎对荷兰开放期间,荷兰的自然科学以及基督教义(简称"兰学")传入。明治维新以后,达尔文的进化论及西方哲学纷至沓来。这些文化教义依然与日本传统的神道教与佛教并存。现代日本依然可以看到这种多元文化并存的有趣现象。在幼年时期,小孩子们在七五三节(11月15日)会在父母的带领下到附近的神社祈福。青年时期举办婚礼的地点,多数是在教堂,青年男女在神父的见证下共结连理。组建家庭之后,家中必然是长幼有序,以忠孝思想持家。生老病死是人之常情,在去世之后,家人会请僧侣前来家中主持道场。人的一生之中会和各种宗教发生关系,杂糅在日本人的生活中,这在世界上也是比较罕见的一种文化现象。这样的现象并不是偶然的。这不仅仅体现了日本文化的移植性,更体现了日本民族的实用价值观,在移植之中有所改造。

6. 日本的"狼性"文化

日本文化教育的一个目标,就是要把国民的"狼性"培养出来。为此,他们从娃娃抓起,从小培养各种"狼性"所需要的精神品质:抗寒、吃苦、团队合作。"他们经常准备着随时放弃享受。这需要坚强的意志,而坚强的意志正是日本人最推崇的美德。"[20]由于国家缺失资源,要生存就要具备掠夺"外食"的能力,集体作战,一致对外就非常关键;"披上羊皮"做伪装而不让人敞露内心是一个必须具备的能力(日本女人从不让人看到真容,包括丈夫)。为此,日本在所有给人外在印象的地方下够功夫,以获得"外人"(尤其是外国人）最大的好感，他们建设最干净的机场、服务周到的酒店、礼仪周全的饭店、干净整洁的厕所、卫生洁净的街道，他们彬彬有礼等。获得好感是日本人最基本的生存技能。最重要的还是要有血性的战斗技能，这是"狼性民族"在外获得生存资源的最关键，战争期间的军事化、军国化，和平时期企业国际化、科技化都是日本探索出来的有效途径。宣扬生存危机也是必要的国民教育，保持起码的忧虑感如同保持饥饿感一样，能让一个民族始终奋斗，不停地到处寻找和开拓所需要的生存资源。靖国神社成为民族精神的教育基地，因为那里存放着"英烈"的灵魂。这些"英烈"为了国家、为了集体、为了民族、为了下一代而英勇捐躯。日本政治家和普通老百姓上下一致地对日本过去用战争手段获得生存空间的行为辩解，采取与德国截然相反的态度和做法：不承认发动战争的责任、不反思战争的恶果、不赔偿战争的罪行，不惩罚战争罪犯，不肃清战争思想流毒，不承担战争加害者角色而是强化战争受害者形象（日本是世界上唯一遭受原子弹攻击的国家），不与周边曾经遭受日本侵略的国家和解，修改历史教科书中关于战争的内容，尝试修改和平宪法，开发进攻性武器并对外销售，努力抓住一切机会在海外派兵，渲染和夸大邻国威胁（中国威胁论、朝鲜导弹威胁等），保持领土争端热度（中日之间的钓鱼岛争端、韩日之间的独岛争端、俄日之间的四岛争端），以科研名义捕杀鲸鱼和海豚……这一切都有利于日本人保持"狼性"——向外争夺资源的必备"品质"。

总的来说，日本民族是一个貌似文雅实则强悍、貌似善变实则顽固保守的民族。在日常生活中，日本人"轻柔、温顺、礼貌而且温和"，他们是以"温和的人的感情"而不是以"干巴巴的、生硬的理论思想"来表达他们自己的。与大多数其他民族相比，日本人更受感情的约束。例如，当两个人争论时，西方人往往生气地说："你难道不明白我说的意思吗？"而如果是日本人，他会将怒火和不悦隐藏在礼貌的面具之下，说道："你难道不明白我的感情吗？"从总体看，日本人比较宽容，常常用不同的方式维持表面的和谐，冲突总是被一层温和的、礼貌的面纱所掩盖。日本人刻意用不一般的外在来掩盖内在，蓄意掩藏内心是其一贯做法。他们为此不遗余力地打造各种"道"（花道、书道、剑道、棋道、柔道等），而其真实内在却靠自省和内省而深藏不露。用"人面兽心"来形容"二战"时期的日本侵略军最恰当不过了。日本军人制造了最残忍、最血腥、最惨无人道的人间灾难。南京大屠杀、重庆大轰炸、慰安妇、731细菌部队、强征劳工、马尼拉大屠杀、泰国"死亡铁路"、战俘"死亡行军"……罄竹难书！

第五章
走到日本：日本文化要点

  日本的"右派"思想和势力根深蒂固，根源是战争罪行没有被彻底揭露和审判，犯下滔天罪行的罪犯逃脱了惩罚，罪恶行为没有被普遍谴责和追责，甚至被辩解、纪念，靖国神社就是一例。坚守不认罪、不服罪、不悔过、不谢罪、不赔偿的态度在日本不在少数，而且很顽固。人类良知、普世公理与顽固的右翼思潮不断在博弈，日本人的这种"思想扭曲"状态会长时间存在。日本的政治被"政阀"控制，政治精英家族长期控制着日本的政治走向，普通百姓很难涉足。日本的"心病"很难医治，对中国这个邻居一直是警惕、遏制，日本的未来将长期陷入"小人常戚戚"的状态。忘记历史的民族是没有希望的，不对罪行忏悔的民族是没有希望的。不同于德国对"二战"中战争罪行的深刻反省，日本一直采取的是掩盖、歪曲、篡改等消极做法，使得日本与为数不多的几个邻国都关系紧张（日本是世界上少数几个邻国数量最少的国家之一），这种与中国"与邻为善"截然相反的态度"与邻为壑"让日本越来越依靠于美国的同盟关系而无法自拔。美国的"影子国"形象也让日本很难走出阴影，无法获得与经济地位相对应的影响力。设想一下，假如日本仿效德国，对二战的历史错误彻底清算，日本会是什么样子？答案是肯定的：日本将和德国一样迎来新生，再次崛起，并开始承担起日本一直梦想的地区领导者角色。

第六章　走到非洲：非洲文化要点

非洲的完整称呼是阿非利加州，意思是阳光灼热的地方。非洲总面积约为3020万平方公里，地域辽阔，占世界陆地总面积的1/5，是仅次于亚洲的第二大陆，约为中国面积的3倍。

一、欠发达的大陆

非洲大陆约有60个国家和地区。联合国认定的世界上最不发达的49个国家，其中34个来自非洲，因此把非洲称作最贫困的大陆一点不为过。

非洲大陆多为高原地带，特殊的地理环境加上独特的气候条件，使得沙漠总面积占整个非洲大陆的三分之一。非洲几乎除了沙漠就是草原，其他陆地的百分之九十为热带雨林，终年高温潮湿，雨量充沛。尽管热带雨林的土地肥沃，树林茂盛，但却各种病菌流行，不适宜人类生存。相对恶劣的地理环境，铸成了非洲人强悍无畏，外向开朗、热情奔放的性格特点。

随着时代的发展和世界格局的改变，非洲已不再是我们刻板印象中的非洲。在这片3020万平方公里的土地上，生活着10亿急切希望改善生活的民众，有50多个经济体在经历民族独立的浪潮后，正在以引人瞩目的速度增长。此外，非洲还提供了全世界1/4以上的可耕地。最为重要的是，非洲已探明150种地下矿产资源，与高科技产业密切相关的50多种稀有矿物质在非洲储量巨大，其中至少有17种矿产储量居世界首位，铂、锰、铬等占世界总储量的80%，磷酸盐、钯、黄金、钻石等则占世界总储量的50%以上。石油储量仅次于中东和拉美，仅撒哈拉大沙漠地下的石油储量就占世界总储量的12%。因此把非洲称为"世界原材料宝库"。

二、本土部落文化丰富多彩

古非洲人在尼罗河流域、北非、东非、西非和南撒哈拉都开启了古文明。

北部的古埃及文明、迦太基王国（腓尼基人创建）文明、库施王国文明、马格里布文明（柏柏尔人建立）；东部的阿克苏姆；西非草原文明的马里帝国、桑海帝国；西非森林文明、大津巴布韦文明；还有神秘的示巴古国文明都被一一揭示出来。非洲在经济、政治等方面不如世界上的很多国家，但是它在文化方面也是非常多元化的。尼罗河流域是世界古代文明的摇篮之一，作为世界四大文明古国之一的埃及地处尼罗河下游，在建筑、雕刻和绘画等艺术方面取得了巨大成就。

非洲各部落独特的历史、文化、社会组织及处事哲学，加上宗主国对非洲数百年的奴役产生的文化影响，造就了非洲人特有的思想文化特色，包括宗教信仰、风俗习惯、逻辑思维和交流风格。非洲的部族往往是几个村落的集合体，他们有共同的信仰、习俗和语言。非洲人部族意识，大多数非洲人首先是部族的一个成员。非洲各国政府登记在册并予公布的部落有700多个，但非官方估计至少在2000个以上。受地理环境等自然因素的影响，在过去相当长的时期内，各部落之间都处在近乎与世隔绝的状态。各部落在文化、语言、宗教信仰、经济行为等方面的差异较大，各属不同的文化群体，相互之间矛盾错综复杂，导致各部落之间文化融合进展缓慢，从而使得非洲发展与其他大陆现代文明差距明显。

在讲究平等主义的集体中，个人的权利和财富不受欢迎。比大家庭更重要的集体是部落或部族。部族的首要因素是公正。非洲人喜欢参与以习惯、传统和亲属联系为基础的集体活动，而不是以命令组织的政治性集体活动。这使得许多非洲国家传统上具有部落群体主义或带有群体主义倾向。

三、宗教信仰多元

非洲人对民族和宗教的认知远远高于对国家和政权的认同，许多国家领导人无论是通过军事政变，还是民选上台，都无法调和内部矛盾。非洲信仰的宗教主要有三种：传统宗教、伊斯兰教和基督教。传统宗教是非洲黑人固有的、有着悠久历史和广泛社会基础的宗教，伊斯兰教和基督教是后来从外界传入的宗教。当地大多数人信仰的还是当地的传统宗教。非洲传统宗教与拥有大量经典著作、众多庙宇和僧侣的世界性宗教不同，它没有书写的历史和经文。非洲传统宗教尽管没有经典可查，但是它通过口头方式，师生相承，把礼仪代代相传，展现了非洲人优秀的文化记忆力。非洲传统宗教的基本内容有：自然崇拜、祖先崇拜、图腾崇拜、部落神崇拜和至高神崇拜。它的核心内容是尊天敬祖，天就是自然，祖就是祖先，把大自然和始祖先加以神化。

非洲的传统宗教一般都是万物有神教，他们相信沙锤或者鼓都附有神灵的法力。非洲的"万物有灵论"以灵魂或精神存在于所有自然现象的信条为基础，但并不是简单地对着石头或森林崇拜，而是创造了代表性的神像或面具，辅以传说与故事，有一定的"圣所"和日期，俨然是对"神"的信仰，是名副其实的宗教。如贝宁的沃笃教是该国人民传统的万物有灵教，"沃笃"在当地丰族语中是"上帝"的意思，每年1月10日是纪念"沃笃"的国家节日。绝大多数非洲宗教是围绕着祖先崇拜而建立的。他们相信死去的人从物质世界转入了精神世界，并且仍然具有影响力。所以必须对祖先致以敬意，以便保证他们和其他附属在这块土地上的神灵一起保佑自己。他们的神被非洲黑人认为是万能的：全知全能、无处不在、无时不在，能给人们提供同情、怜悯、友善、保佑和恩惠，它是天地万物的创造者。还有一批和人类生产活动密切相关的神，他们专门负责一项人间事务并保护本部落。实际上，传统宗教在非洲社会生活的各个方面仍有根深蒂固的影响。因此，外来伊斯兰教和基督教在任何一个黑人国家里都没有能够真正取代传统宗教，而是同传统宗教相互融合。每个非洲民族往往信奉很多的神祇，例如仅约鲁巴人就传说有1700个神，通常说有401个神。这些神都互有血亲关系，并以一个至高神为首。至高之神被认为是天地万物的创造者，往往与部落起源的神话有关，或被认为是部落祖先的创造者。每个不同的民族各有其最高神，并有其不同的传说。

后来从欧洲传入的宗教也成为非洲的信仰之一。与欧洲多样性文化不同，非洲文化因"圣母玛利亚主义"——天主教对圣母玛利亚的崇拜——的价值观而对其情有独钟。与新教相比，玛利亚主义强调宽厚和仁慈，而非个人价值和责任。玛利亚慈母为怀，同情弱者，乐于助人。当然，玛利亚主义也缺乏能够带来深刻理性化进程的"道德勇气"。

四、黑非洲

黑非洲占非洲总人口的70%以上，分布在撒哈拉沙漠以南的非洲大陆。位于北纬20度到南纬35度，西经20度到东经50度之间。因为该区主体为黑色人种的非洲黑人，故称"黑非洲"。黑非洲的地形以高原为主，那里以湿热气候为主。黑非洲是黑种人的故乡，不同的部族之间有不同的语言、不同的风俗习惯以及不同的宗教信仰。人口增长快，城市化水平低，科技素质低是黑非洲在整个世界中立足的弱势。它的经济发展慢，粮食不能自给更使它在国际上的地位低下。只有在热带经济作物、畜牧业和森林资源上有一定的优势。在工业上，黑非洲以采矿为主，它的制造业落后，其经济模式是出口矿产或农产原料等初级产品，进口工业制成品，在国际贸易中处于不利地位，经济脆弱。

五、殖民地文化印记明显

从1492年开始，非洲各地区陆续沦为西班牙、葡萄牙、荷兰、英国、法国和美国的殖民地。宗主国的政治制度、经济结构、思想意识、价值观念、宗教信仰、民俗习惯、文学艺术和科学技术等深刻影响着这些殖民地的经济、政治和社会发展，加上地理、自然、生态环境的差异以及国际政治、经济格局的演变，塑造了"非洲式"文化的独特风格。

古埃及的鼎盛是非洲最辉煌的见证，自葡萄牙人于1418年达到西非海岸后，非洲就陷入了灾难，屠杀、掠夺与奴隶交易的悲剧就降临到了非洲人民的头上。15世纪是西方殖民主义入侵非洲的世纪，除了物资掠夺外；还以非洲本土人口做奴役贸易长达400多年，并且陆续强占和瓜分非洲土地。到19世纪瓜分达到最高潮，致使非洲88%的土地沦为殖民地，非洲除埃塞俄比亚和利比里亚外，全部被帝国主义瓜分，主要帝国列强国家有英国、法国、德国、西班牙、葡萄牙、意大利。"他们瓜分了整个非洲大陆，掠夺了它的人力和物力资源。……非洲各民族已经在许多方面都处于欧洲人的影响之下，而且程度甚至比亚洲人还要深。"[1]到1914年，除了埃塞俄比亚和利比里亚，整个非洲大陆被欧洲殖民者瓜分完毕，黑人被迫放弃自己几千年传承下来的母语，开始讲起了殖民宗主国的语言。"二战"后，非洲殖民地国家纷纷独立，欧洲统治者败走非洲，过去跟随欧洲人的印巴人填补了白人撤走后留下的经济空间。

非洲国家基本都带有很强的殖民色彩。从20世纪60年代起，数百年殖民统治下的非洲各国才开始逐渐恢复独立。在发展过程中，由于西方殖民的侵入，使非洲大陆上社会形态直接从奴隶制度甚至原始社会制度过渡到资本主义制度，思想文化上也发生了翻天覆地的变化，接受了西方特别是欧洲殖民者的思想，接受了基督教等信仰，使得欧洲国家的文化移植根深蒂固。现在很多非洲国家仍然沿用之前殖民宗主国的语言和生活方式乃至宗教信仰等。非洲有约10亿人口，他们的宗教信仰主要以伊斯兰教和西方的基督教为主，传统的非洲宗教信仰已经少之又少了。欧洲数百年殖民奴役、殖民化因素改变了包括非洲宗教信仰在内的文化格局，西方文化元素因生活在非洲的欧洲后裔而得到沿袭传承，同时，现代西方文化的渗透、传播以及非洲和西方日益交往也都深刻地影响了非洲人的文化取向,很多西方的文化元素在非洲大量"安营扎寨",语言、文化均受到西方较大影响,大部分媒体还是以西方媒体的声音为准。除语言、宗教外,"西化"直接地影响非洲人的生活方式、思维模式。生活习惯也基本西化,倾向个体主义,片面接受了欧洲的享乐主义(欧洲国家生产力高度发达,国民收入高,普遍建立起了完善的福利制度,国民不必要花费太多代价在保障上,所以能够花费更多的精力和金钱在享乐上)。在南部非洲,教育体系及教材完全是英式的;药典也是西方的;体育运动,如高尔夫球、板球、网球、篮球等等西式运动也成为非洲许多国家的日常运动方式;即使是汽车方向盘也仍像英国本土一样,安装在汽车右边;西餐仍是最体面的用餐选择;等等。

六、语言体系庞杂

非洲语言主要属于4个语系:闪–含语系(包含240种语言,约2.85亿人使用);尼罗–撒哈拉语系(包含100多种语言,3000万人使用,主要分布在乍得、埃塞俄比亚、肯尼亚、苏丹、乌干达、坦桑尼亚北部等地区);尼日尔–刚果语系(世界最大的语系之一,包含数百个语种,分布在撒哈拉以南非洲地区,包括班图诸语言);科伊桑语系(包含50种语言,12万人使用,集中在非洲南部)。美国语言学家格林贝格认为,非洲语言大致属于亚非、尼日尔–科尔多凡、尼罗–撒哈拉、科伊桑和马达加斯加5个语系,各语系下还分为数量不等的语族,如亚非语系下分闪米特、柏柏尔、库施特、埃及和豪萨5个语族。[32]

非洲是一个语言种类繁多的大陆,总数在800种以上,占世界语言的三分之一左右。有的语言学家认为,非洲实际的语言种类远远超过了这个数字。非洲有各种各样的部族,有的部族甚至因为交通的不便利,在同一部族下也说着不同的语言。在非洲被广泛使用的非本地语言有阿拉伯语、法语、英语、葡萄牙语、南非语和马达加斯加语等语言,分别属于闪–含语系、印欧语系和南岛语系。

七、典型的非洲人轮廓

非洲人自己的历史、文化、社会以及处事哲学,加上奴役非洲几百年的宗主国文化的影响,造就了非洲人特有的文化取向和交流风格。

非洲人有着天生的文艺和体育特长,爱好音乐和舞蹈,有着闻歌起舞的文化氛围，只要听到音乐就会起舞；即便是丧事，他们也是载歌载舞。非洲人天性乐观、好动、憨厚、淳朴，表达方式直白坦率，不知忧愁为何物，大部分属于"活在当下"一族，有着"今朝有酒今朝醉""莫使金樽空对月"的激情与豪爽。当地人几乎没有存钱的习惯，只要口袋里有钱，他们就会尽情消费。在非洲，由于居住地气候宜人，常年气温保持在25~30摄氏度，同时物产丰富，人员稀少，不用辛苦耕种也能填饱肚子，人们大都不愿意辛苦地干活，相反都希望及时行乐，把劳动赚到的报酬花掉。非洲人的时间观念十分淡薄，无论职务高低、受教育程度高低，守时的观念都普遍淡薄，像中国人的"时间就是金钱，效率就是生命""今日事，今日毕"的现代理念在非洲是不可能的。与中国人都在勤劳致富相比，非洲人生活节奏缓慢，交通不便，人们惰性十足。他们普遍认为，工作赚钱是人生的过程，但不是人生的目的。人生的目的是一种精神追求，人生的归宿是与上帝在一起。

　　一方水土养育一方人民。历史上由于长期受殖民统治，既受欧洲部分国家文化的影响，又搀杂了本土文化传统的影响，使得非洲的人文资源也非常丰富。非洲悠久的历史，留下了灿烂的文化，多元文化的交融，造就了非洲文化的开放性和包容性。文化上的这一特点使非洲更善于引进和吸收其他文化的最新成果，更具亲和力和融合力。

第七章 走到拉美：拉美文化要点

西半球的拉丁美洲全称拉丁亚美利加洲，是拉美文明的发祥地，其发展和表现形式不同于世界其他地区的文明。拉丁美洲是一个政治地理概念，指美国以南的美洲地区，地处北纬32°42′和南纬56°54′之间，包括墨西哥、中美洲、西印度群岛和南美洲。拉丁美洲东临大西洋，西靠太平洋，南北全长11000多公里，东西最宽处5100多公里，最窄处巴拿马地峡仅宽48公里。北部有墨西哥湾和加勒比海。面积2056.7万平方公里。南美洲有15个国家和地区，包括圭亚那、苏里南、秘鲁、智利、乌拉圭、巴西、厄瓜多尔、哥伦比亚、委内瑞拉、巴拉圭、阿根廷、玻利维亚、法属圭亚那、福克兰群岛、南乔治亚和南桑威奇群岛。人口5.77亿。主要是印欧混血种人和黑白混血种人，其次为黑人、印第安人和白种人，黄种人极少。在巴西，由于来自非洲的奴隶贸易，这个国家的人口在肤色方面就更加多元化。

拉丁美洲民族众多，宗教信仰复杂。主要宗教有天主教、基督教新教、犹太教、印度教、佛教、伊斯兰教和原始宗教。其中，天主教是拉美地区最主要的宗教，占拉美总人口的80%以上，是世界上天主教徒最集中的地区。新教是拉美第二大宗教，约有1500万教徒，主要集中在以英语为官方语言的大多数国家和地区。

拉美地区都隶属拉丁语族，所使用的语言有西班牙语、葡萄牙语、英语、法语、荷兰语以及多种印第安语等。西班牙语使用最广，是拉丁美洲大部分国家的官方语言。拉美最大的国家巴西主要使用葡萄牙语。海地、法属圭亚那和法属西印度群岛使用法语。巴巴多斯、牙买加、圭亚那、伯利兹、巴哈马等国使用英语。苏里南及荷属安的列斯群岛等使用荷兰语。印第安居民较多的地区，一般使用印第安语。印第安语的方言达1700多种，以纳华特语、玛雅语、克丘亚语、瓜拉尼语、艾马拉语等使用较广泛。秘鲁、玻利维亚、巴拉圭等国家把克丘亚、艾马拉或瓜拉尼等印第安语同西班牙语一起并列为本国官方语言。

第七章
走到拉美：拉美文化要点

一、拉美的原始宗教

在拉美的印第安文明中，宗教支配了人们社会生活的各个方面。玛雅人笃信人的未来会分天堂和地狱，人类的一切福祸均由神的情绪和神的力量主宰着。要有未来就要信仰多神灵，神也有好坏之分，如雨神、玉米神、死神、战神、风神等。无论是面对好神还是坏神，人类总是处于完全被动的地位。这种宗教思想使玛雅人安于天命、恪守本分，种地吃饭，对生活很少奢求。玛雅人相信"世界末日"，他们认为人类存在四个世界，而已经经历了三个世界，每个世界皆因洪水泛滥而结束，自己生活的第四个世界亦将如此，只是不知道洪水何时到来。人要对灾难泰然处之，洪水可以一次一次地来，但人还是要一次一次地组成世界，在灾难来临之前，知足常乐。在灾难过后就都能顽强地生存下来。为了维持宇宙的正常秩序，玛雅人用俘虏做祭奠神明的牺牲品。

阿兹特克人也是多神论者，其万神殿中供奉着创造神、太阳神、月亮神、火神、雨神、花神和玉米神等上千种神灵。其中重要的是羽蛇神克查尔科亚特尔、雨神特拉洛克，同时作为战神和太阳神的威齐洛波奇特利。阿兹特克人确信那些允许人类生存的神灵是靠人血为生的，因此，人祭规模不断扩大，对外战争连年不断。阿兹特克人认为有两个世界，天堂和地狱是上方世界和下方世界。自然界里有善也有恶，有阳光与黑暗、有热与冷、有生与死。为了认识自然运行的规律，引导那些神圣力量为人类的生存和利益服务，阿兹特克人用宗教来颂扬有益于生存的自然力量，排斥有害于生存的自然力量。阿兹特克人的宗教文化扑朔迷离，投入了大量的人力和物力用于宗教活动，在美洲文明中，阿兹特克人的宗教仪式最为纷繁复杂。

印加的宗教文明相对更加成熟一些。印加人的宗教既有国家崇拜形态，又有纯民间的崇拜形态。印加帝国已经形成了比较完善的教阶制度，许多太阳神庙还附有类似修道院的"贞女宫"，祭祀活动通常用动物献祭，只有发生重大事件时才使用人祭，并伴有认罪、悔改之类的活动。印加宗教已成为一种道德法规，是当局规范社会成员行为的辅助手段。

欧洲殖民者拆毁庙宇，夷平金字塔，捣毁宗教偶像，烧毁宗教经书，企图彻底消灭土著宗教，但这激起了土著的强烈反抗。为达到传播基督教的目的，欧洲传教士变换手法，采取了基督教与土著宗教调和的方法，如在土著庙宇的废墟上建立新的基督教堂，让基督教的圣徒祭日表承袭土著宗教众神供奉的许多特点，在新的圣殿内仍旧接受昔日供奉土著偶像的差不多同样的供品，并将土著的宗教偶像与基督教的偶像相融合（如墨西哥的传教士将土著供奉众神之母"托南琴"与圣母玛利亚混合成瓜达卢佩圣母像），这样就造成了土著在崇拜其原来的宗教偶像的同时也崇拜了基督教圣徒的局面，形成见神就拜的状态。时至今日，许多进入天主教堂的印第安人仍然名义上是去做弥撒，实际上是为了向他们世世代代信奉的神灵祷告。

二、欧洲的殖民统治让拉美本土文化物是人非

拉美是美洲三大印第安文明（玛雅文明、阿兹特克文明和印加文明）的故乡，在哥伦布到达之前，美洲曾有着最灿烂的古代文明。印第安部落将光辉的印加文化发扬到了鼎盛时期，那是较高水平农业、手工业的灿烂体现。拉美的古代文明为人类的进步与发展谱写了辉煌篇章，更是人类物质和精神文明的重要组成部分。与世界其他地区不同的是，这些古代文明发祥在高原上、谷地里，产生了"玉米文化""马铃薯文化""巨石文化""梯田文化""金字塔文化"等。

恩格斯说："黄金是白人刚踏上一个新发现的海岸时所要的第一件东西。"[33]为获取黄金，白人对拉美当地人进行了灭绝人性的屠杀。战争摧毁了拉美古文明，淳朴的印第安人在富庶的拉丁美洲劳作生息。本土的安居乐业状态突被暴力打断，不请自来的葡萄牙人和西班牙人打破这里的宁静，引发了这里经济畸形，文化混沌。从1492年开始，拉丁美洲各地区先后沦为西班牙、葡萄牙、荷兰、英国、法国和美国的殖民地。随着西班牙、葡萄牙在拉美建立殖民地，宗主国的文化、传统、语言也被带到了拉美，从而导致拉丁美洲走了一条与北部美洲的美国、加拿大等英法殖民地完全不同的道路。16世纪以前，拉丁美洲文化由于长期的封闭导致自身文化发展缓慢，使之在西方基督教文化的冲击下遭受了沉重的打击，中断了拉美印第安土著文化的单质演进，使拉美社会从原始社会后期和奴隶社会初期突然跳跃到封建—资本主义社会。宗主国的政治制度、经济结构、思想意识、价值观念、宗教信仰、民俗习惯、文学艺术、科学技术等无不影响着这些殖民地的经济、政治和社会发展。经历过文明断裂的拉美，不得不与外来文化交融，一点点拼凑出如今较为适用的思维方式。战争再无休止：反帝、反霸、反殖、维护国家主权。直到20世纪初，拉美国家才逐渐走向了独立。在漫长的反殖民统治过程中，拉美人从未放弃对自由和独立的追求。他们明白，只有靠自己的努力，才能得到救赎，获得自由。"二战"结束后，拉美民族民主运动进入一个新的阶段，其特点是外抗强权，内争民主，巩固民族独立，发展民族经济。这也是

造成当代一些拉美国家政治动荡，经济发展举步维艰的历史文化根源。

由于特定的文化背景，直至今天，这些国家仍然无法摆脱宗主国的影响，社会结构、文化内涵、语言文字都呈现出各自宗主国的影子。要走进拉美国家，就要了解这些国家与他们所属的宗主国的历史。

三、拉美的本土文化和外来文化的融合

在阿兹特克和印加宗教传说中，都有一个关于某个隐身而去的神明（分别是羽蛇神和维拉克查神）将在未来的某一日回来废止现时国王统治的传说。这种宿命论的预言使印第安人在面对面貌怪异的西班牙人时，将他们当成了回归的诸神，心理上处于一种劣势地位，不战自败。在殖民初期起到了帮助殖民者瓦解自己"帝国"的作用，在面对外来的基督教传播时发挥了强烈的反作用。在三大文明中，对神灵的等级划分和祭司的等级制度强化了世俗的等级制度，使百姓认为等级是神意，是天生的，从而安分守己，尊重秩序，尊重权威。而灵魂不死说又以神对人的奖罚来规范人的世俗行为，使之中规中矩。直到今日，印第安人承认等级、服从权威的观念余风不绝，仍被认为是淳朴诚实、温顺服从的民族。

拉美的历史可以说是殖民者与被殖民者的历史，宗主国实行了长达三百年的血腥统治，原生居民逐渐退出了南美洲的统治舞台。欧洲人的殖民侵略从东边开始，野蛮而血腥。蹂躏征服了当地古代文明，曾经灿烂的阿兹特克文明、玛雅文明和印加文明消失了。欧洲殖民者到来后，无力进行种族灭绝，而是被迫采取了种族混血和文化调和的政策，由于大量的印第安人活了下来，美洲的本土环境又基本没有改变，所以使印第安人的一些经济、政治、宗教和文化方面的遗产得以保留，这些遗产的积极面对拉美民族精神的形成和民族文化特色的再造发挥了重要的作用，但其消极面却对拉美现代化产生了不利影响。由于这些新要素的作用，全地区出现了文化创造中心的多极化。拉美原有的土著文化被西班牙、葡萄牙为代表的欧洲殖民者所割断，经过上百年的殖民统治，拉美文化逐渐形成以欧洲的宗教文化为主流，原住民文化和非洲文化处于次要地位的格局。正是这种多元文化的交融，使得拉美文化具有开放性和包容性的特点；使它善于引进和吸收其他文化的最新成果；使拉美文化更具亲和力和融合力。这是拉美人推崇开放、包容、创新的根源所在。

四、拉美文化特色的形成

随着西班牙、葡萄牙在拉美建立殖民地，他们也把自己的文化、传统，

甚至语言带到了拉美,从而导致拉美走了一条与美国、加拿大等英法殖民地完全不同的道路。加上北美对南美经济政治的干扰,直到20世纪初,拉美国家才逐渐走向了独立。由于对殖民地时期的制度和欧洲市场形成了很强的路径依赖,独立后的拉美国家在制度变革方面显得非常脆弱。独立运动应该说是拉美国家一次重要的制度变革,但是因制度创新动力不足,使得原有的制度不断僵化。第一次世界大战期间,拉美国家没有直接卷入战争,但是却没能逃脱帝国主义国家对其的干预与扩张。"二战"期间,拉美国家先后参加了反法西斯战争,向盟国提供战略物资和原料,使其进出口贸易和工业有了较大的发展。历史和文化内在的价值能够引导民众。"二战"以后,那些新解放的殖民地的经济困难和政治意识引起了共鸣。拉美民族民主运动进入了一个新的阶段。其特点是外抗强权,内争民主,巩固民族独立,发展民族经济。民族主义思潮在拉美人心中根深蒂固,他们主张实现经济民族主义,保护民族工业,维护本国资源。

拉美特殊的地理条件和独特的历史,形成了拉美特色的民族文化。不同于宗主国,加上各殖民地地理、自然、生态环境的差异和国际政治、经济格局的演变,导致了颇具个性特色的"拉美式"文化特征。

多元化和多源性。拉美文化是"杂交"文化或"混合"文化。哥伦比亚作家、诺贝尔文学奖获得者加西亚·马尔克斯曾说过:"拉美是一个由鬼魂缠身的男人和具有传奇色彩的女人组成的无边无际的大陆,其永不消逝的顽强在传奇中变得模糊不清","这魅力是非洲的黑奴,瑞典的、荷兰的和英国的海盗送来的。"[34]拉美文化起源于美洲印第安土著文化,这种同质性不同于亚欧大陆,具有同源性。但后期揉进了欧洲基督教文化和非洲黑人文化等多种文化。拉美文化是欧洲基督教文化、美洲印第安土著文化和非洲黑人文化等多种不同来源的文化的汇合和融合。这块神奇的土地上,任何殖民者、任何种族都可以把他们的文化带到拉美文化中。拉美文化的这种多种文化混合的文化结构,显示出极大的包容性、极少保守性和排他性。它善于引进和吸收其他文化的最新成果。多种异质文化汇集拉美,经过碰撞和冲突之后,趋向相互妥协、调和与适应,最终融合在一起,具有很大的亲和力以及很强的融合力,从而创造出具有自己鲜明特色的拉丁美洲文化。开放、包容和创新并举是拉美文化兴盛发展之根本。

个性鲜明。拉美在文学、建筑、绘画、音乐、舞蹈等方面都有很多"拉美个性"突出且优秀的创作,在考古和文物、文化遗址保护和发展文化旅游方面也有许多成功的经验,给世人留下了深刻的拉美印象。拉美的四大舞系桑巴、探戈、踢踏、恰恰，狂欢节、太阳节，钢鼓乐还有热情四射的足球运动，这些具有特色的文化活动成为拉美这块土地的名片，也为拉美文化注入了新的活力。综上，由于地理和历史的交互作用，最终使得拉美历史文化具有了重视开放和创新、追求自由和独立、崇尚个人主义、注重民族主义和团结精神以及功利主义和实用主义兼备的特性。

五、拉美风情下的拉美人轮廓

拉美人在与其他人相处时，经常表现出很强的积极性和主动性；遇到困难时，他们总能够积极地寻找解决办法；当有开心的事情时，他们以唱歌、跳舞的形式来表达内心的欢呼雀跃。拉美人具有很大的亲和力和很强的融合力，他们天真浪漫、单纯质朴，总能给人以亲切平和的深刻印象。

拉美人热情奔放，不拘小节，好客而彬彬有礼，善交际，爱开玩笑。喜欢美食、音乐和欢笑；相信"生命是循环的，没有开始也没有结束"，生命过程则要及时行乐；比较自我，对新奇的事物很关注，也比较喜新厌旧，喜好刺激的体验和生活；属于直线式思维模式，对待问题"非此即彼"，喜欢直奔主题，在交流和表达个人观点时也是直来直去。时间观念习惯"慢"文化，与中国和欧美人讲究守时不同，拉美人迟于约定时间半小时左右到达是一件非常普遍和正常的事情。在他们的观念中，按照约定好的时间迟到半个小时是为了给对方足够的时间去准备这次见面，因而往往迟到的人并不会为自己的迟到而感到丝毫歉意。拉美人作风比较散漫，办事不太积极，但也天生乐观，重视家庭生活，家庭的一些庆祝活动，如生日、婚礼、度假等，充满了欢乐。在拉美，女性尤其是母亲，是受到赞美、尊敬和爱护的。她们的主要任务是照顾家庭，而不是参与商业活动。男性统治在这个大陆无所不在。在拉丁语中，"男子汉"这个词和美国、加拿大的定义不同。拉美人通常认为这个词代表骑士风度、豪侠、呵护备至和男子气概。由于宗教的因素，"13"被认为是不吉祥的数字。白色在西方文化中是纯洁的象征，所以在南美，白色被广泛应用在婚礼等各类庆典活动中以表纯洁典雅。

因为有曾经被欧洲殖民的历史，19世纪前半期，法国的启蒙思想和英国的功利主义思潮支配了拉美人对社会经济和政治问题的见解。甚至智利作家自由党领导人拉斯塔里亚在19世纪40年代发表文章，痛斥封建思想，赞扬功利主义原则。"有用，有效，有利就是真理"，成功就是真理。重契约，轻感情，同时受美国实用主义的影响，拉美人仍以赚钱多少作为一个人社会地位高低的重要依据，立足于现实生活和经验，一切为了效益和成功。如今的拉丁美洲的人们也和欧洲人一样崇尚个人主义。他们追求自由、独立的个性，个人主义其实就是尊重作为一个人的价值、尊严和权利。他们强调个人能力、善于吸收新事物、富于冒险和创新精神、重"契约"轻感情、强调民族主义等。

六、拉美之困

"拉美悖论""中等收入陷阱""拉美病"等反映了拉美发展中的问题。拉美国家土地分配严重不公，导致大量无地农民流入城市和农村，无地农民之困、过快的城市化和社会的边缘化问题并存。拉美城市化率可与世界最高的北美相媲美，高出欧洲十多个百分点，但城市畸形发展，贫民窟鳞次栉比，城市治理能力与治理体系未实现现代化。为数众多的人口被排斥在现代化之外。拉美的任何地方都几乎存在着一种两极分化的社会结构，即社会只由两个阶层组成——"有产者"和"无产者"。失业、贫困和收入分配两极分化等问题导致社会治安形势严峻，各种形式的犯罪有增无减。一般性犯罪和非法团伙（贩毒团伙、有组织犯罪团伙和走私移民团伙等）引发的暴力凶杀是拉美暴力活动的新特点。

拉美国家普遍存在政治超前、经济滞后的现象，物价偏高而贫富差距大，未能处理好社会、国家、市场三者之间的关系。区域化未发展为一体化。三大类区域化思路在分裂拉美：第一类是以委内瑞拉、古巴为代表的左派、反美色彩浓厚的国家，致力于建立意识形态联盟；第二类是以巴西、阿根廷为代表的地区大国组成的具有地区保护主义色彩的南方共同市场；第三类是以墨西哥、智利、秘鲁组建的太平洋联盟国家，推行与亚太国家的经济一体化。

七、中拉"海上丝绸之路"之源

明朝万历年间（16世纪后期）中拉之间的"海上丝绸之路"就被打通，中国—菲律宾—墨西哥之间的太平洋贸易航路，即"海上丝绸之路"被开辟出来。自16世纪后期至17世纪前半期，就有一些中国商人、工匠、水手、仆役等沿着此线路到达墨西哥、秘鲁等拉美国家侨居，在那里经商或做工。在这一时期移居拉美的"马尼拉华人"约五六千人。著名的太平洋丝路即跨太平洋贸易之路，起点在福建的月港，终点到墨西哥的阿卡普尔科港，自1565年开通，到1815年结束，历时250年。华人将中国的丝绸、瓷器、铜铁器、手工艺品等产品运往马尼拉，在那里与从日本运来的漆器、东南亚和印度产的香料，一起载往阿卡普尔科港。中国的文化习俗也被带到了拉美国家。与此同时，被称为"中国船"的"马尼拉大帆船"在返航时，也把墨西哥银元"鹰洋"，以及拉美特有的玉米、马铃薯、西红柿、花生、辣椒、番薯、烟草等30多种特有作物传入中国，对中国金融业的发展和中国人的食品结构多样化起了推动作用，促进了中拉之间的物质文化交流。

19世纪初至70年代，数十万契约华工和华工组成的劳动大军，同拉美各国人民一起，共同进行农业、矿业开发和交通建设，对各侨居国的经济发展、文明建设和社会进步做出了重要贡献，促进了拉美的繁荣。巴拿马运河的开凿，中美洲、加勒比地区的甘蔗、咖啡、棉花种植园的发展以及智利硝石的开采和秘鲁鸟粪的采集，巴拿马、秘鲁和墨西哥等国铁路的修建，都凝聚着华工的血汗。契约华工、华工、华侨和华人对促进中拉文化联系起着重要作用。此外，早期华侨和华工，以及后来的华侨和华人还把中华民族的优良传统、习俗和文化（如服饰、烹调、过春节等）带到拉美，把生产技能（如水稻的种植、茶叶的栽培、中医中药的使用等）传授给拉美人民。在古巴等国的华侨还同当地人民并肩战斗，流血牺牲，为争取这些国家的独立和解放发挥了重要作用。

第八章 走到中东：中东文化要点

得中东者得天下。要走向世界，中东是绕不过去的坎。历史上，各种力量在这里博弈；现实中的今天，中东仍然是大国之间的"角斗场"。中东是亚欧大陆的中段，"十字路口"特征明显：文明交汇、文化主体众多、冲突和混乱常伴。历史上，这里曾诞生两河流域文明、波斯文化、犹太教、基督教和伊斯兰教，对世界文化有相当影响。东西方在这里碰撞、交融，使中东地区呈现了与其他地区不同的特色文化。这里的宗教文明突出，犹太教、基督教、伊斯兰教相互交织，源远流长，却又有着不可调和的矛盾。而且各教内部派系复杂，尤其是伊斯兰教内部的派系斗争尤其激烈，使得中东地区长期动荡不安。中东仿佛是无解的结，使得这一世界上最富庶的地区成为世界上最动乱的热点地区。"中东之问"仿佛把人类的智慧穷尽于此，巴以矛盾、阿以矛盾、逊尼派和什叶派矛盾、极端宗教组织等深层次问题盘根错节，让中东地区"本是同根生，相煎何太急"一直无望得以解决。万结归一为宗教原因，恐怕只有"去宗教化"才真正可以彻底改变"中东之困"。

尽管如此，中东地区在人类发展史上仍占据着重要的地位，其宗教文明为人类灿烂的人文精神基因谱写了重要的"宗教精神"序列，贡献了人类良性发展不可或缺的营养要素：契约精神、自律精神。以禁忌为核心的宗教律法体系，以自律和他律为手段，以操守（守约和守法）为目标，打造出与人类以往文明史上截然不同的现实宗法王国和未来宗教王国，并为后续的欧洲文明的主旋律——资本主义精神奠定了契约精神基因，从而迎来了法治文明的时代。基于这一点，中东地区的文化发展在世界文化中才有了独一无二的重要地位。

一、希伯来文化

当别处各民族的文明还处在多神论时，希伯来人（犹太人、以色列人）已经沐浴在一神论的阳光里。

第八章

走到中东：中东文化要点

希伯来（巴勒斯坦犹太的古称）诞生的希伯来文化也就是犹太文化。希伯来文化是以巴勒斯坦为中心的古代中东地区文化的结晶，是古代世界影响巨大的四种文化之一。受希伯来文化影响最大的是西方文化。希伯来文化是西方文化起源的"两希"之一（古希腊、希伯来）。

希伯来人大约在从公元前3000年直到公元前13世纪中叶来到并于公元前12世纪初定居于巴勒斯坦（"迦南"），他们以死海为界分为两个部落，死海之北称"以色列"（希伯来语意为"与神摔跤的人"），死海以南称犹太。犹太部落的大卫将两个部分统一起来，建立了以色列—犹太王国。公元前1013—前933年的一百来年间（约当我国西周初年），统一的王国国势强大，经济繁荣，文化复兴。历史上的传说故事、神话、史诗、歌谣、谚语等成果已被记录成文。犹太教已形成，有关教规、教义以及希伯来民族的斗争和发展的历史也被写成文字。但到大卫的儿子所罗门时，统一王国分列为"以色列"和"犹太"两个国家。分裂之后，犹太国家国势日衰，先后被亚述人和新巴比伦所灭，以致大批犹太人被俘，成为"巴比伦之囚"。此后大批犹太人离开故土巴勒斯坦流亡异地，这些流离在外的人以后都通称为犹太人（意即"犹太亡国遗民"）。后来在波斯人的扶持之下，被俘的"巴比伦之囚"曾复国建立了政教合一的国家，但在公元135年又被罗马人征服。

这一地区早就有多种文化存在，如迦南文化、腓尼基文化、叙利亚文化、埃及文化和巴比伦文化，后来还有属于希腊系统的克里特文化。犹太国家被罗马人灭亡之后，其文化在进一步发展，经历多年的历史变迁后，犹太文化更加成熟，其间受波斯、希腊文化的影响，希伯来文化发生了新的变化。希伯来字母就是在吸收腓尼基拼音字母的基础上创造出来的。希伯来人在同多种文化的接触中融合、创新，便创造出了自己独特的文化——希伯来文化。犹太教孕育了基督教。借助基督教，希伯来文化便影响了欧洲，乃至全世界。

二、希伯来宗教——犹太教的主要特点

创世论、一神论、契约论、神选论、先知论、末日论、复活论和天堂论。

人类的宗教文明脉络是从多神论到一神论，再到无神论。犹太教则是从多神论向一神论转变的代表。

犹太教产生于公元前16世纪。它是世界上最早的一神教之一。犹太教的产生受巴比伦、埃及的宗教和政治影响颇大。巴比伦、埃及都是君主专制的国家，"没有统一的君主就绝不会出现统一的神，至于神的统一性不过是统一的东方专制君主的反映。"[18]在摩西时代，犹太人把民族的一神称作"耶和

华"（希腊人称为"雅赫维"，也是基督教中的上帝），还产生了相应的教义、教规（如"十诫"），终于将整个犹太人的精神团结起来。一神崇拜的观念促进了犹太民族的团结，起到了统一民族精神的纽带作用，也表达了犹太人希望国家统一的心理。当然，从一神观念中，也产生了犹太人狭隘的民族主义。犹太人认为自己才是上帝的选民，是天之骄子，因而产生了强烈的排他主义和盲目的民族优越感。犹太人认为他们与上帝立约，这种约定是上帝对他们的恩典，是上帝给犹太民族的荣耀和启示。上帝之约也即"上帝的应许"，主要包括：在充满牛奶和蜜的地方建立犹太人的国家；犹太人人丁兴旺；世世代代幸福；世界末日时恶人会受到审判，善良的人、信奉上帝的人终会升入天堂。犹太人认为他们是上帝在人世间万族中挑选出来的"子民"，还将使他们"成为大国"，世上万族都将因他们而得福。

这些观念使犹太人在长期屈辱、逆境中得到自我精神调节、自我安慰，获得精神上的满足和慰藉，增强了他们在逆境中自强不息的韧性和耐力，促进了犹太民族自身团结和凝聚力。不论财富和社会地位如何，上帝面前人人平等的思想，也曲折地反映了犹太人对现实平等、自由的向往和追求。

英国学者尼尼安·斯马特在《作为一个犹太支派的耶稣之运动》中说："这场运动后被保罗（Paul）延续，保罗主要使用希腊语进行教导，他在不同的犹太中心城市（即希腊和小亚细亚的主要城市）游历，而且到过罗马。……犹太教的这个新分支充满活力与热情、充满一些显而易见的秘密，表面上看起来像一个新兴的秘教。"[35]由于贫苦的犹太人多次反抗罗马的统治者失败，获得解放的希望破灭了，于是便在宗教方面寻找出路。这时，在巴勒斯坦加利利地区的犹太教徒中，出现了一个新的教派，叫作"拿撒勒派"。"在政治上，他们对罗马统治者和犹太教发利赛派的权贵们强烈不满，因而被看作是'异端'，受到排斥和压迫。但他们不主张参加现实的社会斗争，而坐等救世主的将临。他们相信'末日'和天国，在受苦的群众中宣扬'救世主'即将来临，从而吸收了很多受苦受难的下层人民。"由于"拿撒勒派"和犹太教的上层权贵之间的矛盾日益加深，这一派信徒中有许多人遭到杀害，活下来的被从各个犹太会堂赶出来。被赶出来的这些人形成一个独立的新教派，到1世纪50年代，这个新教派发展成为最初的基督教。因此，犹太教拿撒勒派被认为是基督教的先驱。"[36]

身为犹太人的耶稣约在公元28—30年被钉在了十字架上而死。他的信徒声称，他从死中复活，升到了天堂，在那里恢复了他的上帝之子的身份。持有这种信仰的人逐渐从犹太教主流中分离出来，称为基督徒。因为他们相信

"耶稣是基督"。基督又称弥撒亚，即救世主。圣墓教堂被认为是耶稣将来要复活的地方，因此被称为复活教堂，成为基督教在耶路撒冷最重要的地方。基督教把继承的犹太经典称为《旧约》，把以后产生的经典称为《新约》，基督教圣经全称为《新旧约全书》。犹太教是希伯来文化的重要内容，也是希伯来文化最具特色的部分。犹人教的宗教观念被马克思、恩格斯称为"东方神学"。

如今，以色列人（犹太人）大约有1200万。

三、阿拉伯文化

阿拉伯文化是由阿拉伯人创造的，是阿拉伯世界的传统文化。相对而言，这一类型的文化比古中国文化、古印度文化、古希腊文化历史较晚。它是在公元7世纪以后才出现并兴起繁荣的。这一文化覆盖的主要地区是阿拉伯地区，即如今的阿拉伯半岛、中东、埃及等地。阿拉伯文化是在吸收了西方文化和东方文化成果的基础上形成的，它的发展与伊斯兰教的形成和发展密切相关，充满了浓厚的伊斯兰教宗教色彩，所以阿拉伯文化又被称为伊斯兰文化。

阿拉伯半岛是古老的民族——闪族（也称闪米特、塞姆，出自《圣经》，诺亚长子闪的后裔）的摇篮。闪族人在阿拉伯半岛成长以后，迁移到肥沃的新月地区（即伊拉克、叙利亚、黎巴嫩、巴勒斯坦和约旦），后来就成为历史上的巴比伦人、亚述人、腓尼基人和希伯来人。恩格斯说，希伯来人和一些阿拉伯人同属闪族的一支——贝杜因人，他们共有一个先祖。犹太人也是贝杜因人的一个小部落。据伊斯兰教传说，伊斯兰教的先知穆罕默德是亚伯拉罕的后代，也是阿拉伯古莱士族部落的贝杜因人。阿拉伯人是闪族最年轻的、最晚登上历史舞台的一支。610年，穆罕默德创建了伊斯兰教，随后闪族人在阿拉伯人的光环下进入了历史上最辉煌的时期。穆罕默德的继承者建立了阿拉伯帝国，首次把闪族各地区和各民族统一起来，也真正首次实现了闪族人的统一。阿拉伯帝国最辉煌时期，统治了中亚、西亚的全部，在欧洲到达葡萄牙、西班牙大部分地区，在北非至摩洛哥、古印度部分地区。征服了拜占庭文明、波斯文明。横跨欧亚非的大帝国让阿拉伯文化传播开来。

阿拉伯人有自己的民族文化，同时，由于地缘因素，对于东西方文化交流起了很大作用，古中国的四大发明、古印度的数字、西方的哲学都经过阿拉伯人进行东西向的传播，对世界文明起到了桥梁和纽带的作用。

四、伊斯兰教

印欧民族都是多神论，但闪族人一开始就是一神论，相信只有一个神。闪族人还相信，历史是直线式发展，不断地延伸，但有一天会结束。犹太教、基督教、伊斯兰教都是闪族社会活动的产物，都是一神论。

穆罕默德童年从母亲的口中获得不少有关犹太人的知识，青年时曾多次去巴勒斯坦和叙利亚等地经商，在那里曾多次与犹太教和基督教教徒接触，聆听传教士传布教义。这对他影响很深。犹太教和基督教的教义对伊斯兰教都有影响，尤其是犹太教的《旧约》对伊斯兰教的影响更大。伊斯兰教的古兰经和基督教的旧约圣经都是以闪族语系的语言写成的。旧约中代表"神"的一个字和伊斯兰文的 Allah（"安拉"，就是神的意思）同样都源自闪米特语。

穆罕默德的一生很不平凡。幼年给人放牧，青年经商，是一个有 15 年经商经历的人。他走南闯北，阅历广，见识多。公元 610 年，穆罕默德在希拉山洞（位于麦加近郊的西拉山）得到神的启示，开始肩负起向世人传播伊斯兰教的使命。首先皈信的是他的妻子、侄儿、女婿、义子和好友等。由于以苏非扬为首的麦加部落贵族的反对，穆罕默德难以立足，遂于公元 622 年离开麦加，迁徙到麦地那，建立了穆斯林公社。经过白德尔战役、吴侯德战役、联盟战役、海白尔战役、侯代比亚条约，直到公元 632 年去世，穆罕默德传教 23 年，统一了阿拉伯半岛，确立了伊斯兰教至高的地位。

阿拉伯史学家认为，伊斯兰教的道统递传者始于亚当。亚当受真主之命传给世师，世师传给诺亚，诺亚传给亚伯拉罕，亚伯拉罕传给以实玛利，以实玛利传给摩西，摩西传给大卫，大卫传给耶稣。耶稣死后，不得其传，于是纪纲坠落，异端纷起。耶稣死后 600 年，穆罕默德奉命驱除邪教，彰明正教，为万世开太平。

按照逊尼派的说法，穆罕默德逝世后，艾布·伯克尔、欧麦尔、奥斯曼和阿里先后继承了先知的伊斯兰教事业，史称"四大哈里发"。他们在 30 年的奋斗中，进行了两件大事：一是把疆域扩展到欧、亚、非三大洲，建立了显赫一时的"哈里发帝国"，为阿拉伯民族国家政权的开拓奠定了基础；二是完成了标准《古兰经》定本，就是通常所说的奥斯曼定本，为伊斯兰教的发展创造了有利的条件。

伊斯兰教反对基督教的"三位一体""十字架"和"赎罪"的说法。

伊斯兰教的教义，重点是真主的唯一性和传统性；其次是五功：立誓信

第八章 走到中东：中东文化要点

教、完纳天课、斋戒、朝觐和礼拜。伊斯兰教的经典是《古兰经》，"圣训"是先知穆罕默德的言行，也是穆斯林言行的榜样。

伊斯兰教既是一种思想信仰，也是一种文化和社会制度。伊斯兰教的最终目的就是要实现"万教归一"。穆罕默德就是把宗教革命和社会革命，与建立统一的伊斯兰教和统一的阿拉伯国家相结合。穆罕默德所传达的《古兰经》是伊斯兰教立法制宪、修身处世、宗教功修的最高经典。

《古兰经》定本，自启用之日起到现在，已历经13个世纪，从没有人敢动一点一笔或一句话。现在世界上约有40多种文字的《古兰经》的译本，但在进行宗教活动时，只能用阿拉伯语诵读，而且要用专门的、抑扬顿挫的方法朗读，甚至每一个字母的语音都有规范，不得念错。

《古兰经》不仅仅是一部宗教教义书，而且包括政治、经济、军事和天文地理等，还是一部治理国家的政书。

《古兰经》在治理社会方面的主要制度有：政教合一的政权制度、各种财政制度、圣战制度、奴隶制度、婚姻制度、司法和刑罚制度，还有饮食禁忌和丧葬仪礼制度等。它严禁高利贷和囤积居奇；奖励释放奴隶，限制纳妾；戒偷盗及掠夺和贪污受贿；戒搬弄是非和造谣捣乱；戒分党分派、同室操戈；它鼓励人们拥护真理，服从领袖；勤俭艰苦、劳动生产；孝敬双亲，和睦兄弟，善待妻子，培养儿女；救护孤儿、照料老弱；提倡团结，重视清洁卫生等。《古兰经》还主张维护夫权，承认一夫多妻制，保护私有，允许奴隶制等。

《古兰经》在宗教方面的制度主要是信仰制度。主要包括六大信仰：

（1）信安拉。信安拉的基本观念：安拉独一无二；安拉创造万物，主宰一切；安拉是全能的，无所不能，无所不知，无所不有；安拉无形象，无方所，如认为有"像"，就是崇拜偶像，则为大忌。

（2）信使者。"使者"是安拉派来"治世安民""普及众生"的"先知"。

（3）信经典。

（4）信天使。天使是一个妙体，为人眼所不能见，神通广大，变化莫测，是安拉驱使的差役。天使数目繁多，遍布天上人间，执行各种不同的任务。

（5）信后世。伊斯兰教认为世界终将毁灭，世界毁灭后，"后世"来临。将所有死者复活，进行审判。行善干好事的进天堂，行恶干歹事的进火狱。

（6）信前定。天地间大大小小的事情和现象都是"安拉"早已安排好的。

伊斯兰教功修制度，主要是念、礼、斋、课、朝五项功课。

念功：信仰的确认。即念清真言（al-Kalimah al-Tayyibah）。"万物非主，唯有真主，穆罕默德是安拉的使者"。这是信仰的表白，即："作证"。当众表白一次，名义上就是一名穆斯林了。

礼功：信仰的支柱。每日五次礼拜，每周一次的聚礼拜（主麻拜），一年两次的会礼拜（古尔邦节和开斋节的礼拜）。礼功的目的是督促穆斯林坚守正道，对自己的过错加以反省，避免犯罪，给社会减少不安定因素，为人类和平共处提供条件。

斋功：寡欲清心，以近真主。即成年的穆斯林在伊斯兰教历的莱麦丹月"回历九月"，白昼戒饮食和房事一个月。黎明前而食，日落后方开。但封斋有困难者，如病人、年老体弱者和出门旅行者、孕妇和哺乳者可以暂免，或过时再补，或纳一定的济品施舍。

课功：课以洁物，也称天课，是伊斯兰对占有一定财力的穆斯林规定的一种功修。伊斯兰认为，财富是真主所赐，富裕者有义务从自己所拥有的财富中，拿出一定份额，用于济贫和慈善事业。"营运生息"的金银或货币每年抽百分之二点五，农产品抽十分之一；各类放牧的牲畜各有不同的比例。天课的用途，《古兰经》有明确的规定，但是随着社会经济的变化，天课的用途在各国或各地区不完全相同。

朝功：复命归真。是指穆斯林在规定的时间内，前往麦加履行的一系列功课活动的总称。教历的每年12月8—10日为法定的朝觐日期（正朝）。在此时间外去瞻仰麦加天房称为"欧姆尔"（"副朝"）。所谓"朝觐"一般是指"正朝"。凡身体健康，有足够财力的穆斯林在路途平安的情况下，一生中到圣地麦加朝觐一次是必尽的义务。不具备此三个条件之一者则可以进行代朝。

其他的还有兵役制度、宗教道德制度、社会行为规范制度。如提倡施困济贫怜孤恤寡、慷慨助人、孝敬父母、尊老爱幼、释放奴隶、善待异乡人、主持正义、买卖公平、禁止淫乱、禁止害女婴、禁止放高利贷，等等。

"圣训"是阿拉伯语"哈底斯"或"逊奈"的中文译名，它的本意是"道路"，特指默罕默德传教23年间的言论、行为以及圣门弟子所言所行得到穆罕默德许可或默认的种种事实。"圣训"是随着《古兰经》的降谕开始起步的，如果要划定一个面世的时间，那就是先知于公元610年开始宣教至公元前632年先知逝世期间产生的。由于圣训是零星发布的，所以圣训的集成必须经历搜集、整理、校对和审定的漫长过程。从搜集圣训到最早的圣训录《穆瓦塔圣训集》成书，经历了将近百年的时间，到逊尼派六大圣训陆续继承用了近200年时间。

伊斯兰教的哲学、法学、史学、文学等，都是在"圣训"的基础上建立起来的，所以"圣训"的地位仅次于《古兰经》，也就是说，除《古兰经》外，"圣训"高于一切。因为《古兰经》与"圣训"都是伊斯兰教的基本法典。所不同者，《古兰经》是天启，所示非常概括，只指出了原则性的一般规律，它是伊斯兰的第一法源；"圣训"是穆罕默德的言语、行为、指示或默认，是对《古兰经》的阐释，是伊斯兰的第二法源。以后随着社会的发展，阿拉伯民族国家的形成，又有了公决与类比的补充，才构成了一个比较完整的法教体系。

五、耶路撒冷城

耶路撒冷是中东著名的圣城，思想中心、文化中心和宗教中心，也是矛盾汇聚地。名字的含义是"和平之城"，却是世界最不和平的地方。

世界三大宗教犹太教、基督教和伊斯兰教在耶路撒冷都有圣迹，所以三教都自称耶路撒冷是自己的圣城。

耶路撒冷的历史有七千年之久，是闪族人建立最早的城池。公元前11世纪犹太首领大卫王领导抗击腓力斯人获胜，遂建立了统一的以色列—犹太王国，定都耶路撒冷，耶路撒冷的名字也从此开始。公元前10世纪，大卫王之子所罗门继承王位后，建造了第一圣殿，确立了耶路撒冷为犹太教的圣城，成为犹太人的信仰中心和最神圣之地。耶路撒冷成为政治、经济、文化、宗教中心。后来，耶路撒冷几经亚述、巴比伦、波斯等外族征服，第一圣殿毁于战火。公元前516年，波斯人曾在耶路撒冷旧址为犹太人重建圣殿，史称第二圣殿。公元前63年，罗马人占领耶路撒冷，将犹太人逐出巴勒斯坦，此后，经过"巴比伦之囚"，犹太人散流世界各地。昔日圣殿的西墙即"哭墙"成为犹太人的圣地，也成为昔日辉煌的象征，也可说是犹太人的精神寄托。

基督教认为，从公元336年首批基督教大教堂竣工时起，耶路撒冷城就成为基督教不可替代的永久圣地。因为这里是耶稣受难、埋葬、复活、升天的地点，理所当然成了基督教的中心。"受难之路""橄榄山的脚印"等圣址，也吸引着基督徒从世界各地赶来朝圣。

伊斯兰教认为，耶路撒冷是继麦加、麦地那之后的第三个圣地。据《古兰经》叙述，耶路撒冷是先知穆罕默德从麦加禁寺夜行至此，驻马登霄、聆听真主启示之地（伊斯兰教认为，穆罕默德在一个夜里从麦加来到圣殿山，脚蹬一块岩石，升到天堂，会见早先的先知们）。公元638年，阿拉伯人征服了耶路撒冷，并建造了阿克萨清真寺（远寺），以纪念穆罕默德的夜行登霄。公元668—691年又用这块石头命名建造了圣石萨赫莱清真寺（"圆顶清真寺"）。伊斯兰教认为："远寺"、麦地那的"先知寺"和麦加的哈兰姆清真寺是伊斯兰教三大"圣寺"。其中"哭墙"已成为阿克萨清真寺西院墙的一部分，被伊斯兰教称为"飞马墙"；阿克萨清真寺被称为飞来寺。

耶路撒冷老城内的圣殿山是犹太教、基督教和伊斯兰教三大宗教的集中地。

7世纪后耶路撒冷是阿拉伯帝国的一部分。阿拉伯人不断迁入，并和当地土著人同化，形成了现在的巴勒斯坦人。此后的一千多年，耶路撒冷城一直是由巴勒斯坦人居住。

1897年，犹太人掀起"犹太复国运动"，在英美等国支持下，越来越多的犹太人移民到耶路撒冷。1947年联合国通过巴勒斯坦分治决议对耶路撒冷地理范围的界定，规定耶路撒冷为国际城市，联合国管辖，归属待定。1948年，巴以分治，耶路撒冷划到巴勒斯坦境内。1948年5月14日，以色列宣布建国，随后战争爆发。根据1949年约以停战协议，耶路撒冷被分为东、西两部分，即"东耶路撒冷"和"西耶路撒冷"，分属于约旦和以色列。1988年，巴勒斯坦宣布建国。

目前耶路撒城面积已达126平方公里，由老城、西区和东区三部分构成。它是世界上宗教场所最密集的地方，共有200多座教堂、修道院和清真寺。

中东文化的显著特点在于灿烂的宗教文明。宗教结出的"善果"是以"向内寻找"的思想来追求幸福和安宁，让人通过自律自控达到目标，自我管理成为宗教时代的典型模式，各种神（如耶和华、安拉、上帝、耶稣）是人的精神支柱，神话传说普遍成为造神的主要方法，对未来世界的诱惑、对幸福生活的向往、对死亡和痛苦的恐惧、对心灵洁净的渴望、对有罪过去的深刻反省成为宗教的作用机制。宗教结出的"恶果"是对异类的排斥、对异族的同化、对异端的消灭。人类在世界各地的宗教文明都最终走向了"以神治国"的结果。文艺复兴运动打断了宗教文明的发展逻辑，"以人治国"和"以法治国"逐步取代了"以神治国"，人权、法权取代了神权，人类社会终于走上了比较理性的发展轨道。

耶路撒冷是一座充满伤心和辛酸的城市。2017年12月7日，特朗普宣布美国承认耶路撒冷是以色列首都，这无疑是在中东投下了一颗"炸弹"。

中东"死结"、巴以矛盾、阿以矛盾将进一步激化,未来中东和平进程将受到重创。美国的"搞乱"策略又会得逞,中东局势不容乐观。"后萨达姆"时代的伊拉克在中东失去发言权,伊朗、土耳其、沙特、以色列成为中东四强,它们之间的矛盾错综复杂,根源深厚。"伊斯兰国"(ISIS)和叙利亚战争又让欧洲、美国、俄罗斯加入到中东角力,使得"中东之困"雪上加霜。

中东仿佛是考验人类心灵的最佳场所,灵魂深处不同信仰的各族人民能否在这里和平相处,让乐园真正降临人间,等待着智慧者的解决方案。在可见的未来,中东似乎永无宁日,宗教矛盾结成了死结,加上伊朗必然会拥有核武(有可能来自朝鲜)和已经拥有核武能力的以色列,核恐惧阴云笼罩下的中东不发生大规模战争就算万幸了,最不幸的可能是中东爆发新的世界大战。

第九章 跨国公司：商业和文化

第一批现代跨国公司出现在欧洲。今日的比利时撒·高克里乐钢铁公司于1815年在普鲁士建立子公司；德国的贝叶公司创办于1863年，瑞士的雀巢公司创办于1867年，比利时的索乐维创办于1881年，法国的米什兰公司创办于1893年，英国的利华公司创办于1890年……利华公司的创始人威廉·利华这样解释道："当关税和各种限制阻碍了某国的销售，就该在当地建厂……"[37]

联合国经济及社会理事会1978年关于跨国公司的定义是："跨国公司是在作为基地的国家之外拥有或控制生产或服务设施的企业。这类企业并不一定是股份化或私有的，它们也可以是合作制或国家所有制的实体。"按照这个定义，16世纪的英国东印度公司，可以说是最早的跨国经营企业。美国建国初期以农业为本，其工业化始于1790年，而它的跨国公司发展，是在1850年以后。据考察，1856年美国在英国建立一家硫化橡胶厂，可能是美国第一家成功地进行跨国经营的大公司。1945年到60年代末，美国利用欧洲强国之间的战争，使得其企业不仅享有本国市场，还享有欧洲市场。美国人运用高技术，将他们首创的产品出口到欧洲。但由于在美国生产的成本加上关税和运费，受到当地产品的竞争。为维持欧洲市场占有率，便只有在当地建厂。对跨国公司而言，生存与增长和利润同样重要。[37]

因此，跨国公司是由两个或两个以上的国家的经济实体所组成的公营、私营或混合所有制的企业，不管这些经济实体的法律形式和经济领域如何，只要符合两个重要条件即可。其一，该企业都是在一个决策系统内运作，并允许相关的政策和共同的战略通过一个或更多的决策中心；其二，该企业中的各个经济实体通过所有权或其他方式连结在一起，因此其中一个或更多的经济实体能够对其他经济实体的活动施加有效的影响，特别是与其他的经济实体分享知识、资源的责任。

按跨国公司统计的口径来讲，有两种不同的区别，一个是根据联合国贸

第九章
跨国公司：商业和文化

发会议的区分，根据联合国的定义，就是说在本国以外一个以上的国家从事生产经营的活动就是跨国公司，如果按这个定义，那么按照联合国贸发会议统计，全球大概是有 7 万家跨国公司。另外一种定义就是我们通常所说的"全球五百强"。美国《财富》杂志根据公司的全球销售额进行排名，排出前五百家大公司，这些大公司基本上都是跨国公司，所以我们讲的"全球五百强"，就是指这批跨国公司，这些公司基本是跨国公司。

一、跨国公司：商业网络

跨国公司结构趋于网络化，表现为既有内部各子公司之间或母子公司之间相互连接的内部网络；也有跨国公司相互之间进行合作而构成的外部网络。为加强内部联系，有必要构建迅速灵敏的决策反应体系，公司的管理职能也趋于分散化、专业化。不少公司在投资国设立了地区职能总部。

东印度公司，全称"可敬的东印度公司（The Honorable East India Company）""不列颠东印度公司"或"英国东印度公司"[The British India Company，简称 BEIC，也被称为约翰公司（John Company）]，是一个股份公司。1600 年，英国女王伊丽莎白一世授予它皇家特许状，给予它在印度贸易的特权，因而其垄断东印度贸易 21 年。随后，东印度公司从一个商业贸易企业变成印度的实际主宰者，获得协助统治和军事职能。除垄断粮食和工业原料外，还垄断鸦片、食盐、烟草和奴隶贸易，更是可以训练雇佣军（舰队）。16 世纪末到 17 世纪初，先后有葡、英、荷、丹、法等国在印度、印度尼西亚、马来西亚等地成立东印度公司。但是随着英国工业资本的崛起，商业资本逐渐失去了往日的地位。工业革命后，自由贸易和自由竞争成为新兴工业资产阶级的强烈要求，这种特权型公司已经不能适应资本主义的进一步发展。18 世纪中期，各国先后解散了东印度公司。

跨国经营开始快速膨胀，是在 19 世纪末和 20 世纪初。当时，跨国公司普遍通过相互签订垄断协议瓜分国际市场。例如，1902 年美国烟草公司与英国帝国烟草公司签署协议就是典型的一例，前者把其在英国和爱尔兰的市场让给帝国烟草公司，后者则允诺不向美国、美国的附属国或古巴出售其产品。更典型的例子是 1907 年美国通用电气公司和德国电气总公司达成协定，由美国的通用电气垄断美国和加拿大市场，德国电气总公司垄断德国、奥匈帝国、俄国、荷兰、丹麦、瑞士、土耳其以及巴尔干国家市场，从而两家跨国公司能达到瓜分世界市场的目的。这些案例表明，那时候跨国公司无论在组织形式上还是在经营管理方面，同现代化的大跨国公司都有很大距离，但不能否认的是它们已经具备了跨国公司的一切必要条件。

第二次世界大战结束后,殖民地体系的瓦解让先前那些跨国公司采取垄断形式对市场进行瓜分的政治基础基本上消失了。跨国公司要想在世界市场保持地位,在对外扩张中要创造自己的优势,就必须更多地依靠经济手段来替代以往的政治手段,如在资金、人才、技术、工艺、管理及促销等方面占领先机。战后20余年内,跨国经营活动异常活跃,跨国公司在国际投资、国际金融和国际贸易等方面获得了广泛发展,全球对外直接投资迅速增长,对世界经济产生了日益重要的影响。到20世纪60年代末,西方欧美主要工业化国家已拥有相当数量的跨国公司,受其控制的国外子公司和分支机构更是不可胜数。

"二战"后伴随着发展中国家政治上的独立,特别是70年代石油危机,发展中国家以石油资源作为武器向跨国公司挑战,迫使西方跨国公司调整了它们在发展中国家的战略,改变了以前通过掠夺当地资源、单方面攫取利润的做法。如今,大多数西方跨国公司都希望采取"双赢"战略,一方面自己赚钱,另一方面也为当地做一些有助于经济发展的好事。如可口可乐公司、麦当劳公司等都在执行本土化策略,使用当地员工、在当地采购原材料等。而发展中国家对跨国公司的态度也在逐渐改变,由以前将其作为"帝国主义侵略工具"来抵制,改为欢迎它们前来投资,利用其资金、技术和先进的管理来发展本国经济。

"二战"后的二十余年是资本主义发展史上的黄金时代。跨国经营活动空前高涨,全球对外直接投资额高速增长,带动世界工业和世界贸易分别以前所未有的5.6%和7.3%的年增长率快速增长。这一长期繁荣是由若干因素引起的,其中包括补偿战时损失的需要,大战期间被忽视和抑制的对商品与劳务的巨大需求,电子学和喷气式飞机运输等领域的军事技术转为民用以及朝鲜战争、越南战争期间和整个冷战年代中巨大的军事购买力。

在这一繁荣期间,一些跨国公司开始扮演全球经济扩张的急先锋角色。凭借第二次工业革命带来的某些革新,包括集装箱运输、卫星通信和现金管理电脑系统,它们第一次获得了在全球进行经营所需的技术。这些革新使这一时期的中等跨国公司有可能在不同的国家生产不同种类的产品。跨国公司现在不仅能向第三世界国家输出制成品,还能输出工厂;在第三世界,一个工人一天的工资通常跟跨国公司本国工人每小时的工资差不多,有时甚至更低。因此在这四分之一世纪的繁荣期里,跨国公司年平均增长率为10%,而非跨国公司则仅为4%。[1]

第九章
跨国公司：商业和文化

跨国公司的发展，从组织结构上说，一般都经过从单中心到多中心，再到多种业务交叉的三步曲。20世纪90年代，在全球进行生产性投资，在全球范围优化资源配置，成为西方大型跨国公司的新取向。经济全球化给跨国公司创造了两种优势：第一是更牢固地占领世界市场，实现生产要素在全球的最佳组合，最大限度地降低成本，增加利润。第二是针对世界不同地区的不同情况，灵活运用贸易、证券投资、直接投资这三种跨国经营形式，以利于获得最高的回报率。在西方国家中比较突出的美国跨国公司，不失时机地抓住了这个机遇，从而使美国成为经济全球化进程加快的最大受益者。

据联合国贸发会议发表的《关于2000年世界投资、跨国公司并购和发展报告》提供的数字，全世界已有6.3万家跨国公司，它们的子公司达70万家。这些跨国公司不仅是数量上的增加，而且年销售额从1980年的3万亿美元，增加到14万亿美元，几乎是全世界贸易总额的两倍。据国际货币基金组织统计，1999年的德国奔驰集团的年产值几乎相当于印度尼西亚一国的国内生产总值，而美国福特汽车公司的产值超过了波兰的国内生产总值。据联合国贸发会《世界投资报告》统计，世界范围跨国公司数量，1992年为3.66万家，2006年达到7.8万家，海外子公司数量分别为17.49万家和78万家。统计还表明，在世界100个最大的经济体中，有51个是跨国公司，只有49个是主权国家经营的实体。

例如，美国商务部曾经进行关于美国跨国公司活动情况的调查，结果表明，跨国公司在美国制造业、对外贸易、研究与开发以及创新等方面，都起着主导作用。

目前，世界上的跨国公司大多数是西方垄断资本控制的。它们以世界为市场，在全球范围配置资源，极大地促进了各国经济的相互依赖和融合，推动着全球化向纵深发展。随着经济的日益全球化，跨国公司还在不断扩张，并成为世界经济中举足轻重的一支重要力量。毫无疑问，在21世纪的经济大舞台上，跨国公司将担当主角。但也正如许多经济学家所指出的，跨国公司的规模经济扩大到全球后，把东道国更紧密地卷入了国际分工之中。它对促进世界经济的加速发展，具有重要意义，但同时，也为世界经济带来诸如国家安全等许多新的问题和挑战。[38]

二、跨国公司：商业纽带

跨国公司可以说是资本主义经济制度所创造的最强有力的经济组织。整个资本主义生产体系和经济活动中，一个最有代表性的公司体系就是跨国公司，这是一个世纪性的现象和产物。跨国公司的产生最早可追溯到 16、17 世纪。到 20 世纪初，则出现了一些具备现代组织形式的跨国公司，不过它们相对于整个经济活动来说比例则很小。"二战"后，在新科技革命的推动下，跨国公司迎来了蓬勃发展的黄金时代。70 年代，全球的跨国公司约有 7000 家，到 90 年代则有 36600 家，2001 年约有 7 万多家。它们的附属机构（即国外子公司和办事处）有 174900 家。据统计，跨国公司的生产总值约占世界总产值的 40%，贸易额占世界贸易的 50%。世界工业研究的 80%，专有生产技术的 90%，世界技术转让的 3/4，以及对发展中国家技术贸易的 90%，都是由跨国公司完成的。在 2000 年，世界上最大的 200 家跨国公司的销售总额比世界上除西方七国、中国、巴西和西班牙等国外的所有其他国家的经济总额还大；而前五位的跨国公司的销售总额高于 182 个国家的国内生产总值。跨国公司在国际经济活动中的主体地位日益突出。

跨国公司遍布全球，产品的国际化水平和国际化程度愈来愈高。跨国公司大量涌现，生产和销售国际化。在经济全球化的浪潮中，跨国公司具有特殊的地位。它设立在海外的分公司，一方面接受母公司的管理，另一方面，它又是东道国经济的重要组成部分。正是由于这种特殊的地位，跨国公司成为跨国的资源配置者，打破了民族国家的界限，把国外市场变成了国内市场的自然延伸，从而把各国经济直接联系起来。

从投资的比重看，资本形成是一个全球经济增长的基础。在 2000 年，跨国公司的对外直接投资，占全球的固定资本形成总额的 12%。在 2003 年，跨国公司对外直接投资的存量已达到 7 万亿美元，占当年全球 GDP 的 22%，这一数字足以表明跨国公司的直接投资在全球经济发展中发挥着根本性的、基础性的作用。

从占 GDP 的指标看价值增值构成。跨国公司在全球海外的分支机构的价值增值在 2000 年时，是全球 GDP 的 11%。由跨国公司体系，即在国内和国外的这些全球生产体系，所生产的 GDP 占全球 GDP 的 1/4。规模非常巨大。如果按照另外一个衡量指标，即经济体来衡量，衡量的标准就是 GDP。全球 50 个经济体包括公司在内，36 个是国家，14 个是跨国公司，也就是说很多跨国公司的规模富可敌国，甚至不止一个国家，大的跨国公司一年产生的销售额，也相当于十几个甚至于几十个小国家的总和。可见跨国公司的力量尤其是它的经济力量多么强大。

从贸易来看，贸易是各国经济增长的引擎或者发动机。但是现在概念开始变化，因为跨国公司在对外直接投资中开始扮演越来越重要的角色。在

2000年前后，全球贸易量1/3是跨国公司内部的，即企业内部的中间产品的流动。另外在2002年，跨国公司在海外的分支机构的出口——比如美国跨国公司在中国、在欧洲等——占全球出口总量的33%，也将近1/3。

从出口的比重看，跨国公司在海外的分支机构的销售总额，2003年是19万亿美元，这个数字是2000年世界出口总额7万亿美元的近3倍。可见跨国公司的生产和销售以及出口，已远远超过了世界贸易。

从就业的比重看，跨国公司在海外的分支机构创造的就业岗位，在2000年是5400万，规模也很大。

从技术创新与发明所占的比重看，跨国公司在全球研发活动中的比重，投入的经费占全球研发活动经费的70%左右。世界上重大的创新，很大一部分是由跨国公司提供的。

可以看到，跨国公司确实在整个世界经济中占有举足轻重的地位。所以，与国际贸易相比，跨国公司的对外直接投资，可以说已经不仅仅是个发动机的作用，还起着一个全球经济活动的组织者的作用。

三、跨国公司：跨国能力与全球能力

当今世界经济全球化，在国际贸易和国际分工基础上形成世界市场，国际金融日益成为核心。超越国家界限的国际组织、跨国公司和跨国金融机构等各种新势力越来越强大。

1. 跨国能力

为什么公司一旦跨国以后，就拥有一股新的力量呢？

因为一旦跨国以后，公司面对的市场、资源，都不同于一个单纯的国内企业。跨国能力就是要能够有效地利用世界各地的最有优势的资源为公司所用，把最关键的市场、资源和效率这三个因素有效地组合起来。整个公司内部组织起来，外部调动起来，制订战略规划，调整战略视野，进行统一的调度和配置。公司要选择在最有利的地方进行生产，在最大的市场进行销售，以便取得最大的经济效益。

邓宁（John Dunning）的折中理论认为，跨国公司对外直接投资（FDI）的能力取决于三方面：一是企业拥有特殊优势（peculiar advantage），主要指无形财产方面的优势，包括先进的生产技术、管理技能和产品特性、商标、品牌等。二是内部化优势（internalization advantage）。企业拥有的财产通过内部化转让到国外子公司，可比通过市场转让给局外人得到更多的利益。三是区位优势（location advantage）。企业满足了前两点要求在利用上述优势时，至少要同当地某些生产要素投入相结合，即把投资企业的优势和当地的优势结合起来，以取得比单纯出口更多的利益。

邓宁的理论还指出，在企业跨国经营中存在一种潜在的优势：在不同的文化背景下，不同的社会文化习俗、信仰传统、市场状况、技术水平、人力自然资源的条件，能给国际企业创造丰富的市场机会和丰厚的利润回报。这就可体现为企业在跨国经营中所带来的"跨文化优势"。如美国麦当劳公司、肯德基公司通过跨国经营，把"快餐文化"成功地辐射到不同文化背景的世界各国，包括在文化迥异的亚太地区，堪称是实现跨文化优势的典范。[39]

2. 跨文化能力

跨国公司作为国际企业要把世界各种人员组织起来，形成一定的组织文化，使组织内的个人、团体、职工能够具有大致相同的价值观，调动所有员工的工作积极性，建立并完善统一的人力资源，就必须具备跨文化能力，对内要具备跨文化管理能力，对外要具备跨文化沟通能力。

跨国公司是一种多文化的机构，其经营管理思想基本上是一个把政治、文化上的多样性结合起来而进行统一管理的哲学思想体系。[40]

跨文化管理面对的是不同国家或地区、不同民族、不同社会的人群，政治、经济、文化环境都与本土有着巨大的差异，而所有差异中对管理影响最直接也最深刻的是文化的差异，包括语言文字、思维方式、价值观念、风俗习惯、宗教与法律，等等。

跨文化问题是"二战"后美国的崛起和全球扩张伴随而来的学术产物。战后大量美国人到海外生活、工作和学习，美国学者开始关注文化之间的差异对人们生活和交往的影响，并开始寻求不同文化之间的融合和管理问题。20世纪70年代，跨文化管理问题的研究以美国的霍夫斯泰德为代表，他运用心理学方法对有着来自不同的40多个国家和地区的各类职员的某一跨国公司长期研究后得出文化差异的结论：国家和民族文化的差异主要表现在权力距离、不确定性避免、个人主义—集体主义、男性—女性4个维度。可以说，霍夫斯泰德的研究开创了跨文化管理研究领域的理论思路和研究方法，霍夫斯泰德也当仁不让地成为跨文化管理研究的奠基人。

90年代后，特别是冷战格局结束后，世界一体化和全球化发展势头迅猛，企业在跨国经营过程中遇到的问题越来越多。中国在这一时期也开始逐渐关注跨文化管理问题。进入21世纪以来，世界成为一个多元文化并存的世界，多样性的文化空间使跨文化冲突和交融暴露出的管理问题达到了前所未有的地步。跨文化管理中的文化差异问题，显得尤为迫切与重要，这是成功

第九章 跨国公司：商业和文化

的跨文化企业管理的基点。

文化差异点如同沟壑（所以常被称为"文化沟"）会横亘在不同文化族群之间，跨文化能力不强的跨国公司内部会出现文化壁垒问题。例如，价值观差异——在跨文化企业中，价值观差异是沟通的最大障碍。（1）文化惯性——跨文化企业某一特定文化中的成员，会表现出一定的文化优越感，以自身的文化价值和标准惯性地解释对待其他文化群体。（2）简单化认同——跨国企业工作环境存在多元文化，仅了解东道国文化是不够的，过于简单的认同，难免会在迎合一个文化习惯的同时冲撞另一个文化。跨文化企业中，可能经常需要与不同国家的员工合作完成项目，彼此思维方式和为人处事风格迥异，若沟通不讲究变通，则容易引起不必要的误解。（3）缺乏共享——跨文化企业中因为彼此的标准各异，缺乏对各自文化和心理的了解，员工商务聚餐时听不懂彼此的幽默是常有的尴尬。缺乏共享在拓展训练以及工作之外的日常交往中更是常见。（4）信息错位——一般人们信息摄入的有效比例为：言词占7%；言词表达方式如语调、音量、音高和其他副语言成分占38%；非语言的面部表情、手势等占55%。不同文化对信息不同成分的着重点不同，不同文化背景的人对声音品质、面部表情、手势、身体动作等的理解会产生错位，从而导致沟通障碍。

如果能够有效地解决这些文化壁垒，那么不同文化之间就会和平共处，甚至走向文化融合。但如果处理不好，没有及时化解，就会引发文化冲突，给公司的正常运作造成不利影响，如经营理念的冲突、决策管理方面的冲突、价值观方面的冲突、劳动人事方面的冲突等。

文化差异、文化沟、文化壁垒、文化冲突都构成了跨国公司的文化风险，考验着跨国公司的跨文化能力。

3. 全球能力

世界排名前500位的大跨国公司实际上控制着全球1/3的生产总值，3/4的贸易额。在金融市场方面，更是可以牵一发而动全身，影响世界。在全球化进程中，跨国公司及其对外直接投资在国际经济中正发挥着越来越重要的作用，跨国公司已成为推动经济全球化的特殊力量。随着投资规模的不断扩大，跨国公司的全球贸易对全球性影响已经涉及经济、社会、政治以及自然环境等诸多方面。跨国公司直接推动了生产体系的全球化进程。跨国直接投资遍及全球。跨国公司正在超越国家成为世界经济活动的主体，其利益和着眼点往往与国家的目标相脱离，从而在客观上推动了全球经济一体化进程。

有全球能力的跨国公司都是着眼全球，实施全球战略。不仅考虑某一子公司的利益得失,而且也从全球观念出发,以构建世界市场为目标,通过跨国经营活动寻求全球市场的机遇并做出决策,以获取最大的整体利益。实施全球战略的跨国公司将其分布在世界各地的工厂整合为紧密的整体,并建立自己的全球生产体系。试图在高成本的终极市场和低成本的制造中心基础上形成紧密联系的工厂网络体系,以便去掉多余的中间过程,减少费用,取得新的规模经济效益。通过确立全球制造任务、开发整体能力、确定重组范围,以及制订相应的行动计划,跨国公司逐步实现生产系统的全球整合。跨国公司通过兼并与收购东道国的现有企业,控制和掌握了地方企业原有的技术研发机构、科研人才、设施和商品销售渠道,为跨国公司提供了重新组织技术研究与开发的有利条件,使其可以获取他国相关产业的关键技术、科研成果和现存的生产能力以及稳定可靠的销售网络,进而推动跨国公司技术水平和竞争实力的不断提高。

谋求全球能力的另一种方式就是建立跨国公司的战略联盟。越来越多的跨国公司通过建立起多种形式的战略联盟来提高自己的竞争力,分享市场份额。据估计,过去全球的联盟关系中3/4属于跨国性质。跨国战略联盟涉及的领域大多是资本、技术和知识密集型产业,如汽车制造、电子、通信、航空航天等高技术工业部门。结盟的跨国企业大多是在全球性行业竞争中占据统治地位的国际垄断寡头。跨国公司战略联盟的特征包括:(1)以协商产生的契约或协定为基础,形成灵活多样的合伙合作形式。(2)以技术合作为主要内容,联盟的战略目标指向高技术领域。(3)战略联盟的合作伙伴都拥有自身特殊的竞争优势并愿意与对方分享。(4)战略联盟多为自发的、非强制的。(5)战略联盟以大型跨国公司为主体,形成规模庞大的国际合作网络。

"世界工厂"是一个历史概念,英国在第一次工业革命之后成为"世界工厂",利用来自全世界的原材料,为全世界的市场提供产品。世界工厂除了市场份额大以外,还是主要产品研发、设计的基地。现在的世界工厂强调研发、设计和产业链能力。跨国公司组织跨国技术研发时采取的形式包括:组建跨国战略联盟、兼并与收购、建立海外技术研发机构。美国、日本和欧盟发挥其在世界科技领域中的领先优势,以高技术产品出口和开展国际技术贸易,利用科技强项保持在国际分工——国际贸易中的主导地位。第二次世界大战后,西方发达国家资本积累的扩大导致大量过剩资本,激化了国际竞争,资本输出与跨国公司也相应地迅速扩大。西方发达国家对外直接投资进一步扩大,资本输出成为实行全球经济扩张和竞争战略的重要手段。

过往的世界经济表现已经证明全球经济的不稳定将成为一种常态,动荡

第九章
跨国公司：商业和文化

和危机此起彼伏。20世纪初特别是20世纪中叶以来，一大批殖民地、半殖民地取得民族解放、国家独立并开始全面建设，它们先后加入联合国和其他国际组织，以多种联合协调的形式积极活跃于世界舞台，在国际事务中发挥着十分重要的作用，从而使少数大国操纵联合国的局面逐步有所改观。帝国主义、殖民主义、霸权主义的地位不断削弱。60年代，旧殖民主义体系已经瓦解，美国、西欧、日本全球经济竞争日趋激化。60年代的美元危机，70年代初布雷顿森林体系的瓦解，西方发达国家贸易保护主义日益强烈，区域集团化趋势不断增强。在高科技产业里的竞争也非常激烈。西方主要发达国家为了绕过贸易壁垒就地生产和销售，资本输出的经营战略逐步转变为直接利用资本输入国的技术、资源加以本地化。这种经营战略的转变表现在资本输出的地区流向上，在对外直接投资总额中，投向发展中国家的比重下降，流向发达国家的比重上升。80年代以来，发达国家之间资本互相渗透，美国成为世界最大对外直接投资国和最大对外直接投资接受国。国际游资曾在80年代初的拉美债务危机、90年代初的欧洲货币体系危机、1994年的墨西哥汇率危机、1997年的东南亚金融危机中表现出巨大破坏力。深受国际游资之害的国家一直在探索对国际游资的控制和监管方法，加强资本管制，但收效甚微。一个根本性的原因在于，在全球经济、贸易迅速一体化的背景下，国际游资可以利用各种渠道规避资本管制。

另一方面，全球经济是个命运共同体，在经济全球化过程中，各国经济相互依赖。一国经济一旦出现波动和危机，立刻传染到其他国家，变成国际动荡。"地球村"时代，任何一个国家出现的内部失衡，都会通过"外溢效应"使外部失衡，进而很快影响到"关系国"，最后将很多国家不同程度地引入失衡与危机的境地。

4. 对东道国的影响力

对于东道国，跨国公司是任何一种经济势力都不可能消灭的存在，也不可能阻止它的发展。它是一种经济组织，它对东道国经济的发展，既有可能起到积极的促进作用，也有可能起到负面作用。

正面影响主要有：跨国公司推动国际分工，促进产业结构调整，发挥资源配置功能，有利于各国经济和世界经济的发展。跨国公司海外直接投资对东道国的社会经济产生多种效应：（1）资本形成效应。海外直接投资的注入增加了东道国的资本存量，会引致母国企业的追加或辅助投资。跨国企业为东道国当地资本市场提供的投资机会，能够有效地吸引当地储蓄，成为引发国内投资的催化剂。（2）技术转移效应：跨国公司的海外直接投资带动了先进技术、劳动技能、组织管理技巧等在东道国的扩散；在国内培育阶段，跨国公司可以提供生产技术、生产设备和相应的经营管理方法。跨国公司研究与开发机构的日趋分散化促进了东道国的科研活动，进而推动东道国形成自己的研究与开发能力。在国际成长阶段，跨国公司可以提供国际营销网或转让自己的商标、品牌，并将发展中国家的产品出口带进核心的发达国家市场。跨国公司还通过技术合作形式，如交叉转让、联合研发项目等将发展中国家的生产企业带入技术进步的前沿。（3）产业结构效应：跨国公司海外直接投资促进了东道国新兴工业的发展，进而推动了东道国产业结构的升级；跨国公司海外直接投资极大地推动了东道国传统工业的技术改造，进而有助于东道国产业结构的调整。（4）就业效应：跨国公司的直接投资在一定程度上增加了东道国的就业机会；跨国公司海外分支机构提供较国内企业更好的工资待遇、工作条件和社会保险福利等，有助于东道国就业质量的提高。

但另一方面，由于跨国公司的经营目标是最大限度地追逐高额垄断利润，所以，它也是发达国家剥削发展中国家的工具，产生一些负面影响：（1）部分跨国公司凭借强大的实力，操纵弱小国家的经济命脉，插手他国内政。（2）在汇率动荡时期，跨国公司常常是大规模货币投机的主要责任者。很多国家（特别是新兴市场国家）的货币政策独立性受到严重挑战，如1992年英镑退出欧洲汇率机制的欧洲货币体系危机、1994年的墨西哥比索危机、1997年的泰国汇率危机以及巴西汇率动荡、2002年年初阿根廷的货币危机。（3）在国内培育阶段，跨国公司控制着该产业的生产技术、设备和经营管理方法，并限制或排斥发展中国家产业的建立。（4）跨国公司还通过合资或传统外国直接投资形式进入当地生产，排挤当地企业，从而建立起跨国公司自己的垄断主宰地位。（5）通过这种主导地位，跨国公司进一步使当地该产业成为自己过时技术、淘汰设备和产品的"外围生产基础"，或者利用当地政府的一些经济政策使之成为自己整个生产网络中的一个环节。（6）在国际成长阶段，跨国公司会通过对该产业国际贸易的控制，排斥发展中国家企业进入主要产品市场，或者只让这些地方性企业成为它们分散经营风险、利用发展中国家廉价劳动力的一个配角。（7）此外，在发展中国家产业一体化外向成长的时候，跨国公司一方面极力从某些环节、某些方面限制发展中国家该产业的一体化进程，另一方面又积极通过各种利用、并购、排挤等手段使之臣服于自己。

四、跨国公司：文化有机体

马克思曾指出：利益驱动是人类生存的第一法则。企业要成功实现跨国经营，就必须面对企业在跨国经营中要受到的多重文化的挑战，减少由文化摩擦而带来的交易成本，把公司的运营放在全球的视野中，建构自己的跨文化管理战略。交易成本的提高使跨国公司经营活动趋于内部化，淡化母公司国籍，使子公司"当地化"。跨国公司开始意识到处理与东道国关系的重要性，强调本土化观念，积极融入当地社会，并利用自身的优势灵活应对东道国的限制。

与本土企业不同，跨国公司的经营范围遍及多个国家，经营活动是在不同的文化背景之下，并通过来自不同文化背景的人推进的，异质文化的共处会使得跨国公司在经营过程中在经营目标、市场选择、管理方式、行为准则等方面发生碰撞甚至冲突，所以说跨国经营面临着跨文化问题的考验。

跨国公司在跨国经营过程中必须寻找到超越文化冲突的公司目标，以维系不同文化背景的员工有一个共同的行为准则，跨国公司管理过程中的文化困境随着跨国经营业务的进一步发展日益明显，以至于摆脱这种困境成为跨国公司全球战略的重要组成部分。

不同的文化环境，不同的经济、社会和政治等因素，必会形成较大的文化差异。大凡跨国公司大的失败，几乎都是忽视了文化差异——基本的或微妙的理解所招致的结果。

文化差异导致跨国公司的风险包括内部风险和外部风险两个方面。

1. 内部风险

由民族特性、风俗习惯、宗教信仰、价值观念、道德标准、教育水平、语言、社会结构、生活目标和行为规范等不同必将导致管理费用的增大，增大企业目标整合与实施的难度，提高企业管理运行的成本，给管理上带来风险，这称为内部风险。

（1）价值取向差异。

作为企业文化内核的价值观，在此层面上所发生的文化冲突是其他层面文化冲突的根本原因、最深层原因。不同的价值观、世界观、思维方式产生心理对抗。缺乏共同的价值观，跨国经营企业很难协调员工的行动，由此增加了组织协调的难度，甚至造成组织机构低效率运转。员工对企业的目标和管理者的决策也产生理解和认同的差异。如西方个人本位的价值观强调突出个人能力，而东方集体本位的价值观则更强调合作和集体的作用，这种价值观的差异对跨国经营的影响是全方位、全系统和全过程的,如果采取单一的管理方式,往往会造成管理上的风险。

(2) 沟通差异。

不同文化因语言、非语言的差异对同一行为、同一现象会做出不同的解释或理解并因此导致相异甚至相对立的观念及行为,如表达方式(语言、神态、手势、举止等)所含的意义不同。在跨国公司中,交换信息、交流思想、决策、谈判、激励和领导等活动是以不同文化背景的管理人员和员工之间进行有效沟通为基础的。人际或群体之间因不同的文化模式有不同的沟通方式,沟通处理不好,会加大双方的距离感,扩大沟通难度,长期下去甚至造成沟通中断,更不能建立起协调的关系,甚至演变为文化冲突。

(3) 管理理念差异。

跨国公司的管理除了要具备在本土经营和管理公司的能力外,还应具备在不同文化环境中从事综合管理的能力。谁是企业中的主导,决策权、人事权、财务权如何分配,哪种文化占据主导地位是跨国公司管理的核心课题。持有"文化中心"态度的管理者,会以自己的文化和行为方式为标准,衡量其他文化的优劣,用以自我为中心的管理观对待不同文化价值体系下的员工,由此可能遭到员工的抵制并引发冲突。

管理,是一种艺术,而并非一种教条。不同地区、民族、国家的人在生活、做事习惯以及判别是非曲直的价值观念方面存在的差异是根深蒂固的,不会轻易改变。如果在文化观念上坚持文化中心主义立场,片面以自我为中心进行管理,死守教条,不知变通,势必导致管理上的失败。

2. 外部风险

文化差异导致人们在消费观念、消费行为、消费结构等方面产生差异,常常又导致国际营销的失败。跨国公司选择某一个区域市场,就是为了让当地的消费者购买和消费产品和服务。要达成这一目标,跨国公司的产品和服务就必须要符合当地消费者的社会文化传统、消费心理、购买习惯,不能与当地的宗教信仰、价值观念、民族特性相冲突,这就要求跨国公司提高对于市场文化偏好的应变能力。

总之,文化差异导致文化冲突是一种常有现象,美国著名管理学家德鲁克认为,跨国经营的企业是"一种多文化机构",跨国公司的经营管理"基本上就是一个把政治上、文化上的多样性结合起来而进行统一管理的问题"。[41] 文化冲突与文化融合是一枚硬币的两个面,文化融合是化解文化冲突的必然逻辑。进行跨文化管理,是利用跨文化优势,消弭跨文化冲突,企业成功跨国运营的战略选择。

五、跨国公司：中国启示

中国第一家外资企业诞生于1980年，标志着中国改革开放实质性展开。此后，招商引资如火如荼，外资如开闸之水，汹涌而来，"引进来"逐渐展开。

中国"引进来"经历了两个阶段，第一个阶段在改革开放初期的十年。当时国内思想禁锢太久、包袱沉重，姓"社"姓"资"争论激烈。因此"引进来"的外资对象主要以与我们有血脉联系的港澳台和华侨投资为主，地点集中在东南沿海，特别是珠三角一带。这也使得东南沿海特别是广东经济迅速领先于全国。"引进来"的第二个阶段是以跨国公司投资为主体的阶段。这一时期，随着中国改革开放的深入和经济的快速增长，中国大面积地并争先恐后地向外资敞开怀抱，形成各地、各行业竞相引资的局面，各种优惠政策也层出不穷。

跨国公司对中国的更大贡献可能是培养了竞争意识，带来了国际化视野和现代化的经营管理理念。中国企业和外国跨国公司之间的差异还是很突出的。比如，西方文化倡导契约精神，重视契约的精确性和权威性。企业一般用法律条文作为自己言行举止的依据，进行正规化、规范化的管理，强调以法治企，从决策到运营的各个环节都依据制度进行程序化管理，崇尚文化和制度。中国企业管理相对而言，注重"以人治企"，习惯于以经常变动的条文、指令、文件甚至领导的意图作为企业成员的办事章程和决策依据，比较容易变通。西方企业侧重于长期战略，当企业效益好时，一般考虑追加投资，并对现有产品改进，积极开发新产品来获得更多收益；中国企业更偏好"短平快"，比较注重短期行为和短期效益，当企业效益好时，首先考虑的是提高分配水平。员工培训方面，西方企业重视人力资本投资，不断对员工进行技术培训；中国企业对员工的培训不太重视，存在着重物质资本投资轻人力资本投资的观念。

中国的成功证明：跨国公司的原生国文化与东道国文化一定是差异明显，必须要与东道国社会融合。求大同，存小异，并逐步使外籍员工用中国人的习惯方式来做事，以增加相同之处。

跨国公司在中国越来越多地通过文化战略进行治理。"三资企业"将母公司一些好的经营理念和行为方式传导给合资企业员工，让他们按照公司所倡导的方式行事。这既增强了员工对企业价值观的认同感，也使员工能够对管理人员的行为形成一定的监督。

外资企业已形成三种企业文化,一种是欧美型企业文化,以摩托罗拉(中国)电子有限公司、天津可口可乐有限公司为代表;一种是日本型企业文化,以日立公司、松下公司等为代表;再一种是借鉴型企业文化,以韩国、新加坡等东南亚国家企业为代表。

欧美型企业文化倡导以人为本的价值观,如"信任、自由、尊重个人","大家都是一家人"等这样一些口号和理念,充分显示出尊重人的个性,努力营造机会平等、透明、宽松的氛围。突出企业文化能够调动员工参与企业生产管理的积极性和创造性的特性,从而树立一流的产品形象和企业形象。

日本型的企业文化追求"人和""至善""上下同欲者胜"的群体共同意识,强调集体文化,倡导"献身""报恩"的精神,严格遵守等级秩序,极力提倡约束个性、服从大局的理念等等。借鉴型企业文化,融汇吸收了东西方经济发展和企业管理的特点,具有较强的"亲和性"和兼容性。

中国企业管理协会将中国企业管理风格分为专断型、混合型、民主型三种。专断型表示管理者很少征求下属意见,采取个人专断的领导方式。民主型的管理者通过民主协商征求下级意见并取得一致的管理风格。混合型管理者在一定程度范围内进行咨询和说服,然后做出决策。实践证明,具有专制管理特征的专断型管理风格,在中国要受到具有民主倾向和要求的职工的抵制。反之,混合型的领导风格,缩小了双方的文化差异,相对容易被职工接受。

联想和华为是中国企业全球化的两个典型模式。包括 BAT(指百度、阿里巴巴和腾讯)在内的诸多中国企业现在都跃跃欲试,为了"走出去",融入全球化进程可谓"八仙过海,各显神通"。从 2017 年《财富》世界 500 强企业的排名看,联想位列第 226 位,全球有 5.2 万名员工;华为排名第 83 位,全球有 18 万名员工。联想 70% 的营收来自于海外市场,华为为 60%。华为短时间内能够迅速崛起,普遍归因于其独特的企业文化。华为的"狼文化"的理念是:要么你吃掉别人,要么你被别人吃掉。公司内部和外部都竞争激烈,每个人都像狼似的保持"饥饿感",在面对压力的时候更能调动每个人的工作激情。要像狼群作战,忠诚度和奉献精神被赫然列入公司"奋斗者协议",甚至有些潜在文化规则几近不近人情,甚至残酷。而联想更致力于建设"国际化身份",通过收购知名品牌开启发展之路,在全球化与本土化之间极力找到一个合适的平衡点,文化融合成为公司最重要的能力。联想为此将文化挑战作为公司的头等要务,并专门成立一个项目组来处理公司的文化融合问题,以应对公司最棘手的文化问题。

总之,对于国际化而言,文化之间的不同和隔阂就像一座桥梁。桥这边和桥那边之间的距离考验着过桥人的勇气、智慧和决心。

第十章　德国企业的启示

欧洲企业文化具有同源性，欧洲文化受基督教影响，信仰上帝，认为上帝是仁慈的，上帝要求人与人之间应该互爱。文艺复兴运动和资产阶级大革命带来了民主、自由等价值观，因而，欧洲文化崇尚个人的价值观，强调个人的需求；宗教教义中主张博爱、平等、勤俭、节制等价值观念；基督教的契约精神强调依法治国、注重法制教育、强调法制管理；长期形成的讲究信用、严谨、追求完美的行为习惯，注重理性和科学，强调逻辑推理和理性的分析；均为企业思想文化奠定了基础，在很大程度上影响了企业思想文化的产生与发展。因此，欧洲企业文化同质性也比较明显。

尽管欧洲企业文化的精神内核是相似或相同的，但由于各个国家民族文化的差异，欧洲各个国家的企业文化也存在着差别。

英国世袭观念强，保守观念把地主贵族视为社会上层，企业家的社会地位不高。因此，英国企业家倾向谋求社会地位和等级差异，而不是用优异的管理业绩来证明自己的社会价值，他们千方百计地试图加入上层社会，这种文化心理导致企业在经营中墨守成规，冒险精神差。

法国突出民族主义，有时表现出傲慢、势利、优越感、企业的封闭守旧。法国一些产业重在求新求变，拥有创造力；强调"全球化"和"文化包容"，有"放眼全世界"的野心，努力塑造"世界级"产品并推向全世界。法国人工作重视品质，喜欢辩论；聪明、机智、表达直接；具人情味，讲究人际互动关系。

意大利崇尚自由、自我，企业管理缺乏组织纪律。但由于意大利绝大多数企业属于中小企业，组织松散对企业生机影响并不突出。

德国人刻板认真，官僚意识比较浓，组织纪律性强，而且勤奋刻苦；德国企业文化特色鲜明，重视合作及意志力，员工有独立解决事情的能力，且有坚强的意志和团队合作精神。

一、德国经济崛起之初的启示

公元919年德意志国家形成。962年"神圣罗马帝国"建立。1525—1871年，德意志这片土地上的邦国们逐渐向资本主义社会转变，但仍四分五裂。1871年普鲁士王国在普法战争中获胜，成立德意志帝国，首次实现德国统一。

俾斯麦留给1888年登基的德意志皇帝威廉二世的，是一个欧洲最强大、最有活力，但也最动荡的国家。年仅29岁的威廉统治的年代是从1888年到1918年这关键的30年，是处于旧普鲁士与大工业社会的现代世界之间的过渡期。威廉的悲剧在于，他企图在大规模工业化时代重建一种前俾斯麦时期的君主制统治，他失去了政治体制改革的重大机遇，并把德国拖进了第一次世界大战的深渊。到第一次世界大战前夕，德国已成为一个拥有最新技术基础和比较完整的工业体系、以重工业为主导的工业强国，工业生产占世界总量的15.7%，居欧洲首位。[42]

那时的德国经济强大有力。数据显示，1870年英国的生铁产量占全世界的一半以上，而到1913年却已降到了14%。与此同时，德、美生铁产量的比例则分别跃升至21%和40%。1913年，德国已确立了自己的出口大国地位，是当时最大的钢铁产品出口国。在世界市场上，德国生产的染料占90%，药品占30%，电器产品占35%，化学产品占27%，机床占29%，内燃机占17%。[43]20世纪初，德国的工业生产总量已经超过英国而仅次于美国，居全世界第二位。"德国制造"的标记愈来愈被人们视为高质量的象征。

德国经济的快速崛起，得益于其走了一条特色道路。德国经济从未按照新古典主义经济学的纯粹自由思想来进行。19世纪末和20世纪初时的德国经济学家普遍不认同亚当·斯密关于无限追求个人财富终将为大众利益服务的观点。他们不相信无序的决定会自动生成优良的经济秩序。所以，当同期的美国致力于打破托拉斯的时候，德国却支持大规模合并和卡特尔。德国认为托拉斯要远比卡特尔危险得多，因为它通过兼并将原本独立的公司合并成一家大公司并实行统一管理。卡特尔是由合法的独立公司按照协定组成的同盟，是避免企业间"毁灭性竞争"而创造出的"必需品"。

德国企业经营方式的重要特点之一是双层管理体制。早在1870年，德国颁布《自由公司法》，规定合股公司内必须有职责分明的董事会和监事会双层管理机制。《公司法》在1884年重订，加强了监事会对董事会的控制。监事会最关键的权力在于它能够任免董事会的成员（这项权力一直保留至今），股东和各大银行的代表始终是监事会的主要成员。

德国企业经营方式的另一个重大特点是银行对企业管理与决策的深入参与。德国综合银行通过四种方法对工业企业施加影响。首先，对一些大型企业进行长期重点投资，操纵这些企业的债券在证券市场上的发行和交易。其次，以新债券掉换旧债券，有效地使与大企业的往来账户信用长期化，从而与大企业建立长期的金融交易关系。再次，由于银行人员进入了监事会，他们不仅参与企业的战略性决策，还可以对未来投资进行评估和认定。最后，利用委托表决权，综合银行能够在企业监事会的表决中产生重大影响，这种表决权（又叫无记名股票）使恶意的兼并难以实现。

英国本来在人造染料上领先，然而，在一代人的时间内，这一工业却离开了英国。兰德斯在德国合成染料工业的分析中分析化工工业这场历史上最重大、最迅速的工业转变之一（英国向德国转移）。至于德国化学工业的成功，兰德斯已经描述了其领先程度，弗里曼和苏特指出，1880年德国染料产量占全球产量的1/3，1900年大概占4/5，拥有15000种有专利的染料[44]。这是因为，英国缺乏进行创造发明所需的那些训练有素且具有天赋的化学家。形成对照的是，在德国，大型合伙公司崛起并繁荣起来：赫希斯特公司、巴斯夫公司、拜耳公司、爱格发公司等，都围绕着第一流的化学家和化学工程师建立起来。它们配备了设备良好的实验室大楼，并同高等学校有着密切的联系。德国企业尤其擅长于把工程学和其他学科的发明创造用于商业目的。德国公司率先建起了内部实验室，从事研究和开发工作。许多英国公司往往通过试错法改进产品，而德国公司则倚重理论科学。在德国企业中，担任高层领导的常常是那些技术能力强的人。德国企业的组织管理已趋向"有序化"。生产流程的细致分工、产品的多样化以及国际市场的激烈竞争，都要求领导者以真才实学来确立自身的权威。

从根本上说，德国资本主义是以科技为本的商业化行为，各产业部门的信息共享和相互合作为之提供了便利条件。

二、德国企业的十大意识

德国经济的支柱是工业。工业部门齐全、实力雄厚，主要工业部门是机械、化工、电子电器、汽车、航空航天、光学仪器、采煤、造船、钢铁。德国是世界第二贸易大国，进出口额居世界前茅，长期保持顺差。主要出口汽车、机械、化工产品、电子产品、钢材、航空航天设备、光学仪表等。进口石油、天然气、有色金属、轻工产品、家具、纺织品、化工产品等。

第十章 德国企业的启示

德国的汽车工业是德国最重要的经济行业之一。德国是世界上第三大汽车生产国,仅次于美国和日本。机械制造和发电站设备在德国工业生产厂家中所占的数量最多。化学工业是重要的原料、半成品和成品的供应者,它对卫生事业、汽车工业、制造工业和普通消费者都很重要。由于拥有尖端技术、创新产品和深入的科学研究,德国的化学工业在世界上占据领先地位。电工技术和电子工业是德国工业的主要产业之一。

中小型企业占德国工业企业的大多数,一直占主导地位。德国在行业领域领先于世界,要归功于中小企业的灵活性及其在技术上的高效率。大企业同时也是很多中小型供货商的重要客户,这一小部分大企业的营业额占全国工业的51%,它们当中有很多在全世界享有盛名,而且在海外设立了分公司或研究机构。例如:汽车制造商戴姆勒－克莱斯勒、大众和宝马,化学公司拜耳和巴斯夫,能源公司 E. ON 和 RWE,电器制造商西门子股份公司、博世集团和鲁尔煤炭股份公司等。领先的技术、高效盈利的生产方式以及有效的企业组织结构为德国在国际竞争中奠定了良好的基础。

德国严谨务实的民族传统和文化在其企业思想文化方面有突出的表现,可以概括为"十大意识"特色。

1. 德国企业的"质量"意识

德国企业对产品质量的重视,可以说是世界之最。他们认为没有物美价廉的产品,只有精品和次品。他们的许多产品都是以精取胜,成了世界知名的品牌。德国企业都认为树立质量意识是最重要的。追求技术上的完美是德国企业一种普遍的自觉意识。强烈的质量意识已成为德国企业思想文化的核心内容,并在广大员工心中根深蒂固。

德国汽车工业是质量管理的代表,表现在有健全的质量管理机构与体系;有质量预防措施以及扎实的质量管理措施。

奥迪吸引世界范围的顾客有四项原则:领先的产品,精美的形象,引起顾客对汽车的兴趣,以客户为导向。大众公司在职工中树立了严格的质量意识,强调对职工进行职业道德熏陶,在企业中树立精益求精的质量理念。西门子公司以"以新取胜,以质取胜"为理念,使公司立于不败之地。戴姆勒－克莱斯勒公司的做法也很有代表性。首先,他们认为高质量意识离不开员工的高素质,因此注重培养具有专门技能和知识的职工队伍,千方百计提高员工的质量意识,培养员工养成精工细作、一丝不苟、严肃认真甚至是吹毛求疵的工作态度。其次,严格检查质量制度,做到层层把关,不允许有缺陷的产品出厂。从戴姆勒－克莱斯勒公司向世人做出的广告"如果有人发现奔驰汽车发生故障被修理车拖走，我们将赠您一万美金"，即可看出其对自己产品的自信。

2. 德国企业的"技术"意识

制造一流产品，保持良好的质量，需要不断进步的技术作为支撑。这是德国企业具有较强竞争力的重要原因。

德国人乐于钻研技术、崇尚技术的价值观已深入人心，成为一种行为自觉。西门子培训中心学员送给校长一个精美的生日礼物——自己加工的热动力原理机。点燃酒精，加热启动室，活塞就带动整个机构迅速转动起来。这里的活塞和气缸加工精度要求甚高，它既要密闭不漏气，又要滑动自如。透过这一生日礼物，我们可以感受到德国企业员工追求技术完美和注重质量的强烈意识。

德国人注重实际，以精湛的技术、脚踏实地的态度和忠诚的敬业精神经营着企业。他们在企业管理中融入思想文化建设，注重实际内容，不拘泥于形式，说得少而做得多。

为了避开对手的竞争，取得成果，德国注重独创性技术研究开发，生产那些没有竞争对手威胁的、最好是独家的技术产品。早在20世纪五六十年代，德国企业就已注意到日本的钢铁、小汽车、照相机和家用电器方面的竞争力。为此，德国企业及时地将生产重点转到了对人员、技术和投资要求更高的大型工业设备、精密机床和高级光学仪器等产品上。不少德国企业认为，如果说一台精密机床能抵得上几万台彩电，一台高级光学仪器抵得上几万架照相机，那么，在彩电和照相机方面同日本争一日之短长还有必要吗？因此，德国企业主动放弃发展一般产品，而将研制方向定在了世界领先水平、高难度的、别人一时无法研制出来的产品上。德国大约三分之一的出口商品在国际市场上是没有竞争对手的独家产品，其价格决定权在德国的出口商。目前，德国在大型工业设备、精炼化工产品、精密机床和高级光学仪器等方面拥有无可争辩、无法撼动的优势。

为了支持研发，德国非常重视技术研究经费的投入，德国研究经费占国民生产总值的比例已居世界前列。德国企业认为，研究与开发决定企业的未来，而且在研究中重视独创性和高度专业性，尽可能地激发从业人员的创造力，因此，人们非常自觉地参与研究与开发新项目，为创造企业的未来开发自己的潜力。

德国有自己特有的技师制度，企业各条生产线都有技师到位，对产品进行把关和处理。

技师制度和在研究开发中开拓自家独创性和独特性的产品,是德国企业普遍采用的方法,同时也是德国经济得以强大的重大原因。

3. 德国企业的"人本"意识

德国企业强调人才是企业发展的根本,注重提高员工素质,这主要体现在:员工教育和培训、管理人员的选拔和培养、企业人际关系、民主管理四个方面。

(1) 人员培训。注重员工教育,大力开发人力资源。德国企业培训工作的突出特点是务实、注重能力的培养,解决实际存在的问题。参加培训的人员是带着问题进去,带着解决问题的方法出来,效果非常突出。德国企业培训工作还有一个十分重要的任务,就是让员工认同企业的价值观。

德国是世界上进行职业培训教育最好的国家之一,基本职业培训有三类:带职到高等学校学习;企业内部进修;由劳动总署组织并付费的专项职业技能培训。第三类主要是针对失业人员。在德国,要想找到一份工作,除了必备的文凭外,没有经过三年专业职业教育是不可能的,即便是一个传统经营农业生产的家庭,如果其子女没有经过专业农业训练教育,也不可能继承家业来从事农业生产。除了成年人在上岗前必须经过专业培训,就是对口学校毕业出来的高中学生,被企业录用为学徒,首先也得进行三年的双轨制教育培训:每周三天半到四天在企业学习实际操作技巧,一天到两天去职业学校学习理论知识,这三年的培训费用和学徒工资全部由企业负担。

大众公司在世界各地建立起许多培训点,他们主要进行两方面的培训:一是使新进公司的人员成为熟练技工;二是使在岗熟练技工紧跟世界先进技术,不断提高知识技能。大众汽车公司专门设立一个拥有 800 多名员工,年营业额达 1.27 亿欧元的辅导公司,专门对高层管理人员进行辅导培训。每当高层管理人员遇到自己解决不了的问题时,就到辅导公司去接受培训。去辅导公司参加培训的高层管理人员遇到的问题中,社会能力出现问题的占 20% 以上,个人能力出现问题的最多,占 49%。通过接受辅导公司的培训,使所有问题包括员工身心健康问题,都得到解决。他们认为,人不能在模糊状态下工作,必须有一个明确的工作标准和工作模式。辅导公司的培训方式一般都是采用案例式教学和互动式教学,像健康辅导、IT 辅导通常是要求配偶一同参加。他们认为,家庭对能力的提高起着很重要的作用。

西门子公司在提高人的素质方面更为细致,他们一贯奉行的是"人的能力是可以通过教育和不断培训而提高的",因此他们坚持"自己培养和造就人才"。西门子公司在国内外设有 60 多个培训中心,拥有 700 多名专业教师和近 3000 名兼职教师，开设了 50 多种专业培训。在全公司 37 万名员工中，每年参加各种培训的达 15 万人之多。培训方式灵活多样，但都是从应用开始，到应用结束，立足于提高参训者解决问题的能力。例如，在管理培训中，除了听课以外，更主要的是模拟项目。参加培训的学员要组成若干个小组，每个小组的学员都紧紧围绕一个实际项目，运用所学到的知识，使用最先进的设备，通过探讨和实验寻求解决问题的最佳途径和方法。就这样给每个学员充分的自由发挥的空间，极大地调动了员工参加培训的积极性，也提高了参训学员的素质和解决问题的能力。

双轨制教育培训制度也是德国进行职业培训的特色模式。这是一种学校教育与工厂、培训两者并重的双重教育系统制度。学生在 15、16 岁时，要选定自己今后的主攻方向，确定一生的事业目标。同双轨制教育培训制度密切相衔接的就是技师制度。

（2）人际关系。人际关系在所有公司都很重要。德国企业也努力创造和谐、合作的文化氛围。德国企业认为，在和谐的气氛中，有利于激发人的潜能，发挥员工的创造性。如果气氛不和谐，员工便不会乐于做贡献，生产将受到影响。

因此，德国企业管理者普遍注重员工的沟通，想方设法营造和谐人际关系。凯乐玛公司通过网络、报纸等各种渠道与员工沟通，使每个员工了解公司的发展方向、目标，以及为达到目标所采取的措施等信息。公司每隔一段时间要在员工中搞一次不记名的问卷调查，其中有一项是问员工是否得到足够的信息，对他的上司是否满意。

德国企业重视保持这种人际关系的和谐，还体现在企业的领导体制以及其他方面。德国企业领导体制是议决制，对企业重大问题，必须董事会所有人员都同意才可以决策。奔驰公司与克莱斯勒公司合并后，成立了专门委员会，制订了三年的工作计划，以解决两国企业在文化上的差异和冲突。另外，德国的工会很强大，但是也强调和谐，出现矛盾宁肯反复商量，也不轻易罢工。

（3）民主管理。德国是实行职工参与企业管理制度最好的一个国家。在尊重人格、强调民主的价值观影响下，德国不论是大、中、小企业，职工参与企业决策是一种普遍现象。这也是德国经济发展较快的一个主要原因。

德国的企业管理中，决策机构庞大，为保证工人参加管理，往往要花较多的时间论证，但决策质量高。企业执行层划分严格，各部门只有一个主管负责，不设副职。职工参与企业管理广泛而正规，许多法律都保障了职工参与企业管理的权利。

德国企业员工队伍的整体素质十分优良，为职工参与企业管理奠定了坚实的基础。另外，德国工人参与企业管理有着坚实的法律保障，这些法律注重规定细节，如德国《职工参与管理法》明确规定，大型企业要按对等原则由劳资双方共同组成监事会，然后再增加一位中立人士担任主席。当双方意见不一致时，设立调解委员进行调解，如还不能解决，则由监事会主席裁定。例如：2 万人以上的企业监事会设 20 名成员，劳资代表各占一半，劳方的 10 名代表中，企业内推举 7 人，企业外推举 3 人；10000～20000 人的企业中，监事会成员 16 人，劳方代表 8 人，其中企业内推举 6 人，企业外推举 2 人；10000 人以下的企业，监事会成员中的劳资代表各占一半。

德国的职工参与企业管理产生了良好的效果：一是这种决策方式能更多地考虑企业的长期发展，避免短期行为；二是劳资关系融洽，企业中的重大事项有职工参与，就保证了管理阶层与员工之间的沟通，使双方增进了解，达成共识，减少了工人与管理层之间的矛盾和冲突；三是提高劳动生产率，企业可以从职工中吸收大量改进企业经营管理方面的合理化建议；四是企业内部的控制力度比较大，形成了比较健全稳定的内部制衡机制；五是能较为充分地反映和体现职工利益。职工的劳动条件、薪酬待遇等问题能够通过劳资共同协商得到改善和提高。

（4）人才选拔。德国企业在管理人才选拔与培养方面也颇具特色。大众汽车公司以高薪吸纳了大批优秀管理人才和科研专家，并为其发挥才能提供广阔的空间，使他们产生一种自豪感、凝聚力和向心力。西门子公司也特别重视对管理人才的选拔和录用。他们聘用的管理者必须具备以下四个条件：首先看工作能力，特别是冲破障碍、攻坚克难的能力。其次看是否具有不屈不挠的精神和坚强的意志。再次看性格，能否使部下信赖，富有人情味。最后要看与他人协作的能力。戴姆勒－克莱斯勒公司认为"财富＝人才＋知识"，"人才就是资本，知识就是财富。知识是人才的内涵，是企业的无形财富；人才则是知识的载体，是企业无法估量的资本"。所以，戴姆勒－克莱斯勒公司一直保持着一种好的传统，即选拔人才并不注重其社会地位的高低，而是注重其本人的实际能力。

4. 德国企业的"国际化"意识

德国企业特别重视有效的国际宣传，世界各地的"奔驰""大众""西门子"等具有国际竞争力和时代气息的品牌标识，已经成为德国跨国公司实力的象征。

坚持走市场营销国际化道路是德国企业经营管理的一大特色。德国企业普遍认为，只有市场营销国际化，企业才能有赖以生存的空间。布鲁泽公司是一家由德国家庭汽车配件厂发展起来的国际性企业集团，其企业发展的宗旨是：工厂虽在山沟，市场放眼全球。该公司向国际化发展经历了三个过程：70年代向欧洲各国出口；80年代向欧洲以外的地区和国家进军，如日本、美国、南非和南美，并在美国和西班牙设立第一批外国基地；90年代在北美和中国建立自己的生产厂，在美国和日本建立开发、销售公司。这个家庭企业已在亚洲、北美、欧洲建有8个生产基地。布鲁泽公司的国际化营销在德国只是一个小小的缩影。产品导向和市场营销国际化已成为德国企业生存发展的一大法宝。

德国企业国际化过程始于20世纪50年代。德国企业在生产方面从不分散自己的力量，他们认为，只有国际化才能使企业有赖以生存的空间。德国企业平均每家拥有9.6个国外分支机构。成功企业中，90%以上在美国市场上有自己的分支机构，一半以上在日本建立了自己的全国性服务网络。西门子公司旗下有一家生产医疗食品的分公司，为占领美国市场，先后在美国80多个城市设立了销售和维修网点。头几年因摊子铺得过大而入不敷出，但随着销售量不断增加，后期利润成倍增长。

德国企业十分重视让企业管理人员去国外工作或在国外担任一个职务，企业管理人员大多拥有两个或两个以上的不同学科的学位。所以，德国企业管理者一般既有工程师的专业知识又有经济学家的头脑，再加上丰富的对外工作经验，因而在工作中能够得心应手，应付自如。西门子在190个国家和地区设有企业，员工人数达到44万人。规模如此庞大的企业，其人事部最高管理委员会却只有十几人；具体从事一线管理的人事部只有分别来自七个不同州和地区的七人，每人分管一个州际和地区；每一个国家和地区又只有一名人事主管，这样层层分解下去。公司最高管理委员会会根据企业所在的不同州的国家的社会文化、市场环境、价值取向等制定出不同的人员管理评价标准。西门子公司一般从经济、雇员、顾客、决策过程四个方面对管理人员进行评价考核。对优秀管理人员则从积极性和工作热忱、独立和集中力量处理问题的能力、卓越的影响力、引导员工达成目标的能力等方面进行评价考核。标准相同，层次有差别，每年一度的考核评价全部输入电脑，与其薪酬待遇挂钩，也形成了西门子公司全球范围内的管理人才市场，最高管理委员会根据这些考核评价资料，在整个集团范围内选拔人才。

5. 德国企业的"法制"意识

德国强调依法治国，注重法制教育、强调法制管理，在长期市场经济条件下形成完备的法律体系，为建立注重契约精神、讲求诚信、遵守法律的企业思想文化奠定了基础。

德国法律条款比较完备，企业和民众的社会法律意识和自我约束能力极强，只要是法律规定的，整个社会都有责任和义务去履行和认真遵守。德国企业的执法守法意识强。法律制度是企业的基本保证：在德国，法律是为中小企业服务的调节器，是中小企业发展的总纲和基石。特别是中小企业量大面广，从创立、各类中介组织的工作范围和服务功能发挥等，都必须有统一、明确、细致的法律法规，才能保证社会目标的实现。联邦州和直辖市享有独立自主的立法权，可以根据联邦的法律来指导中小企业，也可以制定适合联邦州的地方法规，还可以将联邦的法律和地方法规结合起来执行。

6. 德国企业的"责任"意识

德国企业把"责任"作为企业的价值观，真正植根于企业思想文化之中，体现在每个员工的行为之中。责任感包括家庭责任、工作责任和社会责任。企业对员工强调的主要是工作责任，尤其是每一个人对所处的工作岗位或生产环节的责任。负责，就是一种企业与职工双方互有的责任心，即职工对企业负责任，企业对职工也要负责任，企业与员工共同对社会负责。建立责任意识，首先是公司的每一岗位都有明确的权利和义务；其次是树立榜样；最后是要做思想工作。更重要的是培养企业和职工对社会的责任感，使企业从上到下，从里到外关注社会、关怀社会；对内则主要是培养团队精神。

海德尔纸业公司是一个有着150多年历史的家族企业，公司秉承"持续、可靠、公开、诚实"的理念，不间断对员工进行价值观的传统教育，细致入微，真正体现出"于细微处见精神"的家族文化，如怎样对待失败，怎样与同事友好相处，甚至生活与工作环境的清洁、秩序以及个人的外貌举止。公司将人事管理同企业文化相结合，要求每个员工遵守文化传统，更要求中层以上干部起好表率作用，增强了企业的凝集力和感召力。公司生产的各种型纸占领了德国三分之二的市场，欧洲三分之一的市场，同时打入了美国市场，主营纸业年收入达到31亿德国马克。而在大众公司则主要是通过培训来培养员工勇于承担责任的品格。德国大众汽车公司的核心价值观就是"责任"，强调对自己和家庭都要负责任；对自己身处的环境、社会以及世界都要承担责任。为实现责任目标，大众公司提倡和宣导独特的企业哲学：在世界上，我们生产、出售廉价的产品，使大众走向成功。大众人希望通过稳定的工作、学习、生活条件，来稳固自己的生活环境，并保护好这个世界，让子孙后代更好地生存下去。对于"责任"二字，戴姆勒－克莱斯勒公司强调销售把个人责任、企业责任和社会责任紧密联系在一起。若企业的销售环节不能有效"有责任"地进行，那么整个社会的活动就会不完美。为此，戴姆勒－克莱斯勒公司的每一位员工将成功地卖掉每一辆汽车作为自己的责任。

7. 德国企业的"服务"意识

德国企业认为，产品质量好才能经久耐用。但再好的产品也不能没有完善的售后服务。比产品质量更能吸引顾客的是售后，它才是真正的秘决。为此，德国企业极为重视树立一流服务的企业精神，努力满足客户的每一个要求。

如西门子公司提出的经营理念最能体现售后服务，"我们希望顾客回来，不希望产品回来"。德国的各汽车公司也都纷纷建立了独特优质的售后服务，大众汽车公司的服务更有代表性。他们的"对于客户提出的要求，我们没有'不行'两个字"是业界的经典之谈。首先，大众汽车认为，服务的基础是质量，要以好的质量来体现好的服务。其次，营销中的服务是，尽可能为客户提供准确的产品信息，获得顾客的信赖，让顾客放心。最后，服务要快捷，奔驰公司在国内设有1244个维修站；在国外的170多个国家和地区设4000个左右推销与服务站，构建起一个庞大的服务网，为顾客负责日常修理、零部件供应和技术服务工作，基本上可以做到车辆随到随修。庞大的售后服务体系为消费解除了后顾之忧，成为产品开拓市场的竞争优势。

高德霍夫公司是一家从铁匠铺起家的世界一流拖车跨国公司。它的发展壮大最重要的原因是不断地根据客户的要求研发新产品，为顾客提供最满意的服务。对客户提出的合理要求，他们从来不说"不行"二字，产品的加工制作也被要求零缺陷。靠质量和服务逐渐树立了品牌，增强了企业的核心竞争力，公司不断发展壮大。

凯乐玛卫生洁具公司的服务特色是常把客户请到公司，倾听客户意见，并按客户要求设计产品。高水平的设计充满人性化，给人以最好的感觉、最美的享受。能够成为顾客家居的亮点和主人的骄傲。优良的服务和高质量的产品，让品牌有了信任度和附加值，尽管公司的产品价格比同类产品高出30%，但还是牢牢保持着较高的市场份额。

8. 德国企业的"环保"意识

德国大众汽车公司董事会把汽车环境管理作为一项重要职能。公司与用户、经销商以及各地政府共同合作来提高产品的环保性能。公司对环境保护提出明确的要求：在开发、设计到生产、使用直到最后回收利用这一整个连续过程中，自始至终都要贯彻环保管理制度，力争把对环境造成的影响减到最小程度。要生产高性能的汽车，达成与环境的兼容性和经济安全性。公司还规定，每个汽车配料都必须符合环保指标要求。在经营改造旧汽车和推出新型汽车业务时，必须考虑用户的环保性能。如对汽车废气中各种成分含量进行限制；尽力采用对生态系统破坏性小的生产工具，并在全球各生产厂建立环保机构，全面负责执行环保性能。对生产排放的工业有毒废物、废水、废气进行严格控制，大力改进生产工艺，减少对自然资源的消耗。

9. 德国企业的"危机前瞻"意识

早在20世纪50年代德国经济高速增长的时候，德国就已经意识到企业的发展是建立在巨大需求的基础上，还不具备核心竞争力；60年代，初级产品尚未完全饱和，大型企业便开始纷纷转型升级，而中小企业已经把拥有独一无二的技术作为目标；当21世纪初美国次贷危机刚显现的时候，德国企业已经嗅到即将到来的一场世界性经济危机的味道，纷纷采取果断措施以避免可能的损失。

这就是其他国家企业家与德国同行存在的巨大差距。

10. 德国企业"与大学共生"意识

德国高校保持了自己的独立性，鼓励企业和非政府组织进入大学。企业和非政府组织可以在大学开设讲座，和大学建立某种形式的合作。许多科研成果就是在企业的资助下完成的。在需求端，企业需要高新技术；在供给端，科研和高校需要建设实验基地和试验场所，需要有一个科研成果的转化平台。为了企业的技术创新，尤其是科技型企业的发展，德国各级政府、金融部门和教育培训机构联手合作，逐步建成了全国中小企业孵化系统和大量的高新技术企业孵化中心。政府资本的参与帮助了中小企业抵御市场风险；科研网络，产学研联合，推动和促进了高新技术产业化和中小企业高新技术化。

第十一章　美国企业的启示

在超越国家界限的跨国公司中，美国的公司在较长时间内起着主导的作用。1999年，全球前1000家最大的公司中，西方占99%，美国占494家。美国国家和政府的部分职能已由其跨国公司取代。美国政府与其跨国公司的根本利益是一致的，都是垄断资本的集中代表。从本质上说，美国跨国公司的壮大是加强而不是削弱了其政府的职能，而且以美国为首的西方强国干预和管理经济的职能包括对其跨国公司的制约也正在进一步得到加强。美国要削弱的和实际上被削弱的是其他国家的政府职能。

美国的跨国公司在全世界驰骋打拼，靠的是"苦练内功"，打造胸怀"美国梦"，怀揣"美国精神"的不一样的企业。这些"内功"就是美国企业的核心精神。

一、个人奋斗精神

美国强调个体意识。个人主义是美国企业文化的核心。但这种个人主义不能理解为只为个人考虑的自私，而是强调个人的独立性、自主性、能动性、个性和个人成就。以这种个人主义思想为主导的美国企业管理，思想文化上首先倡导以个人能动主义为基础的个人奋斗，实行个人自主、个人负责、个人决策、竞争取胜。因此，美国企业中频频出现个人英雄主义，白手起家的创业者或对企业做出巨大贡献的个人都成为企业的英雄。企业对职工的评价也主要依据个人能力，一般不考虑年龄、资历和学历等因素。

美国企业的员工可以随意流动，所以在一个企业中，一个特殊的企业文化模式有时很难沉淀下来而形成独有的观念形态。这也导致了美国的企业文化缺乏稳定性。个人主义至上使集体意识缺失，企业追求的价值目标和个人的价值目标不一致时，为了实现目标，往往以严密的组织、严格的规章制度来加强对个人的管理。员工则把企业看成是实现个人目标和自我价值的场所和手段。

第十一章
美国企业的启示

美国是一个多民族的移民国家，这决定了美国民族文化的个人主义特点。

美国社会文化和民族心态要求个人在社会生活中充分表现自我，实现自我价值。通过个人奋斗取得成功，从低贱者变成大富翁几乎成了美国式的奋斗信条。"白手起家"才是英雄。石油大王洛克菲勒、汽车大王亨利·福特以及微软公司创始人比尔·盖茨等人都是美国人心中的榜样。英雄是美国企业思想文化的"中流砥柱"。拼命工作，不惜付出自己的一切辛苦与智慧来谋求事业上的发展，被每个美国企业大力推崇。

美国企业的管理也主要依靠一些英雄人物的远见卓识，如亨利·福特首创世界第一条大规模生产流水作业线；泰勒最早创建"科学管理"原理；德鲁克最先提出"目标管理制度"，科学管理企业有了明确的方法；通用汽车公司的 A. 斯隆首开现代公司管理制的先河，创造了高度集中下的分权制，现代企业管理制度由此产生；通用电气的杰克·韦尔奇推行的"六西格玛"标准、全球化和电子商务几乎重新定义了现代企业，等等。

二、冒险与创新精神

冒险与创新是美国企业思想文化的灵魂。创新意识与冒险精神是企业真正的宝贵财富，因为只有它们才能创造财富、积累财富、传承财富。

美国企业一个普遍的现象是以创新与变革为最高价值观，在创新和变化中寻求和把握机会。比如 IBM 公司的三大价值观中有"追求卓越"；GE（通用电气公司）则树立"进步是我们最主要的产品"的基本理念；微软给每个员工的忠告是"在微软，唯一不变的东西就是变"；HP（惠普）公司则强调"以世界第一流的高精度而自豪"，公司董事长和首席执行官卢·普拉特说，"吞噬现有产品是保持领先的途径"。麦当劳、3M、克莱斯勒、辉瑞制药、英特尔等企业之所以能长期主导市场，控制市场的主动权，雄踞市场龙头地位，与不断地推崇变革与创新分不开，美国大部分的中型或大型公司每天都有不止一种新产品问世。

（1）不安于现状。美国企业不满足现状，崇尚不断进取与发展，追求卓越，并具有强烈的创新意识，这是美国企业的一个关键特征，也是其旺盛生命力之所在。美国企业家总是在寻找新机会，探索新的管理方法。如扶植和培养那种对企业极为有利、对自己的理想坚定不移而又善于实现理想的创造性人才；资助创新研究并承担研究风险。

（2）主动求新求变。美国企业认为求新求变是企业文化的一种持续性的文化规范，主动求变是美国企业文化的重要内容之一。GE 公司强调要让员工有强烈的求变意识，而且要善于应变，"渴望变化"成为一条工作准则，并制定了一套管理考评方法加以推动。企业不能满足昔日的成就，否则未来将出现更富竞争力的对手占据市场。许多企业都制定了各自的举措，鼓励员工保持主动求变、勇于创新的进取精神。企业将这种精神要求纳入管理，让企业保持持续的激情和活力。大多数美国企业巩固其市场主导地位的做法是不断着力产品技术研发，坚持科研成果产业化，通过营销网络让问世的新技术、新产品最大限度地占据市场，并在此基础上加强产品性能的完善与改进。霍尼韦尔公司要求员工"在变化的情况下能够快速明确自己的角色与责任，而且要明确自己在公司的角色会随着形势的变化而发生变化"。

（3）变革与创新氛围。美国的企业盛行创新氛围，他们意识到变革和创新对于企业生存和发展的重要性，鼓励员工进行大大小小的变革。美国公司在二十年的发展中总结出来一个共同规律是：创新是企业生存之路，是发展之本，是竞争优势之魂。

创新型企业、学习型企业在"硅谷"集中得到体现。强烈的创新意识为美国企业赢得了广阔的空间，也调动了员工的积极性与创造性，为员工充分发挥个人才能提供了环境，增强了企业的活力。埃克森－美孚石油公司为培养员工的管理和适应变化的能力，把创新作为重要课程，针对不同层面进行有目的的教育。3M公司宣传"切勿随便扼杀任何新的构想"，"只有容忍错误，才能够进行革新"的理念，设立新主意开发基金，特别鼓励勇于和敢于创新的"创新斗士""创新小组"，几乎任何新产品的构想都可以接受，以保证公司成员的新思想和新主意及时得到研究和开发。员工成功的创新发明会得到英雄般的待遇。3M公司几十年来始终保持着旺盛的创新精神。"你一定要犯些合乎数量的错误"成为公司信条。这个信条使得公司热衷改革，公司像一串松散的实验室，聚集着狂热的发明家和无所畏惧的想开创一番事业的实业家。公司的这种气氛让员工充分释放自己的想象力，海阔天空，纵情翱翔。

美国优秀企业把美国传统文化中的勇于进取、不断开拓的冒险创新精神、创业初始的企业家精神不断地传承和发扬，运用于企业经营管理之中，培养了一种鼓励革新和创业的文化环境。这种文化环境造就出充满献身精神的革新家、创新家，他们具有非凡的胆识和毅力，敢于打破旧框框的束缚，充满革新热情，不断地想出新主意，开发出新产品。优秀企业从制度上给这些改革创新者以有力的支持，并通过支持革新和容忍失败的经营信条来打造一种鼓励创新的环境。如3M公司规定每位科研人员拿出15%的时间从事选项目的研究。研究人员既完成了规定的科研项目，又有充裕的时间从事自己的发明创造，而这些创造又使员工的竞争十分激烈，新发明层出不穷。

（4）创新意识。美国人特别强调创新意识，他们认为机会到处都有，主要在于主动发现和利用。许多重大的发明创造，往往是在员工中酝酿而成的，美国企业历来有鼓励发明的传统。在完善竞争机制的基础上，着力培养强烈的创新意识。美国是一个典型的市场经济国家，在几百年的发展中建立健全了竞争机制，从而造就了美国人敢于冒险、敢于创新、乐于竞争的民族性格，也培植了美国人强烈的创新意识。美国企业家总是在寻找新机会，探索新的管理方法。像通用汽车公司、IBM 公司等成功的企业都有意在企业中创造机会，让职工们进行竞争，鼓励人们冒尖，培养和支持创新人才。

（5）鼓励创新的制度。在美国，员工的创新意识是通过具体的实践得到普遍的激励，而不是停留在口头上或文件上。如 IBM 的总裁托马斯·沃森在巡视中如果遇到有突出贡献的员工便当场兑现奖励。柯达公司每年有 150 万美元用于奖励员工的合理化建议，还将优秀的建议张榜公布，以此鼓励员工为企业献计献策。在沃尔玛公司，一位员工建议将沃尔玛花钱的送货上门服务由原本行驶在相同路线上的沃尔玛货车代替，每年为沃尔玛节省开支百万美元以上。一位员工建议将现金收支周转合理化，每年节省开支九千美元以上。搞发明、搞革新、提建议、做批评，这种文化既提高员工在组织中的归属感和责任感，又使竞争意识空前高涨，员工间的竞争使企业凝聚力大大增强。

（6）冒险、探险与风险。美国人普遍信奉不冒险就不会有大的成功，胆小鬼永远不会有大作为。勇于创新、乐于实验、敢于探索、承担风险是美国人的传统。美国企业无论从政策上还是制度上都为此提供了良好条件。冒险精神渗透在美国人的各个方面。美国企业鼓励员工冒险，愿意接受挑战、去创造、去冒险，使企业敢为他人所不敢为，做他人所不敢做之事。"要奖赏敢于冒风险的人，而不是惩罚那些因冒风险而失败的人"。迈克尔·戴尔（MichaelDell，戴尔公司创始人）告诫员工，事业要充满创新与实验，因为他们所尝试的事是前所未见的事物。雇员在工作上一旦产生了好的想法，主管的回答不是"研究一下"，而是"试一试"，他们主张"先做起来再说"。英特尔公司的企业文化中一个基本原则是鼓励尝试风险，其创始人诺伊斯最常用的口头禅就是："别担心，只管去做"。

正因为此，风投公司才得以在美国产生。早在 1910 年，美国就建立了第一家风险投资公司。在鼓励勇担风险，敢为人先方面，美国企业十分大胆。

六七十年代以后,风投公司大量涌现。美国的风投资本规模从1978年前的35亿美元,迅速提高到90年代初的200亿美元以上。风险资本帮助了美国企业占据高科技领域领先地位。从一方面讲,商业资本助力荷兰崛起,工业资本助力英国崛起,产业资本助力德国崛起,而风险资本则是美国雄霸的秘籍。自80年代后期,大量资本投向高风险高收益的高科技领域,为90年代开始的信息革命和经济霸主地位创造了重要条件。风险资本助推了加州的硅谷和北卡罗来纳三角科学园区的许多企业。强烈的求新、求变精神和激烈的竞争机制是美国企业保持活力的力量源泉。

创新即意味着风险,创新所带来的风险往往难以把握,企业要能承担因冒险导致决策失误而蒙受损失甚至倒闭的后果。在创新和风险两者中,商业竞争的激烈与残酷更要求企业要有卓越的创新意识,不能因为害怕冒险的失败而压抑创新意识。美国企业懂得一个创意、一个新构想的价值。他们有效地调动员工的能动作用,鼓励员工积极发表富有创意的见解。这种敢为天下先、勇为天下先的思想造就了美国企业在产品研发、流通领域等众多方面领头羊的地位,成为美国企业文化中最富有特色的一面。

(7)敢于失败、宽容失败。彼得斯和沃特曼在《成功之路》中把美国最成功公司的"革新性文化"归结为"贵在行动"和"鼓励革新,容忍失败"。美国企业普遍推崇的理念是"允许失败,但不允许不创新",克服那种"只有大获全胜才能干"的心理,让创新者能大胆地进行试验,不断创造。要创新,就意味着冒风险,意味着必然有失败,美国特定的文化环境中是允许失败的,他们更懂得"失败是成功之母"的真正含义。在美国有些公司里,如果员工在试用期内不犯"错误",将被解雇。他们认为,只有犯了"合理错误",有过失败,才说明你敢于创新,不怕风险,将来才会有前途。IBM公司的一位高级负责人,曾经由于在创新工作中出现严重失误而造成1000万美元的巨额损失,面对将他开除的呼声,公司董事长却认为一时的失败是创新精神的"副产品",是创新的学费,失败的创新者的进取心和才智有可能超过未受过挫折的人。结果,这位负责人反而被调任同等重要的职务。后来,他也确实为公司发展做出了卓越的贡献。要奖赏敢于冒风险的人,而不是惩罚那些因冒风险而失败的人。硅谷每年有90%的创新公司破产,但矢志不渝的创新精神不断地让成功的公司脱颖而出。鼓励冒险、宽容失败是美国公司重要的价值观之一,也是美国企业创新的成功之道。戴尔不断鼓励他的员工更具创新精神,让他们知道,失败了也没关系。只有容忍失败,才会有创新,只有犯一些错误,才能不断进步。

推崇创新，追求卓越。当今的市场竞争激烈，产品周期日益缩短，消费需求则日趋多样化、个性化。企业能持久的竞争优势越来越少，因此，竞争开始转向了创新以及创新的速度。

美国作为一个移民国家，本国民族文化根基尚浅，思想禁锢和僵化的传统相对较少。"西部牛仔"式的冒险创新精神、实现自我价值的个人主义精神是众多美国人价值观念的核心，根深蒂固。美国人以冒险和挑战为乐，成功的公司都有追求卓越的精神信仰，这些精神成为美国企业文化的精髓。

第十二章 日本企业的启示

日本是一个岛国，民族单一，但并没有岛国的封闭守旧特点，学习和革新精神强大，大量吸收了西方文化中重视科学技术和理性管理的思想，并与本国的传统文化结合起来，形成巨大的生产力。

一、"二战"后日本经济迅速发展的经验总结

（1）美国的扶持。美国调整全球战略，遏制社会主义国家成为首要任务；1950年爆发的朝鲜战争，是美国调整战后对日政策的主要原因。战时物流和物资基地的建设给日本经济复兴带来宝贵的机遇期。尽管朝鲜战争结束，但日本成为美国在东亚的重要军事基地，并扮演对中国环形包围圈的重要角色。

（2）世界科技革命的推动。"二战"后的科技革命改变了世界，日本紧随美国的步伐，抓住了历史机遇。

（3）日本整体国家发展战略基本正确。"二战"后的日本国家战略思想中积极的部分可以概括为：继续积极主动地向强者学习；与强者为伍；国家主导经济；扶植民间企业；经济与文化并举；外来文化和本土文化的兼顾。

（4）日本政府制定了适合本国国情的经济发展战略和政策。限制垄断、鼓励竞争和富有特色的企业所有制形式为其增色不少。日本是出口导向型战略的代表。"二战"后，日本不断优化产业结构，积极发展对外经济关系。推行"贸易立国"战略，以比较优势争取出口，获得发展工业所必需的资金、资源和国外先进技术；同时严格保护国内市场，促进本国具有潜在优势的产业发展，加速产业结构的升级。这种内向与外向相结合而以外向型为主的战略让日本产业结构不断优化，能够开发具有很强国际竞争力的新产品，进一步开拓海外市场，从而在国际分工和国际贸易格局中居于有利地位。日本企业采用终身雇佣制度确保员工稳定，年功序列制度使得决策层大多都是从企业内部提拔，因而使日本企业决策时，着眼于长期目标，谋求长远发展，

注重市场占有率和新产品比率。

（5）较少的军费支出负担。日本的国家安全被纳入美国的卵翼之下，较轻的军费负担，为日本将主要精力放在经济振兴上提供了重要条件。

（6）重视科技和教育的发展。

（7）长期的低消费与高积累。

（8）长期稳定的政治局势。

（9）独特的思想文化。日本文化深受中国儒家文化影响，属于东方文化圈，同时日本又吸收了许多西方文化，因此更具有自身特色：群体至上以及为整体献身的"忘我精神"；注重人际关系，有强烈的家族意识和等级观念；崇尚西方的"理性精神"。

（10）独特的企业管理模式。日本企业多采用集体决策制度，企业决策层对企业的重大问题决策都通过"经营会议"来进行。集体决策方式的"禀议决策"制度有两种，一种是自下而上，先由具体部门逐级上报，经过征求意见和论证，正式议案由"经营会议"决策。另一种是自上而下的由决策层，交中层主管部门进行可行性研究，形成正式议案后，再交决策层集体决策，最后组织实施。禀议决策制度使日本企业减少决策盲目性、主观性，增强了科学性、客观性、能动性、民主性、广泛性。此外，企业对职工实行终身雇佣制、年功序列工资制。

二、日本锻造的日式"合金文化"：中日西美"四合一"

日本人将多种看起来似乎不可能调和的文化放在一起，让它们"各得其所"，即将东方灵性主义和西方机械竞争主义结合起来，将非理性主义和理性主义结合在一起，用在管理上：在技术创新、工艺流程、生产过程等问题上是理性主义，在销售、发挥人的积极性、企业与社会的关系等问题上是非理性主义，这样就将文化的优势发挥到了极致，将企业内部的各构成要素的优势充分利用，形成了最强合力。

日本是一个单一民族的国家，社会结构长期稳定统一，思想观念具有很强的共同性。同时，日本民族受中国儒家伦理思想的影响，侧重"和""信""忠"等伦理观念，使日本高度重视人际关系的处理。这些决定了日本企业文化具有和谐一致的团队精神特点。"和"作为一种哲学观被日本企业运用到管理中，是企业行动的指南。以团队精神为特点的日本企业文化，使企业上下一致地维护和谐，互相谦让，强调合作，反对个人主义和内部竞争。企业是一利益共同体，共同的价值观念使企业目标和个人目标具有一致性。企业像一个家庭一样，成员相处和睦，上级关心下级，权利和责任划分并不那么明确，集体决策，取得一致意见后才做出决定，一旦出了问题不归咎个人责任，而是各自多做自我批评。

三、独特的日本企业思想文化

日本企业思想文化精神根植于日本民族悠久的文化传统。传统的日本民族精神中的那种与事业共存亡的武士道精神和继往开来、不断进取的无畏精神，以及深重的忧患意识等，早已融入了日本企业的经营理念与企业文化中去了。日本民族的进取精神和忧患意识已经成为激励日本民族拼搏向上、永不停息的动力。

尽管日本标榜自己是西方国家，但日本骨子里却坚守东方集体主义精神，摒弃了西方的个人主义观。为使国家经济顺利振兴，日本企业继续沿用中国的儒家学说来治理企业，积极打造东方集体观下的日本企业精神。

企业的发展壮大离不开员工卓有成效的工作，奋发向上、积极有为的员工精神成为企业效率建设的重要手段，具有什么样的精神风貌是衡量员工品质和素质的重要标准。松下幸之助早在1937年就明确提出要打造"松下精神"，经过一段时间的企业思想文化建设以后，松下员工精神已明确地形成七条，即产业报国的精神、光明正大的精神、团结一致的精神、奋发向上的精神、礼节谦让的精神、适应形势的精神、感恩图报的精神。无疑，"松下精神"为松下公司成长为世界级企业起到了"催化剂"和"发动机"的积极作用。

从总体上看，日本企业普遍重视企业员工精神建设，其主要包括"和""勤""忠"三个方面。

1. 日本企业"和"思想

日本企业活动的思想文化基础多半来自中国传统文化中所具有的精神观。儒家思想的"以和为贵"就深刻地影响了日本几代企业家。涩泽荣一被誉为"日本近代之父"，他创办了500多家企业，在企业经济领域有显著的成绩。"一手拿算盘，一手拿《论语》"的他一生以《论语》为精神信条和行事准则，并对之进行了重释和适合经济发展的改造。他强调"以和为贵"的企业精神。涩泽荣一指出，"商卖非商战"，"战争必有胜败，一方若战胜而得益，另一方定受损——而商卖则是在交易中无一人受损，任何一方均得益而悦"，"希望人们把逐利与仁义之道统一起来，以《论语》与算盘来指导我们经商求利。"[45]松下幸之助反复对员工宣讲"最重要的一点就是要有凝聚力，要把众人的力量凝聚在一起","事业的成功之首在人和。一群人在一起做事情,最重要的就是同心协力、团结一致。公司上下能不能同心协力、团结一致,是企业成功与失败的关键";"亲睦合作的精神,公司拥有的员工,即使每个人都是优秀的人才,如若缺少这种精神,也等于是乌合之众,不会发生任何力量","高涨的使命感就会把大家团结在一起"。[46]丰田纺织公司创始人丰田佐吉则取《孟子》中的"天时不如地利,地利不如人和"中的"天地人"为座右铭,时刻提醒全体员工牢记在心。企业家的宣讲和亲为垂范使日本企业"和"的精神在的中国传统文化基础上发扬壮大。

"和"的内涵是指爱人、仁慈、和谐、互助、团结、合作、忍让。"和"强调注重共同活动中与他人合作,追求与他人的和谐共处,并约束自己。"和"的和谐、互助、团结、合作、忍让的精神是集体主义团队精神的基石,能把企业变成上下趋同、目标一致的命运共同体。日本企业上下一致地维护"和",反对"独",反对西方式的个人主义。组织内形成一种和谐、平等、互助和忍让的气氛,这样才会增强企业凝聚力和团队精神。企业里每个人都对分配给自己的工作负责,但有时会因周围的情况和突发事故等原因,不能按计划开展工作,这时要及时地把这项工作的空缺补上,不影响全体计划是整个企业工作人员的共同责任。因而,每个人在做好本职工作的同时,要关心他人的工作,集体负起责任。日本企业明确了责任界限的领域是有限的,而没有确定责任界限的领域是广泛的。这些没有确定责任界限的领域由谁来负责,将根据实际情况随时加以确定。与此同时,日本企业努力建设部门之间的流程与协作的关系,争取没有掣肘与摩擦。这种和谐、协调的精神才会产生 $1+1>2$ 的系统效应。

2. 日本企业"勤"思想

日本企业员工精神塑造的另一个重要源泉就是东方民族特有的勤俭之风。东方人的生活方式讲"一日不作,一日不食",推崇素朴节俭,倡导生产劳动。日本企业继承了这一优良精神作风,把职业中的劳动提高到一种神圣义务的程度,认为懒惰、奢侈是企业发展的最大危害,主张最低限度的个人消费以及严格履行日常工作义务。经过历史的锤炼,日本企业员工的勤恳、勤勉、勤劳与勤奋的精神已成为日本企业的典型品质。

在日本企业看来,"勤"对于普通员工来说就是要努力做好本职工作。每个人的工作都是一个完整工作链上的一点,只有扎扎实实、勤勉细致地工作,才能保证整个工作顺利、有序地进行,才能有效地完成预期目标。在生产线上,每一位员工都要有强烈的责任心和勤恳的工作作风,把每一道工序看成是自己的客户，严守质量关，正如成功的企业绝不会把有问题的产品推给客户一样，各岗位员工也绝不把残次品、不良品流入下一工序。

日本企业的勤勉精神是自上而下的，许多中小企业的经理上班前在门口迎候员工，来得最早，走得最晚。企业领导每天早上第一件事便是下工厂，看一下工程进展如何，前一天提出的问题是否解决，工厂中还存在什么问题，然后，再开早会，布置全天的工作内容。当发生问题时，他们也总是亲临现场，分析问题的原因，寻找解决的办法，而不是坐在办公室内，等待下属汇报，发号指令。

3. 日本企业"忠"思想

日本历史上一直是以农业为主的国家，日本的农耕民族性要求社会内部的互助合作精神，其表现为日本人有强烈的"自己人"意识和圈子，家族主义是其必然形成的特色。国家是大圈子，企业是小圈子，而建构就是靠"家"的联合，黏合剂就是"忠君"和"忠孝"精神。

日本企业注重等级关系，在正规场合下，日本人的上下级关系，给人以地位十分悬殊的印象，下级对上级总是那么鞠躬顶礼，但在非正式场合的相互关系中，下级会感到同上级亲如一家。这种现象就源于日本长期对"忠"的精神塑造。日本企业里上下级关系被称为"亲分"与"子分"，"子分"可获得"亲分"的扶助与支持，同时有义务为"亲分"随时效力，企业成员有一体感和协调一致的行为。

需要指出的是，日本企业所处的日本社会是一种集团社会，人们由不同辈分、性别、年龄等形成以上下关系为核心的人际关系。集团社会的纽带一方面表现为以权力为核心的等级秩序的硬关系，是一种外部强制力；另一方面表现为以"理"为核心的人文理念（软关系）。这种软关系正如本尼迪克特在《菊与刀》中所揭示的"耻感"，从而使得本尼迪克特笔下的"刀"成为一把"软刀子"。无论是终身雇佣制、年功序列制，还是企业工会，日本企业经营模式的这三大支柱都是紧紧围绕"和""勤""忠"三个方面。三者相互联系、密切配合，塑造"员工精神"，从而来调整企业的生产关系，缓和劳资矛盾，打造出日本经济的"武士道"。

第十三章　破解文化障碍之道

跨国企业的发展大致会经过国内公司、国际公司、多国公司、全球公司四个阶段。只有到全球公司阶段才真正开始全球化。在企业进入国际化的高级阶段即全球公司时，企业的文化灵敏性便会显示出独特的作用，因为国际管理中的跨文化挑战会带来全方位风险，跨文化交际中文化碰撞无法避免，也就是说，文化对企业诸多方面的影响越来越大。中国社会是熟人社会，喜欢从人情的角度而不是从人性的角度来做人做事，但人情不是普世的标准。在世界更加趋向于人性化、丰富化和民族化的大发展思潮中，在世界讲人性的时候，中国讲人情的文化方式就显得格格不入，障碍重重。世界上最远的距离不是地理上的距离，而是心与心之间的距离，信任比黄金更宝贵。比如，美国总会以存在国家安全风险为由，阻挠外资公司收购美国企业或商业项目。美国国会以威胁美国国家通信安全为由，禁止中国华为、中兴进入美国的ICT（信息通信技术）市场。国与国的关系越来越需要智慧。中国人、中国企业和中国产品走出去的路还很长。

"走出去"即开展对外直接投资，大部分中国企业还是新手。美国企业从20世纪50年代开始对外直接投资，日本企业是20世纪70年代，韩国是20世纪80年代。中国企业现正处于学习阶段，在相关业务的各个方面均需要专业咨询服务的支持。

自2010年吉利完成对沃尔沃的全部股权收购开始，中国企业海外扩张的速度加快。2014年，中国全年对外直接投资首次突破千亿美元，达到1029亿美元，同比增长14.1%。中国从全球引资大户，向全球投资人的角色转变。2016年，中国与全球化智库（CCG）与社科院社科文献出版社联合在北京发布企业国际化蓝皮书《中国企业全球化报告（2016）》。该蓝皮书从2014年开始发布，正值中国企业大举"走出去"的黄金时期。2015年中国对外投资首次超过来华投资，开始步入资本净输出阶段，中国首次成为资本净输出国。2015年，中国对美国直接投资首次超过美国对华投资，美国是中国对外直接投资最大的目的地国。越来越多的资本"走出去",从"中国制造"向"中国资本"过渡。自2005年以来,中国对外直接投资流量连续10年持续增长,2015年达到了1456.7亿美元,首次位列全球第二,是2005年的13倍多。中国企业对外投资进入了"黄金期"。美国对外直接投资流量为3000亿美元,位居全球第一。

社科院世界经济与政治研究所发布的《中国对外直接投资与国家风险报告(2017)》指出,中国对外直接投资增长迅速,企业对外直接投资中制造业最为强劲,表明了中国企业海外直接投资向寻求战略性资产转变,驱动力发生明显改变,从低附加值的经营活动向高附加值的经营活动转移。中国企业倾向通过跨国并购尽快实现核心技术、研发设施、人力资本、品牌、消费者基础、市场渠道、管理技能等战略性资产的积累。境外并购已经成为中国企业"走出去"高水平参与国际分工合作的一种重要方式,对全球产业链的重构发挥了重要的作用。

驱动中国企业开展对外直接投资的因素主要是寻求市场、资源和战略性的资产,如技术、品牌和分销渠道。截至2016年底,我国对外直接投资存量超过1.3万亿美元,境外资产总额达到5万亿美元。2012年到2016年,我国对外承包工程完成营业额累计约100亿美元,年均增长9%,已经成为世界主要的对外承包工程国之一。

开展对外直接投资的中国企业面临的最主要挑战是文化冲突;挑战和机遇并存面临着诸如商业策略、融资渠道、品牌发展、信息管理和人力资源等问题,中国企业利用各种机制规避商业和政治风险的能力较弱,对当地市场的反应迟缓。中国企业尚须加强"文治武功",对内和对外两手实施正确的战略、策略、战术,分别从宏观、中观、微观几个层面合力、通力、全力、尽力而为。

一、改善形象,提升品质——形象

主要观点:

(1) 影响中国企业走出去的形象包括国家形象、行业形象、企业形象、国人形象;

(2) 形象是塑造和勾画出来的,传媒起很大的作用;

(3) 只有"高大上"的形象才能方便"走出去","矮化"的形象会增加"走出去"的阻力和成本;

(4) 形象是放大器,形象不佳会放大诸多负面效应;

（5）对于中国的海外开拓，形象是个短板；

（6）形象工程是系统工程，也是长期工程。

值得思考的是，当年遭受日本侵略和掠夺的东南亚国家，为什么会清一色地购买和使用日本产的汽车和摩托车？除了产品品质外，主要是生产产品的人起着关键的作用。接受一个国家的产品，必须先接受一个国家的人；追从一个国家的品牌，必须先崇敬一个国家。产品的背后有着看不见的"光环"，它是品牌成功的奥秘。"爱屋及乌"是消费生活中的一个通行法则。日本的形象工程花费了大量的时间、金钱、精力，才使得如今的日本干净整洁、秩序规范、国民待人礼貌等，能够迅速博得外国人良好"第一印象"，赢得加分，获得好感和亲近感，为日本产品扫除隔阂和障碍。

如果说"走出去"是战略，那么如何塑造中国"走出去"的企业和员工的形象则是第一个要面临的策略问题，即走出去如何示人，以什么样的面貌展现出来。当生产低端产品的时候，形象可能不重要，但是，当迈向中高端产品的时候，形象就会成为必须迈过去的坎。中国中高端产品在世界市场还是"散点状"，要成片地占领市场，就必须解决形象问题。中国在这方面必须下大功夫，因为要解决中国人的公共形象，比如交通秩序、公共场所的行为举止等，没有几代人的努力是很难彻底扭转的。

走出去，首先是人的走出去，其次是企业人的走出去，最后是企业走出去。因此，破解文化障碍就是解决三个方面的问题：人的问题、企业人的问题、企业的问题。

首先看人的走出去。

近代以来，中国人走出去的步伐从没有停止过，去向基本在三个方向："东洋""西洋"和"南洋"。

第一波大规模走出去是"下南洋"。从鸦片战争到第二次世界大战前夕的百年间，国难不止，中国走出去的人口达到1000万左右。出走省份主要是广东、福建。这一波出走潮基本上是避难，迫于生计，出于无奈。走出去以后完全靠出卖劳力维持生活，因此，这一波的走出去相对低端。

第二波大规模走出去是"闯西洋"。改革开放开始后，中外发展水平差距明显，中国人走出去的机会增加，大约400万人通过海外亲属、海外留学、海外投资、海外工作等方式留在了国外，目标地主要是欧美国家。这一波的走出去是主动出走，希望开创未来，而且相对中高端，走出去的是有智慧、有学历、有技术、有资本的人。

第三波大规模走出去是"走四方"。20世纪80年代，中国企业是贸易走出去，而现在越来越多的是资本走出去，从"中国制造"向"中国资本"过渡。活跃的海外投资成为中国经济的新常态。中国的改革开放已经开展40余年，中国与外国的差距已经缩小，但富裕起来的中国人还是有很多通过海外购房、海外生育、海外就读、海外就业、海外投资等方式获得外国的国籍或居留权。这些人的最大特点就是有财力，投资和教育是走出去的主要渠道。走出去的方向可谓四面八方，亚洲是东亚、东南亚、西亚四面开花；欧洲是除东欧外的北欧、西欧、南欧和中欧；大洋洲；北美、拉美；现在，远至非洲，到处都有中国人；只要方便移民，可谓在所不惜毫不犹豫。2016年，我国对外投资流量连续两年位居世界第二位。对外投资流量的提升反映出我国对外开放战略的转型升级。从过去的重视商品输出转变为商品输出和资本输出并重。从过去的以引进外资为主，转变为引进外资和对外投资并重。

分析这三波中国人走出去的潮流，突出的表现是移民国外人群类别的变化，多以获得外国国籍或长期居留权为主，投资赚钱为辅。无论中国是贫穷还是富裕，有相当一部分人总是坚信外国比中国好，外国的月亮一定圆；总是急于换成外国人的身份；总是急迫从第三世界进入第一世界或第二世界。可以看出，中国的百年屈辱历史极大地摧残了人们的民族自豪感，尽管新中国成立和改革开放已经让国家旧貌换新颜，但崇洋媚外、盲目不自信的普遍心理短期内还是难以改变，根源还在于思想上和精神上的过于谦卑心态。

真正的走出去不是移民，而是经商，去赚全世界的钱。走出去是国际化经营，通过对外直接投资、对外工程承包、对外劳务合作等形式在国际上竞争。对外投资包括办厂、开店、设立机构、跨国并购等。从这个意义上看，中国人走出去的主要指标还是要看"企业人"和企业的走出去。

从改革开放到1997年，中国还不是全面走出去，只是企业人的走出去。因为从1979年起，中国境外投资，无论是以什么方式出资，无论投资金额多少，一律需要由国务院审批。因此，1979年到1997年，中国的海外投资企业数量和投资量的增长速度极为缓慢甚至是负增长。以1997年为分水岭，开始有了明显的增长趋势。

2001年12月11日，中国加入世界贸易组织（WTO），成为其第143个成员。中国企业长期生长在计划经济环境中，养成"不找市场找市长"的习惯，导致中国企业缺乏竞争意识和竞争能力。虽然经过了改革开放的20年磨炼，但与国外企业相比，还差得很多。中国加入WTO，使得中国企业有更多的机会接触国际市场，接触国外企业，在竞争中求生存，在竞争中求发展。与世界经济接轨，彻底融入世界经济体系，遵守"游戏规则"，努力从中

第十三章
破解文化障碍之道

获益。

早在2000年，中共十五届五中全会最终明确提出"走出去"战略。大会在《中共中央关于制定国民经济和社会发展第十个五年计划的建议》中，明确了西部大开发战略、城镇化战略、人才战略和"走出去"战略。2001年，中国加入世界贸易组织后，"走出去"战略写入《国民经济和社会发展第十个五年计划纲要》，标志着"走出去"由企业行为转变为国家行为。根据商务部、国家统计局和国家外汇管理局联合发布的《2010年度中国对外直接投资统计公报》公布的数据，2010年中国直接对外投资额达688.1亿美元，其中非金融类直接投资601.8亿美元，占87.5%。2010年中国对外直接投资流量位居世界第5位，存量位居世界第17位。

现在，越来越多的中国企业开始走出国门，寻求到海外发展，这是我国改革开放，经济发展、国民富足的必然。

外国人对中国人和中国企业的第一印象是走出去的第一关。中国企业要走向海外，面临的是一条艰难之路，除物质资源外，还要克服一系列文化障碍和冲突问题。中国企业要顺利走出去，减少阻力和不必要的麻烦，尽量不引发文化冲突，就要在整体形象上下功夫。对此，日本的做法是，提升世人对日本人的好感度，所以日本要标榜是西方国家，是比东方国家更文明发达的国家，为此还塑造"点头哈腰"的彬彬有礼的形象，日本人在整个国际社会也确实普遍给人留下了有礼貌的良好印象。这是日本企业顺利进入海外，发生文化冲突少的一个成功经验。

中国当然不能依葫芦画瓢，中国人的良好形象应该包括以下几个维度：

1. 了解当地法律——做守法的中国人

懂法守法的法治精神是首要的。中国人和企业在国外的"保护神"就是国际法和当地法律。一些国人在国内习惯于游走在法律、法规之外的"灰色地带"，漠视法律法规、钻空子甚至违法交易，法律意识淡薄且有误区。一些中国企业去海外发展时，缺乏研究其法律环境的意识，甚至对当地法律一无所知，在国外遇到问题也不知道如何通过当地法律来解决，往往采取退避或企图花钱买平安的做法。这种做法应该杜绝，在走进一个国家之前，要先补法律课。遇到事情要拿起法律武器捍卫合法利益。例如，中国企业在产品进入国外市场时，如果忽略进行专利检索，便可能遇到国外竞争对手的专利伏击。竞争对手往往在我方完成大笔市场投入，还没有获得销售利润时，突然发起专利诉讼，逼迫中国企业接受专利费要求。2004年，中国浙江民营企业通领科技与美国莱伏顿公司的知识产权纠纷就是一个典型案例，所幸，通领科技早在进军美国市场前,便将产品送到美国两家著名律师事务所进行侵权检索和分析,并取得了非侵权的法律评定文书。因此在诉讼发生时,果断地拒绝了支付美国莱伏顿公司专利费的和解方案,拿起美国的法律武器,积极应诉,最终获得胜诉。

有备无患,只有通晓了所在地法律,才能实现由被动防守向主动维权的根本转变,摘掉中国企业"法律意识淡薄"的帽子。

2. 学会当地语言——做会沟通的中国人

语言是交流的工具,沟通交流是经营管理的必要手段。中国企业拓展海外市场,语言是个障碍。绝大多数企业要求外派人员会讲英语,似乎这样就可以解决问题了,事实上这是一个误区。海外中资企业的通病是不能有效管理当地员工,主要原因就是母语思维造成的交流不畅。韩国一些大企业在准备开拓一个新市场前,就派出一些有语言才能的人到所在地学习、生活几年时间,尽量弥补语言造成的思维隔阂。

华人移民目前遍布世界各个角落,特别是第二代移民,往往能够具备中文和当地语言两种母语思维能力,因此,外语再好的中方管理者,也最好配备一个在家讲中文的当地华人移民为助手。大企业可以从海外招聘一些移民子弟到国内工作一段时间再回到国外配合外派高管工作。

3. 尊重当地宗教——做有信仰的中国人

共同的信仰是人们彼此间建立诚信的重要条件。信仰可以是主义,但更多的是指宗教。人们一般把有信仰理解为有宗教信仰。世界上分为有神论者和无神论者,无神论者主要集中在中国,中国是一个宗教信仰自由的国家,但目前多数中国人是无神论者,这也是其他国家国民对中国人的普遍认识,形成中国人没有信仰的偏见。

尽管无神论也是一种信仰,但有神论者通常认为,坚信神不存在的人是不道德的。但是,这种论调和偏见除了宗教上的理由之外,并不存在其他合理的理由。所以,在大多数国家,无神论者通常不会遭受道德的谴责或法律的制裁,如美国人中以信奉新教为主的基督徒占国民的86%,余下绝大多数信奉伊斯兰教、佛教、犹太教、道教……也有极少数无神论者;但在某些政教合一的宗教国家,这种谴责或制裁仍然存在。

因此,中国的海外市场几乎都是有神论者,"道德信任"问题是中国大陆去海外开拓事业必然面对的,需灵活应对。应当"入乡随俗",尊重当地人的信仰。

宗教总体上是劝人向善的,但宗教并没有给人类带来理想的世界。不过人建立一种有神论的信仰是无害的，对于中国人到海外发展还是有益的。中国是宗教资源丰富的国家，佛教、道教、儒家思想（外国人喜欢称作儒教），在国外都被认为是一种可以接受的道德保障。老子和孔子在全世界都有巨大的影响力，是被广泛接受的偶像，甚至关公等人物也有相当的影响。如果你是一个坚定的无神论者，要突破宗教信任难题，可以采用"中国传统文化"来作为克服的手段。例如，在海外企业，中方管理者办公室和会客区装饰中国传统道德警句，张贴一些孔子画像，摆放一些宣传中国传统文化的《论语》《道德经》等书籍，或者称自己信孔子、信老子、信关公都是一些很好的选择。

4. 熟悉当地伦理——做风土人情的明理人

伦理和宗教相关，但其内涵更广泛，特别是包含了政治、民族、历史等因素。中资海外企业在经营中遇到的很多问题都可以归为伦理问题。例如，以成吉思汗为形象的品牌，在欧洲就很难被消费者接受；龙的形象也不受西方欢迎；类似纳粹标志的产品会遭到欧洲消费者抵制；我国的纺织品、玩具、家具、鞋帽也常被贸易制裁，他们打的也是伦理旗号。

公司管理常常会遇到伦理问题，企业文化也会体现企业的伦理价值观，国内一些企业的企业文化包含了一些口号化、政治性、民族主义的内容，如长虹以前的宣传口号"产业报国，以民族昌盛为己任"，这样的企业文化难以让海外员工认同和接受。另一种常见的伦理问题是言行不一，企业管理者自身行为违背公司伦理，这些在海外企业都会成为问题甚至是大问题。

中国企业进军海外，要想克服伦理关，企业文化就应讲普世的伦理道德，用人性代替人情，无论是在国内还是在海外，都应遵循和保持一致的伦理道德观。企业还可以主动开展一些文化交流活动，用中国悠久深厚的民族文化来吸引外国人的关注、讨论，从而理解、认同中国人的社会伦理价值。例如，中远在意大利购买了一个码头，开始码头工人的管理总有问题，主要是一些价值观的冲突，在中方管理者和个人深入交流后，员工知道新老板是有坚定信仰的共产党员后，竟然自动解散了工会，因为他们认为共产党是代表工人阶级利益的政党，共产党员做老板，工会自然就没用了。

中资企业在海外遇到的伦理问题会很复杂，但往往国内的业务主管机构不能深刻地认识这些问题，在伦理问题上不能理解、支持海外管理人员，这是很多中资企业海外经营失败的根源。

5. 了解当地习俗——做入乡随俗的中国人

习俗融合了伦理、宗教、历史等各方面，是更宽泛的文化问题。企业在市场运作时，必须要研究所在地的习俗问题。如当地人对数字、颜色、包装形式、文字、比喻的禁忌等，避免引发一些偏见和误会。

习俗关解决的一个方法就是本土化，积极采纳本地员工的建议，避免中方员工出现失误。跨文化问题要靠跨文化的方式来解决。企业的海外业务要缩减国内管理层级，加强技术监控，减少人为干预。在涉及文化冲突的管理问题上，应以海外管理团队意见为主。规模较大的企业，最好建立海外总部，在海外总部培养起一支相对稳定的职业化管理队伍；企业决策要多参考专业咨询机构和专家建议，要经常性地进行一些预案研究；限制外派中方最高行政官员的职权，只起到内外衔接的监督作用，而且经常调换，避免做大。董事会成员要轮流熟悉海外业务，尽量不由国内职能部门对海外管理直接干预指挥。

6. 团结才是力量——中国企业不能单打独斗

中国企业走出去要"抱团出海"，要组团走出去，不要单打独斗走出去。中国人不抱团，是我们"海外军团"的弱点。走出去的先锋队往往是央企，在海外项目招标中，如果各自为伍、各自为政、各打自家算盘，就会敌未尽先自残。抱团的方法就是建立协会、社团，使得凡事都有组织管。在政府和民间交流的过程中，通过本地化的协调管理，能够减少文化沟通障碍，快速推动落地。

"中国产业园区"是抱团走出去的很好方式。走出去前要事先进行产业链、价值链研究和设计。重点是产业规则的制定和产业话语权的取得，要去那些能让产业占位的地方，逐步走向标准化，可复制，然后在世界建立企业体系。要建产业园走出去，不孤军奋战，发挥群体优势。要产业链走出去，结成产业联盟，上下游关系企业"结伴出海"。

要建立中国人的生活社区。要整片社区走出去，不要一块工地走出去。20世纪七八十年代日元升值，日本企业开始大量"走出去"。日本的海外战略由政府主导，医院、学校、社区公寓等不赚钱的公共配套设施一般由日本政府和行业协会负责，不让走出去的企业承担那些不该承担的、无法承担的风险和义务；购物商场等外观要建成日本风格，让走出去的日本人有思乡之情，能感受到祖国的温暖，能安居乐业，完成日本"世界工厂"和"海外日本"的"大业"。日本车企在巴基斯坦的直接投资开始于20世纪90年代，凭借其强大的技术支持，低成本优势，较低的行业门槛，良好的产业竞争力，完备的海外投资促进政策体系，相对轻松地形成了垄断市场地位。走出去的日本企业优势明显，日本政府、金融机构也积极保驾护航，使得其在海外市场赢得先机。日本企业注重民生项目,积极营造良好的形象,优先援助那些能够直接影响当地人日常生活的项目,做到把钢用在刀刃上。在进入的早期阶段,在各个相关领域做好了布局。

根据日本驻巴基斯坦大使馆的统计数据,截至2016年1月1日,在巴基斯坦常驻的日本人仅为982人。然而,这并不影响巴基斯坦人对日本的熟悉。在巴基斯坦有很多日本品牌的家用电器、电子产品、办公用品等,街上看到的绝大多数是日系汽车。日本汽车在巴基斯坦有非常高的市场份额。根据巴基斯坦工业部《汽车工业发展政策(2016—2021)》的数据,当地轿车市场主要被日系车丰田、本田、铃木所垄断,分别占市场份额的34%、26%、50%。同时,日系厂商在摩托车市场占有率为41%,在卡车市场占有率为69%,在巴士和吉普车市场占有率为62%,在轻型商务车市场占有率为96%。日本车企与当地的上下游形成了稳定的合作关系,包括零配件加工、整车组装、钢材生产、技术指导等。日本政府让一些政策性金融机构为海外投资的企业提供长期低息优惠贷款,为开发资源、开拓市场制定对外经济发展战略。除了经贸,日本在巴基斯坦的用心在文化。巴日文化协会是主要促进两国友谊和文化交流的机构,在巴基斯坦设有五个办公点,分别设在伊斯兰堡、拉合尔、白沙瓦、卡拉奇和奎达,涵盖了首都和四个省会城市,覆盖面广,能够深入当地社会。该协会选任当地人为主要管理者,开展交流活动。

截至2017年上半年,我国企业在44个国家的97个境外经贸合作区累计投资289.9亿美元,入区企业3825家,上交东道国税费30.9亿美元,为当地创造了24万多个就业岗位。

7. 方法很关键——中国企业善于学习

后发优势是我国企业的一个难得的机会,只要善于学习、汲取先行者的教训、总结成功者的经验,就能充分发挥后发优势。

如何"本土化",又能在本土化的市场中获利,是"走出去"的中国企业必须先要学习的问题。中国人盖学校,日本人捐赠文具,而且文具都带有明显的日本标记。结果,没有多少人记住盖房子的中国人,而赠文具的日本人广为人知。日本人做事严谨,在资助贫困学生时,他们会做一手调研,了解学生真实的家庭情况。中国企业在当地做水电站开发和实施工作。水电站直接带来的是就业机会,但是,当电发出的时候,当地人却已经很少记得中国人的贡献了。日本企业在当地做桥梁、道路工作,桥梁、道路实实在在地摆在那里,每天都能看见,还是一道风景线。日本人的帮助自然时常被提起。日本企业在选取支援项目时,一般金额不多,项目不大,但是民生示范效应好，以巧取胜，以小博大。日本捐建公园，公园的设施和玩具都标记清晰的日本国旗和日文。公园影响的是孩子，长期作用和潜在影响力明显。

因此，中国企业输出和出口海外的设备产品的标识多用拼音，少用汉字。要学会生产场地的宣传技巧，比如因为新闻报道经常会出现对抢险救灾、项目的开工或竣工、突发事件等的现场报道，图片和镜头就是宣传时机，如果不重视则会错过良机或导致恶果。因此，中国项目建设工地的设备一律不得出现外国产品标识，如推土机、塔吊、汽车等。现代企业，从经营者素质到员工素质，从产品质量到管理技能，企业形象无处不在，管理者的素质、员工素质、产品的生产质量、管理制度、市场营销、企业环境的建设、产品开发无不渗透着浓郁的文化。

二、品牌至上，胜者为王——品牌

主要观点：
（1）避免低价竞争、同质竞争，必须走品牌路线；
（2）品牌是重要力量，可以称作"品牌力"；
（3）与产业链、价值链一样，必须构建"品牌链"；
（4）形成品牌力，传播是关键；
（5）品牌文化是文化战略的一个重要组成部分；
（6）老字号带动新品牌；
（7）产品竞争是低端竞争，品牌竞争是中端竞争，文化竞争是高端竞争。

企业的竞争以产品竞争开始，再到品牌竞争，最后到文化竞争。相应地，企业应先培育产品竞争力，再到品牌竞争力，最后到文化竞争力。文化竞争力是培养有忠诚度的消费者最持久的力量。以法国米其林公司为例，米其林之所以能稳居世界轮胎业霸主地位，因为其不仅是在卖轮胎，更是在卖文化。它的轮胎人"必比登"（Bibendum）形象和《米其林红色指南》"圈粉无数"，形成了长久的消费群。

中国是最大的服装生产国和出口国，但中国一直没有自己的世界级的服装品牌。这种情况在很多产业都是一样的。由于品牌缺乏国际化战略，削弱了中国企业"走出去"的国际竞争力。对品牌内涵、产品品质、品牌推广和宣传传播、行销网络加大建设，打造民族品牌需要政府法制化管理，统一海外推广；需要商会等组织协同"抱团"，协同国际化品牌战略。

"品德、品质、品位"构成品牌三角，核心是品质。品牌＝品德＋品质+品味。没有品德造不出高品质，没有品质则不会有品位。要推动有品质的产品"走出去"，要推动品牌"走出去"。

如今，中国已经有了自己的跨国公司，入选世界500强的企业也不少。2005年，世界五百强的榜单中只有16家中国企业。2016年增加到110家，日本企业只有52家。世界五百强榜单按销售盈收来统计，从中可以看出中国企业体量在变大、世界竞争力在变强。但是中国企业的创新能力和竞争力还不够强，特别是品牌影响力还比较低。入选的企业多数是行业垄断企业，主要是靠规模取胜。

品牌有种不可思议的力量，品牌的魅力无穷。企业的品牌是企业（产品）形象与企业内在价值的综合反映，也是构成企业无形资产和竞争力的核心要素之一。品牌大体反映了企业的竞争水平。

在我们的日常生活中，品牌的力量无处不在。例如，当我们购买某一件商品时，一般总是倾向于挑选"牌子好"的那一种，甚至很多人总是挑选"名牌"，尽管名牌的价格总是比普通牌子的商品价格要高出很多。名牌是一个通俗的概念，并没有确定的标准。例如，国内虽然有评估名牌的机构，授给某些品牌为"名牌"，但是，名牌不是评估出来的，而是市场竞争的结果。许多品牌产品自己也打上名牌的称号，实际上不过是一种宣传手段。国内有驰名商标的商标保护制度，符合国际上保护著名商标的知识产权保护的惯例。可以说，大多数驰名商标是比较知名的品牌，有些是名牌。具有知名度的品牌，是不是"名牌"是有争议的，譬如说，国内某电脑公司的知名度很高，但它的产品是不是名牌，就会有争议。因为其中还涉及消费者比较选择该产品的态度，以及产品的质量和市场竞争力，等等。在相同的销售环境下，具有知名度的"牌子好"的商品一定销路比较好，并且比没有牌子或者牌子知名度低的商品具有较高的附加值，这实际上就是最直观的品牌价值。

但是，知名度高的品牌不一定都是名牌或者有品牌价值。国内的夏利牌小轿车就是一个有品牌知名度而缺乏品牌价值的例子。品牌价值主要依赖于该品牌带给品牌所有者企业在产品市场竞争中的附加价值，即测算某一品牌和没有品牌的产品在竞争中的不同影响力和优势，通过在市场占有、销售额、价格优势等几个方面测算实际在一段时间内所带来（贡献）的附加价值。当然，这些品牌价值评估主要针对产品品牌，而企业品牌则主要根据无形资产的评估。企业在并购等交易过程中都涉及"商誉"，即无形资产和品牌价值，一般在政策上允许进行商誉的摊销，即用税前收入分期抵销其中高出实际资产的溢价，其中即包含品牌价值。

日常人们所接触和认知的品牌，不仅有产品品牌，还有企业品牌。譬如说，虽然我们很多人都没有使用过那些主要以机构用户为销售对象的公司，譬如美国通用电气公司的产品，但"通用电气"的品牌在相关的行业乃至在市场上的地位还是响当当的。在一些企业，企业品牌和产品品牌是一致的，有些是不一致的。譬如说，索尼（SONY）、海尔的企业品牌和产品品牌是一致的，宝洁公司就不一致，松下和科龙就不完全一致。松下公司的产品品牌——National 和 Panasonic 在中国都是响当当的品牌，但是许多人包括一些专家都没有弄清楚"松下""National"和"Panasonic"之间的关系。可以说，松下在品牌规范方面的做法不如索尼明智（索尼的品牌价值已经超过松下）。松下走过了许多弯路。松下曾经到美国要注册"National"（"国家的"）的时候，美国的商标法不允许注册以通用名称为名字的商标，所以松下最终注册了"Panasonic"。这里需要指出的是，国内许多企业将来在国际化的过程中也可能面临松下曾经遭遇的问题。因此，2003年联想公司更改品牌的英文名称并更新企业标识，做得比较及时。许多大企业在国际化的过程中，也要重视英文商标的问题。

企业形象就是一笔财富，是品牌价值的一部分，赢得消费者支持是不变的市场规则。总体来说，企业品牌和产品品牌一致的企业，其品牌集中度更高，新产品的推广所付出的成本要低。但企业品牌和产品不必一致或不应当一致，也有许多特殊的情形。一种情形是，企业需要多种品牌，即品牌个性化，以便扩大市场占有率。另一种情形是，企业经过企业和品牌的并购，就会形成多种品牌。譬如，有的产品需要个性化的多种品牌，如日用化学品，如果只有一种品牌，就缺乏选择余地，会影响销售规模的扩大。所以，宝洁（P&G）公司的产品线很宽，有无数个产品品牌，光是洗发水就有好几个。另外，有的企业属于服务类，只有服务产品而没有有形产品，其服务的知名度与企业品牌凝聚在一起。还有的企业集团，有好多个企业品牌，比如时代华纳公司就有很多知名的企业品牌和产品品牌。

对于企业品牌与产品品牌一致的企业，有便利之处，但如果没有长期的考虑和安排，也存在一定的品牌扩展的障碍。例如，一个知名的企业名牌，有助于品牌的统一，对新产品尽快确立品牌知名度帮助很大。如海尔是比较成功的品牌统一的例子。但是，有些企业品牌与产品品牌一致的企业，如果企业一开始没有做好产品线拓宽的品牌管理，很可能造成企业品牌过于贴近一种或一类产品，对新产品的推广没有发挥品牌效应。譬如，一个长期作为生产电视品牌的企业，人们很容易把企业的品牌固定在电视机这种具体产品

第十三章
破解文化障碍之道

上,当企业生产其他产品时,企业品牌就没有发挥出最佳的品牌扩展(延伸)效应。就此而言,建立品牌的企业应有企业品牌发展战略,以实现品牌价值的扩展。

对品牌的传播来说,从事民用产品开发销售和公众服务的企业,相对于机构用户产品和服务开发的企业,无论是产品品牌还是企业品牌,都比较容易获得知名度。当然,其维护品牌的成本也比较高,因为消费者越多,能够保障不出差错的概率也就相对越低。

一个有价值的品牌或真正意义上的名牌,要有知名度、美誉度和忠诚度。而美誉度和忠诚度,就是品牌的内涵和积淀。一般来说,品牌要有载体或者内涵,才能成为有内涵、有魅力的知名品牌,并最终成为名牌。名牌需要有历史及品质的积淀,我们常说的永续经营对品牌来说是最切实恰当的。

品牌的载体和内涵是综合的,包括了许多方面,如较好并且是稳定的技术、产品质量和服务,最高阶层管理者的形象魅力,良好的公众形象、企业管理与员工的日常行为,社会责任感强,独具特色而又美好的企业文化,国家形象,等等。当然,作为名牌的品牌,还需要一定的知名度。建立知名度相对忠诚度要容易一些(包括投入广告或者扩大规模,以及一时性的炒作也有助于知名度的建立),但丰富品牌内涵和获得忠诚度则不是一朝一夕所能达到的。而创建品牌的时间比较长,要有长远的眼光和坚持不懈的态度。

品牌对企业的重要性是不言而喻的。可以说,品牌是企业无形资产(包括企业形象、信誉、商誉与其他软性资源)最集中的体现。一个知名产品品牌,可以唤起人们购买该产品的欲望;一个知名企业品牌,可以获得人们的信任、得到服务的欲望以及合作意愿。所以,很多企业在品牌推广方面做了很多投资。品牌不仅是企业的无形资产,也是企业在竞争中获胜的基本战略。因此,企业在解决基本的生存问题以后,应该注意品牌建设和管理。如何建立和管理品牌,是一项复杂的管理工程,与企业永续经营的理念若合符节。品牌的管理是专项工作,需要专门管理,设立品牌顾问、品牌经理是必要的。同时,品牌应与企业宣传公关工作等统一管理。一般需要企业最高领导予以充分的重视。企业的品牌管理和企业形象建设是一体两面的工作。品牌和企业形象的塑造一定要体现企业的长处。

给品牌取个好名称是项基本工作,但也不容易,尤其要开拓国外市场的时候。名称一方面要便于记忆,另一方面也要便于传递品牌内涵。例如"可口可乐"这个中文的品牌名称就是非常经典的。创建品牌和维护品牌都需要投入较多的时间、金钱和精力。有的曾经知名的企业只有知名度而没有内涵,譬如靠广告轰炸建立的知名度，如果没有其他内涵的支撑就不会长久。因此，注重品牌的企业比较讲信用，也比较重视危机公关。反过来说，实施品牌战略，也是企业自我提升的具体表现。

总之，我们应该认识到，品牌经营是企业经营发展中最有价值的无形资产的积累之一。企业应该普遍树立起品牌经营意识，即使没有知名的品牌战略，至少也应当把经营品牌作为市场营销的一个基本环节。如果没有品牌，消费者难以在众多的产品中辨别和选择该种产品，产品和服务也就失去了竞争力。市场竞争越是激烈，品牌越是重要。特别是许多企业在产品推广活动中，没有合理使用宣传广告费用，包括用搭便车的手段建立起品牌的知名度，以及品牌内涵。也就是说，许多企业没有采取明智的策略，即在不需要额外安排开支的情况下，使产品宣传计划符合品牌建立的流程。

品牌的准确的市场定位是一项市场营销的工作。品牌都针对特定的消费群体，需要认准传播和推广对象。一般而言，以知识产权为价值来源的产品，适合定位于高端的消费人群，而以规模产品为市场定位的品牌则注重普通消费者，但一般需要产品的细分工作。例如，电脑产品可以使用一个品牌，但需要建立针对特定消费群体的细分产品和细分产品的二级品牌（特定名称的品牌扩展产品）。如啤酒公司可以有口味浓淡不同的产品，可以针对不同区域、不同年龄段消费者细分产品，并用二级品牌（有特定的品牌名称）来区分。细分品牌及其名称可以结合消费群体的文化娱乐特点来设计。就拿啤酒来说，要吸引年轻消费者，产品的包装和名称以及宣传推广方面需要充分考虑时尚文化的特点。日本麒麟啤酒公司曾经推出一种口味较淡的称为"麒麟淡丽"的啤酒，价格也比较便宜，风靡一时。

品牌形象蕴含着品牌的内涵。很多品牌的形象是通过明星来代言，通过实现品牌联想来丰富品牌内涵。但品牌形象的塑造是一个时间和内涵的长期性、连续性的过程。有时，错误选择形象代言人反而有害品牌形象。品牌内涵也可采用公益活动的方式来树立和丰富。品牌的培养和推广也让品牌的内涵更富于生命力。

美国、日本企业总是善于创造、塑造、铸造并维护企业文化且不惜耗时费力。在中国，企业家形象塑造品牌形象的结果利弊参半。企业家通过各种活动和丰富的理念表述提升品牌内涵，但品牌不能依赖企业家的个人形象魅力，否则，企业品牌的独立性和企业形象的长续性难以维系。

消费的本质是文化消费，人们在选择品牌时，就是在选择文化。如今的消费者不仅需要高品质，更需要消费文化内涵。品牌蕴含的文化能否与消费者的文化相吻合，是得到消费者对品牌的认同、引起消费者与品牌共鸣的关键。品牌和文化是消费欲望和购买行为背后的主要驱动力。品牌是文化的载体，文化既附着在品牌上，又渗透于品牌经营全过程、全方位，表现了企业的理念、意志、行为规范和群体风格，特别是企业精华。经营品牌离不开企业文化，企业文化的一个不可或缺部分就是品牌文化。塑造品牌及品牌文化要靠先进的文化。品牌的文化属性是品牌识别固有的一面。品牌是企业文化的标志，其内涵包括了企业文化的各方面，如企业家的期盼、经营思想、企业精神、价值观等。品牌文化与企业文化相互支持、相互依存。品牌的物质基础是产品，品牌的精神力量是企业文化，企业文化是品牌的灵魂。世界著名的大公司都有底蕴深厚的企业文化。经济全球化让企业竞争越来越多地渗透文化理念，由规模效益竞争转向企业文化和品牌文化的竞争。塑造中国特色的企业文化是中国企业品牌经营中的一个重要课题。

品牌背后的企业文化需要企业在长期生产经营活动中培育，形成为全体人员遵守和奉行的价值观念、行为准则、经营理念、企业精神。企业建设品牌文化的目的，一是要创造企业内部文化系统，给员工一个良好的人文环境，二是要创造具有人性和文化意蕴的产品。使品牌在精神和物质两个方面都得到发展，获得活力和生命力。

企业文化以企业精神、经营理念为核心，思维方式、行为方式和企业形象都是企业文化，企业的文化系统包括企业物质文化系统、行为文化系统、制度文化系统、思想精神文化系统。文化符号的识别是品牌物质文化的核心。通过企业文化的识别，品牌与周围文化属性相同或相近的消费者结合成一个文化整体。但企业文化的竞争是一种无形价值竞争，它不能按照产品的规格尺寸、功能多少、外观美丑去把握，比的是内涵。品牌的文化内涵越深，企业创造的无形价值便越多，有的企业的无形资产会大于有形资产。品牌建设的决策者应高瞻远瞩，可以从历史文化中汲取丰富的资源，结合企业的文化，结合客户的需求心理，优化配置文化资源，在做好物质形态如产品的技术、工艺、性能、功能、外观等的基础上，赋予品牌的文化内涵。

品牌具有人格化特征，是一种文化空间，也是市场空间，而市场的核心又是消费，消费者都是具体的人。企业文化与品牌文化的整合赋予品牌生命，通过品牌的升华，促进企业文化的发展和品牌建设是追求的最高目标。品牌是企业的生命力所在，企业文化通过产品、品牌扩展整个文化领域，对内增强凝聚力，对外增强竞争力，并努力把文化效应转化为市场效应和经济效益。企业未来的竞争是文化竞争。企业必须塑造独特的品牌文化来适应这种竞争局面，只有赢得文化竞争优势的企业及品牌，才可得到世人的瞩目和消费者的青睐。

三、社会责任，理解万岁——责任

主要观点：
（1）责任管理，尤其是社会责任管理（SR）是企业成功的一个法宝；
（2）责任观是价值观的重要一部分；
（3）丰富责任内涵，构筑精神堡垒。

中国的全球战略之一是要塑造成"负责任"的大国形象。中国"走出去"的企业要勇于承担责任，政府要引导企业建立社会责任意识，进行媒体公关，塑造负责任的企业形象。中国本土的NGO（非政府组织）要与国际非政府组织保持良好沟通，和行会一起助力。以往在环保、动物保护等领域一直被西方主导，道义的制高地被西方占据，在非洲等地区的公益保护组织几乎被西方垄断，中国要进入并拥有话语权还有很长的一段路要走。

越来越多的跨国公司已经意识到：在寻求全球利润最大化的过程中，承担更多的全球责任，不仅可以改善经营环境，提高公司的竞争力，而且会在社会和公众心目中树立良好的公司形象，促成公司长期利益目标的实现。近年来兴起的把环境保护意识贯穿于企业经营活动全过程的"绿色管理"理念和管理方法就是其表现之一。

"走出去"只是第一步，还有"走进去"，融入所在国，走出可持续发展的中国企业海外发展路径，实现中国企业与当地企业共创共赢的局面。在海外，应牢牢树立以人为本的社会责任意识，尊重东道国的文化和人民，积极进行公益事业，为当地经济和民生做出贡献，树立良好社会形象。

责任是从低到高的层次体系。最核心的是公司责任理念，中国企业的一个责任是股东责任，要为股东创造价值。但是跨国公司除了股东责任外，还要有社会责任、环保责任。他们建立了股东责任、社会责任、环保责任为一体的企业责任体系。只有负责任的公司，才能够基业常青，成为长寿企业。过去，中国走出去的企业没有塑造起负责任的企业形象，相反，负面形象不断。比如一些中国公司把假冒伪劣产品卖到海外。另外，中国公司为了赚钱疏于管理，矿难、事故不断。这样的做法在全球化时代不仅没有竞争力，还会频遭抵制，有损国际形象。现在的跨国公司在全球范围内兴起一个新的提升，强调社会责任、环保责任。面对新的标准，如果中国企业责任缺失，外国公司就会拒绝采购中国这家公司的产品。

第十三章
破解文化障碍之道

中国企业要在全球化中走向世界，就必须接受世界上共同的价值观，这是对中国企业非常严峻的考验。因为我们刚刚发展，而许多别国企业已经发展很多年，到了一个高度，如果我们不接受这个高度，面对全球的挑战，就没有办法和跨国公司竞争。东道国的工会活动对中国企业的海外利益构成巨大挑战。中国企业应当充分学会与工会打交道，认识工会、重视工会，与工会建立信任关系。政府应积极对话高层，协助开展公共外交。行会应与国外商会组织、工会建立联系管道；建立中国自己的境外商会组织。中国企业面临第三次提升，从硬件提升到制度提升，到现在公司责任理念的提升。

企业是盈利性组织，但盈利绝不应成为企业发展壮大的唯一目的。作为社会整体的一部分，所有企业与社会存在一种互惠性责任，即"企业社会责任"（CSR）。

道德从来都是一定社会条件下的产物，物质生活水平的提高与社会文明程度之间未能同步协调发展的矛盾产生了大量的社会问题，也导致了企业社会责任问题（包括企业道德）。这是企业经营所处的社会环境、人文环境、政治法律环境以及自然环境等复杂因素造成的。随着社会的进步，企业社会责任的观念也在不断进步。越来越多的企业把承担社会责任和满足社会需求看作是从事商业活动的一个有机组成部分，把企业社会责任纳入管理体系，成为企业经营目标决策的基本参考，也以此作为企业的一种发展机遇。比如为了社会责任，顺应社会要求，企业要节约生产，这样做既提高了声誉，赢得社会的信任与支持，也为自身经营发展营造出更加和谐有利的环境，实现双赢。自工业革命以来，企业唯一目标就是获得最大的利润。步入当代文明社会，追求最大利润仍然是企业经营管理的基本信条，但社会利益已经进入到企业管理范畴。

日本"企业之父"涩泽荣一早在19世纪80年代就首先提出工商企业同国家利益的关系，企业需要与社会道德的关系等问题。在20世纪初，德国提出用责任来代替利润的观点，认为未创造出适当利润的企业既损害了社会资源，又破坏了经济的成长能力，是一种不忠于社会所托、不负责任的行为。到20世纪四五十年代，把企业看作是单纯的经济组织的观念根深蒂固。企业社会责任观的探讨主要聚焦在三个层面：一是企业违背公共道德谋取利益的问题；二是企业主承担雇员的就业、福利等责任问题；三是企业向社会捐助文化、教育、慈善机构和其他各种公益活动等问题。除交纳税金以外，企业几乎不能为社会公益事业做出什么贡献。到了六七十年代，用户至上、消费者权益保护和环境污染治理等运动兴起，西方企业不得不在其生产经营活动中承担起越来越多的社会责任。特别是八九十年代以来，各国政府、各国际组织纷纷采取行动，实施相应政策措施，规范企业行为。各国传统观念开始转变，把企业的社会责任从仅仅为企业资助社会公益事业的看法，转变到开始重视企业在提高生活品质、促进社会文明进步、保护自然环境、维护可持续发展等社会问题方面。企业社会责任观念的这一历史性转变，推动了美国"企业社会责任感运动"，逐步产生一种符合人道主义的开办企业理念，顾客、雇员、股东及供应商的利益，社区、社会和环境的利益，短期的经济效益，社会的长远的共同利益等等，企业通通都有考虑。对他人和社会的兼顾既是企业道义责任，也是一种明智的企业经营之道。

许多企业都把社会责任引入企业管理，为社会做出贡献。美国惠普公司把为股东、客户、协作者、员工、社区及所在国做贡献作为目标之一。IBM公司积极捐助教育、环境、健康、艺术、残疾人事业等。我国的企业也行动起来，荣事达集团提出自律宣言，在同政府、待业协会、顾客、协作商、金融机构、新闻媒介、公众、社区等社会关系中承担自己的责任和义务。

企业社会责任观仍然在不断发展，比如，发达国家的GDP增长缓慢，转而关注实际生活质量。而现有的经济标准还不能正确反映一个国家的生活质量，比如美国尽管在过去20年里GDP增加了30%，可老百姓却没有感觉到生活质量提高，甚至感觉在下降。这些现象将会促使人们进一步重新认识现代企业的社会责任。

经济的高速发展愈加扩大企业与社会的对立和矛盾，企业一方面要应对社会的要求、指责甚至批判，还要更加注重企业活动的社会影响。21世纪企业经营理念应达到一种文化自觉高度，积极适应社会，以新的"企业社会责任"观念来顺应社会的要求和期待：

（1）社会使命。人们对美好生活的期待由物质转向精神，企业被要求成为社会生活中的新的模范，企业目标要以人为中心，注重生活品质。

（2）社会服务。企业对社会的服务仅涵盖经济这一单方面服务的时代已经过去，现在要求为社会提供让人们满意的多方位服务，为社会的发展做贡献。

（3）社会产品。企业不仅要制造符合消费者自身利益的产品，而且要生产具有社会价值、能产生社会效益的产品。

（4）社会效益。社会效益被纳入企业经营管理的重要指标。企业与社会共存共荣、一个共同体，未能充分实现社会效益的企业在市场上将无立足之地。

（5）社会定位。企业经营都必然消耗社会资源。资源评估即评估企业对资源的利用对社会的影响，是评价企业行为的最佳定位。

（6）社会评估。对企业的社会效益进行系统的调查与评价，使企业能及时掌握市场及社会大众的期待，使企业的社会责任能完全落实，以便做出更有利于企业和社会的经营决策。

四、内外兼修，管理为本——管理

主要观点：

（1）"管"和"理"是成功管理的两条主线；
（2）跨国公司的管理关键在于总部与海外部之间的协同；
（3）"链"管理：产业链、产品链、价值链、品牌链；
（4）管理要解放思想，释放思想力。

管理要解放思想，释放思想力，关键是创新管理。进行创新需要三个基本条件：专业知识、创新思维技巧和原动力。相对而言，专业知识和创新思维技巧水平不是一朝一夕、一蹴而就的，需要长期的学习和积累。这三者中只有原动力最容易受到外界影响。认识这一点，企业应理清"管"和"理"两条线，建立相应的管理制度和激励机制，激发创新热情，才能收到直接的效果。

许多企业家所认为的企业价值链无论是从原材料产地、加工商、零部件生产商、集成、组装、总装、合成到最终产品，还是"要素投入—产品/服务—销售渠道—客户"，再或者是角色管理中供应商、运营商、发展商、研发机构等，都没有考虑按顾客的需求来设计营销组合与企业内的管理生产流程。根据客户的需求，进行企业管理流程的战略再造，延伸"链"管理：产业链、产品链、价值链、品牌链。"跨国公司是这样的一种组织，它在若干国家内获取资源，建立市场并生产产品，使成本最小并最大化利润、顾客满意度以及社会福利"，"他们的价值链可以在世界范围内获取资源，进行经营活动，为顾客提供产品和服务"，因此，对于跨国公司来说，"跨国公司复杂的价值链对运营管理者来说也是一个挑战。"[47]

企业管理从"经验管理""科学管理"发展到目前的"文化管理"阶段。经营战略相应地分为产品经营管理、资本经营管理和文化经营管理三个阶段。文化经营管理阶段更多地从人的价值实现角度来做到了真正的人本管理。"文化管理"要求企业家树立新的管理理念，以企业家精神、员工精神、社会责任精神为主导，建立体现合作、创新和宽容的理念，培育充满人文关怀的精神氛围，创造让员工实现自我价值的人文环境。员工从简单服从者转到自主、自我管理、自我奋斗、自我实现等个人思想意识的合作伙伴。企业管理者要学会尊重人、关心人、鼓励人。以人性代替人情是"文化管理"经营管理理念的重要转变。"文化管理"不仅是面对企业内的广大员工，同时也针对企业外广大的顾客、社区民众以及众多的利益相关者。企业所提供的产品和服务，或者提供产品和服务过程产生的外部效应，如果不符合主流社会民众的文化价值判断，企业的生存和发展将面临巨大的威胁。这些要求企业在寻求自身经济效益最大化的同时，必须关注企业生产和管理活动过程中所承担的社会责任、环保责任和道义责任。

管理的关键是体系的复制能力，从上到下的复制、从里到外的复制、从国内到国外的复制。制度管理是一种保证能复制的行为规范，它是任何一种组织为了达到某种目的，维护某种秩序而人为制定的程序化、标准化的行为模式和运行方式，是组织正常运转所必不可少的因素之一。制度是一种文化，制度文化体现于企业经营的外部宏观制度环境与内部组织制度之中。不同的国家或民族对制度有不同的看法和做法，例如，外方员工的经营与管理普遍用法律条文作为依据，习惯在法律比较完善的环境中做事；而中方员工通常按上级的条文、指令、文件办事和决策，习惯于按指令行事。这就使企业制度文化冲突成为必然。

企业管理方法要激励人们的创新精神。阻碍创新的往往不是管理者的个人行动，多数是企业的管理体系和管理思想。

（1）人尽其才和知人善用。促进创新精神最简单、最有效的方法是人尽其才、知人善用。企业根据个人的专业知识、能力状况和创造精神分配任务，同时了解员工的特点和所需完成工作的特点，使两者相互配合，激发工作动力。人际伦理、制度伦理和制度理性的管理意识影响企业家对事对人的管理价值观，制度规范和组织规范使得制度理性和人际亲情分开，让人际不再成为企业文化的中心，科学化的管理制度凌驾于强大的关系网之上，科学管理和理性决策从而实现。

（2）自主和做主。一定的自主权是激发创新精神的关键。企业确定任务目标后，要善于放手让人们去自主考虑、自主决定、自主决策、自我抉择地实现自我奋斗的目标。能自律的人才能给别人定纪律；能自控的人才能控制别人。有原则的人才能制定原则，讲规则的人才能制定规则。管理者在思考激发创新的管理措施时所定目标要明确，不要易轻易更改。面对一个飘浮不定的目标，任何人都难有新创意。

（3）资源分配和利用。技术创新最需要时间和金钱两种资源。目标确定以后，时间和金钱是成败的关键因素。在创新中，企业合理分配和利用资源极为重要。企业管理者必须对项目经费、人员和其他完成任务可利用的资源心中有数。"多多益善"并不是在任何时候都是正确的。

（4）运作团队。项目运作团队的组合是一种策略，事关能否较强地创新。运作团队要考虑成员各种背景，使团队能多样化地看问题。专业知识和创造性既有所同又有所不同，多样性、差异性和互补性的相互协调更有机会迸发出创新思想。成员之间要相互激励，同心同德才易攻关克难。

（5）正面激励。技术创新在取得明显的商业效果之前，创新人员能不断得到企业的认可和鼓励非常关键。对于任何新设想，企业都应该积极从正面去思考有哪些可取之处、如何进一步探索。

（6）系统支持。技术创新是企业的系统工程，整个企业全力投入和支持是技术创新的保证。企业应建立技术创新机制，建章立制，在制度和程序中强调技术创新的价值，把创新工作放在优先位置，奖励创新成果，让企业保持创新精神。

管理要解放思想，释放思想力，做学习型组织。以企业中知识共享的促进为例，知识共享是企业作为学习型组织的核心内容，也是企业发展的基本力量。企业知识共享包括如下几个方面：一是核心信息、技术与管理技能为团队所共有，排除个人对核心技术等重要资源的孤立掌握，同时使团队成员的水平趋于团队最优秀的成员。这反过来可以排除人员流失所造成的危害的。在制度化上可以通过客户信息管理办法、小组研讨及绩效考核等方法实现。二是企业各部门的专业知识成为各部门相关领域沟通的基础，并体现该知识更广阔的价值。例如，市场分析与营销方面的知识无论对于人力资源部门、财务管理部门还是技术开发部门等都是必要的，通过市场知识的介绍和研讨，会提高企业整体的市场意识和市场导向的实践能力。在制度化上可以通过员工培训、轮岗制度等实现。三是不同层次地向更高水平的知识技能提升，不会为了害怕竞争和被超越而把知识技能隐秘化，相反，更高水平的管理和技术人员负有传导的义务，譬如，在制度化上，企业管理者的提升必须首先能够培养出优秀的助手，即是说，空缺出来的管理和重要职位必须由前任做出合适的接班人的推荐和培养，而且要求有竞争候补人选。作为共享知识的制度化，在价值导向上应鼓励学习型组织的建立和跨部门合作。

五、上下一心，以人为本——人力资源

主要观点：
(1) 中国企业"走出去"急需国际化人才；
(2) 人才的关键指标是思想和精神；
(3) 企业家是企业最重要的人才，发挥全体员工的聪明才智最重要；
(4) 海外企业要人尽其才，物尽其用。

企业经营涉及的因素很多，但"中心灵魂之所在，只有一个——'人'。说一千、道一万，'人'才是关键。企业即人"[66]。21世纪最宝贵的是人才。专业的国际化团队是"走出去"的关键瓶颈。中国企业人才国际化程度低，严重影响了企业对外投资的进程。中国企业应本土化，就地利用人力资源，聘用国际人才，需要熟悉东道国人文社会、掌握东道国语言、了解当地文化、有企业管理经验的复合型人才。孔子学院、人文交流基金、交换生、留学生、华侨信息库等都是人才建设的途径。改革人力资源管理；政府要改革绿卡制度、挖掘海外人才资源、推动土洋猎头交互发展；人才中介要精耕细作，细分市场、规范人才寻访经营。

人力是生产力。有好的人力资源工作才有好的企业。人力资源是企业的核心，劳动力要变成生产力，最好变成创造力。企业领导都要花大量的时间做人的工作，做沟通、引导、培养和激励的工作。

企业家是企业最重要的人才。企业家资源在现代社会中非常重要，其承担的风险非常大。但如果把企业家的作用放到无穷大，贬低员工也是不对的。企业对"灵魂人物"过度依赖实质上是一种草莽文化，"人治"色彩过于浓重。这种文化不符合大企业稳健发展的要求。小企业的发展讲求灵活多变，破除常规，需要有"灵魂人物"冲锋陷阵。而大企业更需要讲规则、讲制衡，需要靠健全的制度规避风险，实现有效的激励和约束。全球经营阶段，公司经营的稳定性需要企业制度保驾护航，过于强调"灵魂人物"的重要性是不合时宜的。跨国公司现在都特别强调社会责任，其中相当重要的一点就是把员工看作社会分工的一部分，企业要为员工负责，为供应商负责，为客户负责，员工是首位需要负责的。怎么激励员工的队伍，使员工能够全心全意为企业创造价值，对企业来说是头等重要的任务。跨国公司都已经高度重视员工的地位、员工的作用。因此，人力资源工作在企业文化的制度化方面具有重要的地位。制度文化是当下我国企业普遍需要补充的短板。中国企业的历史发展总体时间较短，成功更多地靠人治经验，制度经验严重不足。解

决创始人卸任问题，根本方法是尽快建立现代企业制度。

企业不仅关注绩效，更要关注员工的价值观、行为与企业制度。通用电气公司前首席执行官杰克·韦尔奇说，有能力而不认同企业文化的人是第一批遭到解雇的人。在知识经济和人力资本在企业中发挥越来越重要作用的时期，企业人力资源的管理与开发不可或缺。

人力资源部门不仅要寻找人，还要开发人。企业人力资源的本质，是通过团队组织对员工进行职业化训练，激发其潜能，以实现劳动力的最大价值。人力资源部门通过对员工的绩效考核、德与才的考核、激励机制、员工招聘与晋升、培训、规章制度的制定和修改等，让所有员工尤其是管理人员来认同企业核心价值观，把核心价值制度化，共同实现企业的基本目标。

走出去的企业必须利用工会组织和法律法规解决员工与企业之间的关系。首先要按当时当地的法律法规或合约办事，其次才运用人文情感来协调双方的关系。而工会组织则是企业与员工之间的纽带。重视发挥工会组织的协调作用，维护企业和社会秩序。

六、兼容并蓄，海纳百川——企业文化

主要观点：

（1）经济发展不仅要建资金蓄水池，更要建人文精神蓄水池；
（2）跨国公司的企业文化容易"一着不慎，满盘皆输"；
（3）跨国经营无法对文化"脱敏"；
（4）海外企业"本土化"不能是文化的"当地化"；
（5）企业文化的核心是对内要吸引人才、留住人才，对外要吸引顾客、留住顾客；
（6）企业文化的关键是员工精神。

市场经济不能单靠要素驱动，经济发展不仅要建资金蓄水池，更要建人文精神蓄水池。只有建"人文精神蓄水池"才能真正地海纳百川，永续发展。

早在1982年，美国哈佛大学教授 Terrence E. Deal 和麦肯锡咨询公司顾问 Allan A. Kennedy 出版的《企业文化——现代企业精神支柱》一书，对美国公司的调查得出一个重要的结论：杰出而成功的公司大都有强有力的企业文化。对企业的管理，首先是对企业文化的管理，企业领导者只有全力以赴地强调企业文化建设，才能取得成功。[67]各国政治、经济、文化不尽相同，形成的国家文化也有所不同，代表了一个国家和民族的精神品质。国家文化的独特

性、不可复制性、民族性使得一个国家从上到下都在一个相同的氛围里运转。文化与民族是分不开的，一定的文化总是一定民族的文化。在外国人印象中，中国人勤劳勇敢，"简直是特殊材料做的"，天天都上班，不知道休息。外国人即使是有加班费，也不愿加班，更多的时间要用来休闲、享受、去教堂参加基督典礼或穆斯林的祷告。国外无法理解中国人苦行僧式的工作态度，中国人的快乐在哪里，在享受什么。这就是儒家文化给中国人的精神遗产：工作勤奋、生活节俭、忠于家庭。

企业文化是一个国家的微观组织文化，它是这个国家民族文化的组成部分，所以一个国家企业文化的特点多少都能反映这个国家民族文化的特点。任何一个跨国企业都无法"文化脱敏"。那些业绩优良、运作高效的企业无一不具有鲜明的文化个性特点，丰富的文化内涵，有效的企业文化支持系统。世界500强中的各企业分属多个国家，受母国历史和文化的影响，不同企业的企业文化会有差异。例如，欧美企业中，美国企业强调个人作用；英国企业较强调共同的感受、机智的实用主义、可塑性和等级意识；德国企业强调秩序、纪律和效率；法国企业把理性和锐气看作组织成功的基本要素；意大利企业认为管理人员的领袖气质、员工的自发行为、个人天赋等在组织管理中有重要的价值。亚洲企业中，日本企业的终身雇佣制和逐级晋升制，韩国企业的血缘原则、地缘原则和学缘原则，以及企业中普遍存在的"乡友会、同窗会、校友会"现象，都是东方集体主义企业文化特征的表现。

企业文化是一个企业在运行过程中形成的，并为全体成员所普遍接受和共同奉行的理想、价值观念和行为规范的总和。广义的企业文化把企业创造出的物质财富和精神财富都纳入范畴，从外到内依次分为物质文化、行为文化、制度文化、思想精神文化。狭义的企业文化只是思想精神文化。企业文化常常要通过企业制度和物质形态表现出来，企业的管理行为和员工的工作行为不同，不同的企业有不同的管理制度，这些不同和差异都是由于企业的思想精神造成的，因此，思想精神文化是企业文化的核心所在。

跨国公司的企业文化容易"一着不慎，满盘皆输"。美国安然公司（ENRON）的超常规发展曾经是一个传奇。有一个不起眼的地方企业在短短几年内就发展成世界级的大集团，成为世界上最大的能源、商品和服务公司之一，名列《财富》杂志"美国500强"第七名。其成功的原因之一就是它的"压力锅"文化，即为获得成功可以不择手段，对内部员工实施残酷的优胜劣汰制。在"只能成功，不能失败"的公司文化环境中，尔虞我诈、弱肉强食，失败者出局，获胜者留下，"赢者通吃"。2001年，安然破产，成为美国历史上企业第二大破产案。

建设好企业文化，关键要把握好两个核心内容：

首先，要建立信条，做有信念的企业。企业信条是全体员工都要信守的准则。信条有多种多样，如信奉有神论或无神论、主张唯物、突出个人主义、注重团体、追求财富、报效国家，等等。信条是个人内心的意识，影响人的行为、个性、命运。企业信条对企业的内部管理和外部活动产生影响，如果员工共同信守，则表现出一致性的行为，从而形成一个企业区别于其他企业的某种风格。

其次，要做有精神文化的企业。企业精神、经营价值观念、伦理道德、行为规范、群体风格的外化成为一个企业的特色，从而形成以企业精神、经营理念为核心的独特的企业文化。

在长期的经营管理活动中，那些为员工认同、接受的思想、作风、价值观念及行为准则会成为一个企业的经营管理哲学。尽管企业经营哲学是一套非正式规则，但它对企业个性的信念和行为方式具有约束、导向、融合、凝聚、娱乐和辐射等作用。

以企业经营哲学为先导，通过完善和健全现代企业制度，建设企业文化最主要的应包括如下几点：

1. 经营哲学

企业需要有一个科学的总方法论来指导一个企业从事生产经营和管理活动。例如，日本松下公司的"讲求经济效益，重视生存的意志，事事谋求生存和发展"经营哲学。北京蓝岛商业大厦以"诚信为本，情义至上"的经营哲学为指导，达到"以情显义，以义取利，义利结合"的目标。美国学者托马斯·彼得斯和小罗伯特·沃特曼在《寻求优势》中指出，在他们所研究的优秀公司中有一个共同点，就是所有企业都清楚地知道主张什么并认真建立和形成公司的价值准则。缺乏明确的价值准则或价值观念不正确，很难获得经营上的成功。企业哲学用包括企业存在的意义、企业存在的目标、企业如何生存三个层面分别解决使命、愿景和核心理念三个重大问题。

2. 价值观念

树立正确的义利观，对企业的存在、行为和行为结果进行功利性或道义性的判断是必须的。成熟的企业会在长期实践活动中形成关于价值的观念体系。

中国企业特别是国有企业必须有中国特色的价值观。如果国有企业只追求经济效益而不顾社会效益，就会偏离国有大方向。如果损害国家和人民的利益，不仅会影响企业形象，还会影响国家形象。只顾眼前，就会急功近利；

只顾经济,就会一叶障目;搞短期行为,就会失去后劲。我国民生轮船公司的创始人、老一代的民族企业家卢作孚创业之初就胸怀"为民为国"的理念,提倡"个人为事业服务,事业为社会服务,个人的服务是超报酬的,事业的服务是超经济的";树立"服务社会,便利人群,开发产业,富强国家"的价值观念。正确的价值观念促进了民生公司的长足发展。北京西单商场则树立以求实为核心的价值观念,提倡"需要理解的总是顾客,需要改进的总是自己"的观念,做"实实在在的商品、实实在在的价格、实实在在的服务"。在经营过程中,严控商品进货关、商品质量关;控制进货成本,提高商品附加值;提高服务档次,促进了企业的发展。

3. 员工精神

企业精神是指企业针对自身特点而培养、形成的企业成员的群体精神风貌。员工精神是企业精神的核心,员工精神外化为企业经营哲学、管理制度、道德风尚、团体意识和企业形象。可以说,员工精神是企业文化的核心和灵魂。如王府井百货大楼提炼总结出的"一团火"精神,实际上就是用大楼人的光和热去照亮、温暖每一颗心,核心就是奉献服务;西单商场概括出来的"求实、奋进"精神,体现了以求实为核心的价值观念,展现出的是西单商场真诚守信、开拓奋进的经营风貌,在社会上形成特色鲜明的企业精神。松下电器在1933年制定并公布了"奉行不悖的五大精神":①产业报国的精神;②光明正大的精神;③团结一致的精神;④奋发向上的精神;⑤克尽礼节的精神。之后,在1937年,又加上了"顺应时势"和"感恩图报"两大精神。[70]

4. 企业道德

企业道德和法律规范、制度规范不同,没有强制性,但仍然是潜在的约束力量,具有示范效应和感染力。企业道德主要从社会伦理,以真善美与假恶丑、先进与落后、公与私、荣与辱、诚实与虚伪等道德范畴为标准来评价和规范员工,规范企业内部职工之间关系的行为。在外部关系上也能调整企业与其他企业之间、企业与顾客之间的关系。老字号同仁堂药店,三百多年长盛不衰的一个秘密就在于"济世养身、精益求精、童叟无欺、一视同仁",把中华民族优秀的传统美德融于企业的生产经营过程之中,形成了具有行业特色的职业道德。

5. 集体意识

没有集体观念的企业难以将内部人力资源形成凝聚力。建设企业集体意识的目的是要让职工们能拧成一股绳,在企业中有主人翁精神,同舟共济与企业共成长，工厂职工能够有"厂兴我荣，厂衰我悲"的自觉意识，并为自己是企业的成员而感到自豪，对企业的发展产生自豪感、荣誉感、成就感，把企业看成是自己利益的命运共同体和归属地。整个企业形成步调一致、统一的整体。职工发自内心的真挚感情将"爱厂（企）如家"变成他们的实际行动。

6. 企业形象

企业形象分表层形象和深层形象。表层形象是以深层形象为基础，关键是表里如一。北京西单商场树立全心全意为顾客服务的企业形象，优美的购物环境、可靠的商品质量、实实在在的价格等是看得见摸得着的表层形象，而以"诚实待人、诚心感人、诚信送人、诚恳让人"来塑造服务特色的深层形象。以强大的物质基础和经营实力作保证，表层形象和深层形象的结合，赢得了广大顾客的信任。

7. 企业制度

没有现代企业制度的企业是不会成功的。企业制度具有约束性和强制力，是职工工作行为的规范要求。企业制度使个人的活动在合理界限内进行，协调内外人际关系，保护员工利益，使企业有序地组织开展工作，实现企业目标。企业制度是精神文化的表现形式，是物质文化实现的保证。

8. 行为文化

文化以人为载体，内化于心，外化于行。一个企业的文化特点可以让每一个员工通过语言、动作、表情、礼节等外化为行为文化。跨国经营无法对文化"脱敏"。首先，顾客需要文化。顾客在消费商品的同时，也需要服务，达到精神上的愉悦，而且优质服务会促使顾客购买商品。企业主要以产品显示它的竞争实力，通过服务等文化软实力来吸引顾客。

"服务第一""用户至上""用户就是上帝"等思想精神文化都要通过外在的、具体的企业行为才能让顾客感受到不一样的服务。员工的仪表、热情的态度、规范的行为、文明用语、相互尊重的礼节等都是顾客所需要的，是企业竞争力的重要方面。其次，销售和服务是企业文化传播的窗口。企业文化所形成的企业特色，只有通过传播出去才能提高企业的知名度和竞争力，形成软实力，但这是建立在用户认可的基础上的。销售和服务行为是企业价值观念、企业精神和制度体系等文化内容的外现。用户和顾客就是在接触销售和服务的时候感知企业的文化特色，从而实现了企业文化的传播。

七、铁杵磨针，定海神针——精神力

主要观点：
（1）企业是精神集合体，首屈一指的是企业家精神；
（2）企业是个共同体，员工精神是基础软件；
（3）企业的发展需要创新精神、创业精神；
（4）任何企业要成功都必须建设团队精神；
（5）一个企业和另一个企业的重要区别在于职业精神；
（6）长寿企业靠的是能代代相传的企业精神。

中国企业"走出去"是新时代的"长征"，能否到达终点要靠信念和精神力。

了解一个企业、国家或者民族首先要了解其文化。文化的核心是思想和精神，思想和精神的核心是信仰。这是一种文化的基因，基因决定文化的特征、发展和变异。世界上所有战争的胜利都可以归结为信仰的胜利，反之亦然。信仰产生神奇的内在能量，精神就是这种内在能量的外在表现。马基雅维利说过："造就最强大国家的首要条件不在于造枪炮，而在于能够造就其国民的坚定信仰。"中国共产党在当代最伟大的历史成就之一，就是再造了中华民族的精神信仰。信仰的力量引导中国人民从抗日战争、解放战争，到朝鲜战争、援越战争，一个胜利接着又一个胜利。长征精神、井冈山精神、白求恩精神、张思德精神、黄继光精神、邱少云精神、雷锋精神、大庆精神、大寨精神、北大荒精神、农垦精神、"两弹一星"精神、深圳精神、女排精神、航天精神、华为企业的"狼"精神、工匠精神等铸就了中国人民的精神长城，从一个胜利走向又一个胜利。

长征是英雄史诗，是八万多英雄用行动、用热血描绘出的真实历史画卷，这是中华民族少有的历史壮举，和其他民族的如犹太人出埃及、美国人征服西部、汉尼拔翻越阿尔卑斯山等壮举一样而载入史册。这支衣衫褴褛、面带饥色的军队从中国南方出发时有八万多人，到陕北时只剩下不到六千人。可正是这支军队，后来建立了一个强大的新生政权。工农红军彻底扫清了晚清以来中国人的懦弱自卑、麻木不仁、贪生怕死的精神面貌，展现出来的是一种全新的英勇无畏、不怕困难、不怕苦不怕死的精神。之所以能产生这些精神，就是因为有信仰。

黑格尔说：国家建立在思想之上。国家是人民的集合体，人民是国家组织的一分子，"分子"一旦精神腐败，国家岂能强大？正确的精神一旦在人们灵魂中、一个组织中形成，作为理想、信念、价值观，就会产生巨大的有形力量。信仰一旦丧失，精神力量必将销蚀。对物质的片面追求，精神的建设必将削弱。

企业家是随着资本主义商品经济高度发展，在英国工业革命后涌现出的对特定人群和阶层的称谓。这个阶层普遍具有较高的生产技能和专业知识，它有别于资产所有者和政府官员，企业家精神让这个阶层具有特殊的精神文化。随着生产力和科学技术的发展，特别是机器化大生产和大公司的成长，企业家将成为职业化的庞大队伍。

企业也是精神集合体，首屈一指的是企业家精神。一家企业成功与否主要取决于企业家，企业家决定了企业的经营决策方式和决策行为。成功的经营决策总是当机立断，实现目标要求企业家在决策时把握好宏观性、全局性、预见性、创新性、联想性和坚韧性。

企业家是有共性的一群人：他们普遍具有卓越才能；具备组织能力，有监督和管理才能；有丰富的业务知识；善于把握时机做出具有战略意义的重大决策；看重长期行为，为发展企业不断追求利润的最大化，同时，把利润进行再投资；善于创新；注重实干而不尚空谈；有领导能力；有想象力、判断能力和坚韧的意志；目光远大，不斤斤计较眼前；总是追寻市场；敢冒风险，能对未来市场的不可靠性做出预测，敢于对市场中孕育和集存的潜在的不可靠性承担风险；有经济意识，经济利益是企业的有力保证，等等。这些都是企业家精神的集中体现。

在 1949 年的一个商界企业领导人会议上，与会的老板们讨论的普遍是如何把企业做得更大，赚得更多的利润，而年仅 37 岁的惠普创始人戴维·帕卡德直言不讳地反驳说："请不要忘记，一个企业对社会的责任远远重要于对股东的责任，而企业更有责任尊重雇员的自身价值和人格。"他的这一观点与会上的企业领袖们格格不入。鉴于他的想法如此不入流，他被认为没有资格经营任何重要企业。然而几十年后的今天，当初那些自以为是的企业家，有谁的名字留在世人心中？又有谁的企业能像惠普那样，成为了美国硅谷最重要的基因，并且至今还拥有雄厚的竞争力？这位惠普创始人是从自己的小车库开始白手起家。如今，身为亿万富翁的他几十年来都住在一栋简朴的房子里，却为许多大学和公益基金会捐款，也从不允许自己的名字留在任何建筑物上。惠普的理念和价值从未改变，因为创造者本人的信念就从未改变过，它是戴维用生命写下的真实品格。

弘扬企业家精神，不妨从学习我国传统文化的精髓开始，特别是我国历代优秀民族企业家留下的注重自我修养、自我修炼的企业家精神，还有那种高度的自觉性、社会责任感、商业道德意识和人格价值意识。我国传统文化中注重身心修炼、提升人生境界的方法，培养"士不可以不弘毅，任重而道远。仁以为己任，不亦重乎？死而后已，不亦远乎？"的精神境界和宏阔的胸襟意识，那种为天地立心、为生民请命的坚忍、执着的奋斗精神，是今天许多企业家最缺乏而又十分珍贵的优良文化。近代以来涌现出的许多优秀的民族企业家，如张謇、卢作孚、范旭东、荣德生等，他们义利合一，身怀强烈的民族使命感与社会责任感，把服务社会、富强国家作为自己的使命。

弘扬企业家精神，还需要大力学习其他民族优秀的企业家文化和企业精神，如一些日本企业家倡导的"产业报国"思想，把经营企业看作报效国家的一种方式，把日本特有的所谓"道"融入企业经营中去，形成企业武士道，成为日本经济发展的主要精神动力。犹太民族具备卓越的商业文化。他们不怕磨难的毅力、挑战逆境的坚韧、脚踏实地的坚强和卓越不凡的智慧，诚信守约的契约精神，宏伟的经营气魄和博大的胸襟，都值得我们借鉴和学习。

企业精神文化，是企业意识和文化观念，是一种意识形态的深层企业文化。企业道德具有一般本质和特殊本质两个属性。一般本质是大多数企业的共性，特殊本质是区别于其他企业意识的内在特质。由于世界经济一体化，交通运输网络与信息技术的飞速发展，"地球村"里的国际交往范围更多更大更广，文化模式更加多元化。这一大环境就要求跨国企业要用具有自己特色的企业文化、共同的价值标准、道德规范和行为模式把具有不同文化背景的各国员工凝聚起来，最大限度地发掘和利用企业的潜力和价值，解决好企业精神文化的差异。之所以会产生企业精神文化差异与冲突，与民族文化的影响有莫大的关系。由于各国价值观、人性观以及经营管理哲学存在差异，企业精神文化差异与冲突就在所难免了。

培本固元，不断创新，企业才能永续发展。引领发展的第一动力是创新。没有人可以永久保持核心竞争力。只有不断地创新，持续地创新，才能走在竞争对手的前面。创新是无中生有，有中生无。别人没有的你要创造出来，别人已经有的，你要创造出来让别人没有。企业如果不能理解和洞悉人性诉求，就不可能创新，无法使大众认同。人民群众对美好生活的向往，应该是每一个企业不断创新的奋斗目标。人们对产品需求从过去主要解决没有的问题，到现在寻求更好、更高、更个性的品质享受。人们对产品品质和科技应用的要求越来越苛刻，科技创新就成为重要支撑。企业应依靠科技的力量给人们带来更多更好的创新科技应用和高品质产品和服务。但是，在取得人们品质认同的基础上，更重要的是要获得用户的价值认同，才能保证用户对创新和品牌的持续关注。价值感是个性的选择、细节的把握、品位的追求、内涵的感受。要秉承"以人为本"、以用户为本、以客户为中心的价值理念，让产品适应不同的个人风格，创新性地把个性化、个性定制化需求、个性气质、自我表达、品位和特色等综合起来，这是别的产品无法替代的。在品质认同和价值认同的基础上，成长出有生命力的品牌。品质保证是赢得用户的敲门砖，但是让用户成为品牌的忠实追随者，价值认同是核心。企业应致力于价值挖掘，让用户归属于品牌，获得归属感，与品牌同心同在，共同成长。

美国财富五百强的公司平均年龄38年。企业寿命的长短取决于持续创新和不间断发展的能力。美国哈佛大学把创业精神定义为："创业精神就是一个人不以当前有限的资源为基础而追求商机的精神。"因此，可以把重点放在"创"上，为了未来的事业，当前没有资源要创造资源，没有条件要创造条件，有有限的资源要创造出更大的资源。最核心的基因是"创"，美国年轻人流行车库创业、SOHO创业培育了美国硅谷一代。

企业想发展，基因最重要。创始人的精神基因包括创新、冒险、合作、敬业、学习、诚信，一样都不能少。初创企业基因包括股东结构、治理架构、业务模式、和谐文化。企业价值观、情怀是企业文化的核心基因。它们应至少包括：（1）创造精神，即无中生有，有中生无，有中生大。发明、发现和引入新的更好的产品、服务的过程。（2）创新精神，主要是创见、创意。（3）革命精神，要创新就要"喜新厌旧"。（4）叛逆精神，不能一味服从经典和权威。（5）开拓精神，要敢于开疆拓土。（6）宽容失败精神，不仅创业个人要有不怕失败的精神，整个社会也要有宽容失败、允许失败的精神。（7）冒险精神，怕风险做不成事。风险偏好、风险系数、风险意识、管理和避免风险的能力、预估风险的能力、抗风险能力、承担风险的能力都要超过常人。创业家之所以有非凡的冒险精神，就是把风险看成莫大的机会，这种机会带来的收获远比风险本身大得多。（8）务实精神，办实事、求实效、实事求是、实实在在地实践企业的各项活动。扎扎实实、脚踏实地，把梦想变成现实。（9）自主精神，要独立自主、自力更生，能够自我管理，自我实现、自主抉择、自立自强、自主创业、自我奋斗。（10）学习精神，学习别人成功的经验，可以使自己更快成功；汲取别人失败的教训，可以让自己少走弯路。创业是可以学习的，创业精神是可以培养的。（11）竞争精神，从竞争中来，到竞争中去，积极参与竞争。不坐等机会的降临，而是积极争取，有时是奋力相争。通过竞争积累成功的经验，通过竞争获得自信，通过竞争战胜自己，通过竞争博得快乐，通过竞争丢弃和克服懦弱、自卑、孤僻、胆怯、封闭等心理障碍。（12）团队精神，单打独斗是成不了气候的。（13）专注精神，执着于一点的"钉钉子"精神。锲而不舍，不忘初心。（14）探索精神，只有保持一颗好奇的心，新的世界才会为你打开大门。（15）服务精神。企业无论是生产产品还是提供服务，都是通过向社会提供有价值的服务来获得报偿。企业要做到五个满意，让客户、员工、股东、政府和社会满意，才能最终实现企业的价值。服务越好，价值越高。

八、全球传播，内外兼顾——传播

主要观点：
（1）未来的竞争是体系的较量；
（2）文化价值链是全球传播的重要力量；
（3）跨国公司是国际传播的重要主体，跨国公司对所在国的了解有助于开展针对性的对外传播；
（4）争夺全球市场，跨国公司的传播力必不可少；
（5）中国企业"走出去"要善于传播中国文化；
（6）全球话语权、舆论主导权是重要的软实力。

尽管中国在媒体上投入了很大精力，但无论是国内还是国外，国际上对中国的误解，很多可以归结为对中国政党和社会主义的误解和偏见。任何时代的意识形态都是统治阶级的意识形态。西方是资产阶级统治的阶级形态，私有制一统天下，资本主义的软实力占据世界优势。西方的意识形态通过软实力、巧实力仍然占据主导地位，好莱坞、哈佛大学、国际媒体和各通讯社都是西方传播大军的主要部队。非洲国家在报道国际新闻时，都会采用西方通讯社的报道，而这些报道所呈现的往往是西方的价值观。

未来的竞争是体系的竞争。足够形成世界文化体系的有四个：英语体系、斯拉夫语体系、阿拉伯语（伊斯兰）体系和汉语体系。依托语言工具，在经济基础之上，构筑思想、意识形态等上层建筑和国际传播网络。我国的软实力并没有随着硬实力同步上升。中国必须构建以自己为中心的国际体系，其中尤以经济体系、金融体系、军事体系、文化体系最为迫切。历史经验和教训证明，指望西方体系接纳包容中国是没有希望的。西方体系以七国集团为核心，极力阻挠中国进入全球规则体系的主导地位，竭尽全力阻止中国对世界政治秩序和经济秩序的修正，维护七国集团在全球获利的规则。西方国家

第十三章
破解文化障碍之道

会开足马力竭尽所能采用各种手段来维护美国的领导地位并破坏中国获得领导权的机会。1861 年，法国大文豪雨果在一封信中曾这样写道："有一天，两个强盗闯进了圆明园。一个强盗大肆劫掠，另一个强盗纵火焚烧。这两个强盗一个叫法国，另一个叫英国。法兰西帝国以这次胜利中获得了一半赃物，我渴望有朝一日法国能够摆脱重负，清洗罪恶，把这些财物归还被劫的中国。"西方一些强盗却扮起道貌岸然的最文明的样子，充当起世界各地是否文明的裁判。它们最担心的就是跌落权位后的清算，因为历史上它们从世界各地的文明体——美洲原文明（玛雅文明、印加文明、阿兹特克文明）、埃及为主的非洲文明、印度文明、中国文明、两河文明等掠夺了大量财富，也最怕被新的世界规则要求归还。因为这些财富有的在它们的博物馆内以"收藏品"展出，更多掠夺来的财富是藏在不可告人的深处。西方一些国家也最怕世界的媒体把它们的罪行揭露和报道，毁坏现有的高大文明形象，因此，一些西方国家的文化机构、传媒机构在铺天盖地地制造矮化中国、丑化中国、毒化中国的舆论，对中国的成功、中国的贡献、中国模式、中国方案、中国道路统统视而不见。阻止中国的声音，向世界继续传播西方的话语，把持话语权的目的是维系西方的精神统治权。

　　文化是一个民族最真实的性格，文化的价值传播彰显着一个国家的软实力。它是全球价值链的重要部分，文化价值链内涵的丰富表明这个民族能够在国际文化格局中获得话语权。话语权、舆论主导权是精心操控的巨大工程，绝不是靠善良、公平心、开放、透明甚至自身强盛就能获得的。

　　"二战"后，美国搞垮了苏联、南联盟，入侵了阿富汗、伊拉克、利比亚，搞乱了叙利亚。对中国开展了领土争端、历史遗留问题、经济摩擦、外汇升值、和平演变等各种手段，其中的文化暗战企图从精神力上摧毁中国。在各种网络平台，国外势力勾结国内一些人，控制职业写手编撰文章，通过打造出的专家、导师、偶像、"大咖"、"大 V"广泛传播，这些文章在论坛、微博、微信里铺天盖地，企图逐步地侵蚀中国人的民族自信心。对英雄人物、历史人物、经典的真实故事进行恶搞、颠覆，让中国人怀疑自己从小到大在学校教育中的历史是灌输、是洗脑、是杜撰，让怀疑主义弥漫中国全社会，传播反经典、反权威、反历史、反主流的逆反、叛逆、恶搞等所谓个性精神。对少数中国人的不良行为、缺点放大、扩大，仿佛全部中国人都这样，让中国人内心里觉得不行不好。丑化、诋毁中国人；美化外国人，仿佛外国人才是勤俭、善良、文明、高雅的民族，是中国人的偶像，彻底让中国人丧失自尊心。利用人们缺乏的常识和知识，大量编制伪科学甚至谣言传播，制造恐慌、扰乱秩序，干扰正常工作，阻止中国核电站、水电站、发电厂、垃圾处理站、化工厂的落地建设。宣扬"中国威胁论""中国崩溃论""中国衰退论"等，披着理论研究、观点探讨、专家分析、预测、调查等外衣，夸张、扭曲、虚假传播，让中国老百姓形成相互怀疑、人人自危的氛围。神话美国、丑化中国；国外是天堂，中国是地狱，把外国包装成政府廉洁、亲民、奉公的形象。美国电影控制着发行权，包括中国在内，全球宣传"美国精神"、美国思想和生活方式，让世界的电影观众尤其是年轻人感觉到美国是多么发达、多么自由、多么高科技，生活多么丰富多彩，仿佛就是人间天堂。向中国等国家的传播媒体，用蚂蚁战略逐步输送精神毒品，瓦解国家自信、民族自信、文化自信、道路自信、政治自信、社会互信。"千里之堤，溃于蚁穴"，当人民的内心被蛀空，国家必然土崩瓦解。此外，美国的媒体善于制造预期，制造氛围。拥有"舆论控制力"的势力集团，制造资本市场、汇率市场、房地产市场的动荡和混乱，让所谓的舆论领袖、自媒体"大V"、专家、权威人士等发表他们的意见，形成言论和舆论，引导民众，从而达到他们不可告人的目的。

当今的世界，"一个地球、两种制度、三个世界、四大体系、五个吸引力"的局面基本形成。一个地球就是我们赖以存在的唯一的共同家园：地球村。两种制度是迄今较成功的人类文明制度：资本主义制度和社会主义制度。三个世界就是世界所有的国家可以分类为第一世界、第二世界和第三世界。四大体系就是英语体系、斯拉夫语体系、阿拉伯语伊斯兰体系和汉语体系。五个热点地区将持续吸引世界注意力，分别是：美国、欧洲、俄罗斯、中国、中东（伊斯兰）。

跨国经营不能没有传播力。传播从一开始诞生就和国际贸易紧密关联。世界上最早的定期刊物诞生于德国。1588年，法兰克福开始举办博览会，德国的米夏埃尔·冯·艾特里就开始编撰《博览会年表》，每半年或一年再版一次。[48]传播媒介从纸质媒介到电子信息媒介再到网络信息媒介，每一次飞跃都使国际贸易变得更快捷，贸易信息的传播速度和技术手段上发生了革命性改变。17世纪以前，人类的通讯工具和手段就陆续被创造出来，其中报纸这种有影响力的传播工具在古罗马帝国和中国唐朝就出现了。地中海和尼德兰地区的商人们用报纸提供商情、船期和海外其他情况，持续了上百年。商人决策时就有了较多的信息源，尤其是海外或国外信息，使得决策更为准确。印刷术的发展让信息传播和舆论导向功能对国际贸易起着越来越重要的影响作用。纸媒为人们提供各种国际经济信息、最新事态、重大事件、未来发展

第十三章
破解文化障碍之道

趋势，对各国的对外贸易产生极为重要的影响，为各国制定对外贸易政策提供依据。进入 20 世纪，广播电视等电子媒介让信息的传播速度更快，传播量更大，覆盖面广，时间和空间的局限和障碍越来越小，决策有了更快的信息支持。20 世纪的国际竞争也日益激烈，信息在激烈的竞争中就显得尤为重要。到了 20 世纪末，互联网将全球各国、各地区更紧密地联系了起来。传统的地缘概念已经过时，以信息为中心的跨国界的虚拟空间，对各国的对外贸易产生影响，改变着人的认知结构、思维方式和生活习惯，也开启了网络贸易的大门。"网络贸易""电子商务""线上交易"使传播领域又发生了一次飞跃，也让国际贸易的发展产生了根本性改变，交易和贸易过程变得更为快捷、更加简单。

基于此，跨国公司是文化链的重要一环。

根据文化层次的划分，文化障碍最深处在于思想文化层面，这方面的差异是根深蒂固的，也是最难以克服的。任何一种文化都难以获得所有的认同，文化的强弱主要在于认同的程度。"攻心为上"，赢得人心才是正道；"攻心为上"，文化实际上就是心灵的认同。人心相通，只要把握好原则，文化传播不容易引发冲突，如不传播主义、不传播宗教。政治的归政治、商贸的归商贸、宗教的归宗教，不相互掺和。

文化统一的关键在于归属感。作为不曾断代的文化古国，文明当然要自信，自信就要敞开怀抱，包容万物，"有容乃大"。中国人自汉帝国开始就开始了与外族、外域的融合之路。和亲让中国人的血液和基因向外传播，通婚让国内 50 多个民族血脉相连，并形成了"天下一家亲"，世界上独一无二的民族共和国——中华民族。实际上，中国人在全球的分布是最广的。欧洲人的血液里都流着匈奴人的血，而匈奴是最早和中原汉族同化的外族。东南亚早就和中国人血脉相通。现在的非洲人也开始和中国人通婚。历史走到今天，中国人遍布全球，血液也流向全世界各民族，"天下一家"名副其实。通商、通婚让地球村没有人为障碍，畅通无阻。如今的时代，相对的和平让互联互通更易实现，血脉相通、人文相通、商贸相通，整个地球就是人类的命运共同体。地球是各民族的共同家园。作为最大的社会主义国家，中国应该有充分的道路自信、文化自信、制度自信，积极作为，充分发挥在全球文化价值链上的作用。犹太人在融合方面值得学习。将来，凡是不走融合之路的，就必然是自我毁灭。封闭自我，靠自循环延续的只能是生存（延续时间不会长），而不会发展，更不会繁荣。这方面的历史教训，中国最心痛，但也最丰富。民族以满族为例，国家以明清帝国为例，都是证明。植物的转基因让植物的生命力和抵抗力大幅提高,何况人类。各民族要克服思想的封闭,打通思维障碍,抛弃血统观,走向"大一统"。

中国的跨国公司破解文化障碍的方法还是发挥中国的传统——"和""和而不同""以和为贵"分别运用融合、结合、合作三种方式,能融合的就融合,能结合的就结合,能合作的就合作。其中,融合是最佳选择,合作是最后的选择。在中国历史上,国力不济的时候采用和亲换和平的下策,也带来了很好的结果,休战生息得到的是休养生息,为将来的复兴和繁荣奠定了基础。要探索融合之道、结合之道、合作之道。把中国的"一带一路"同其他国家的国家战略对接(结合);用国家化标准将各种体系如道路、产品标准等实行对接(融合);利用股份制、项目制等方式与其他国家共同开发第三国市场(合作)。增加同化的可能性,减少异化的可能性。企业的最高目标是赚钱,因此,财务指标是检验的最终标准。能赚取最多利润的做法就是好方法。本土化、与当地的咨询公司、公关公司等合作都是不错的选择。通过收购、兼并当地公司,纳入企业的总体系,实施资本控制。通过各种方法淡化中国企业的国籍、国企色彩,营造国际化和全球化企业身份。最长久和稳定的统治是文化的统治。文化输出、文化先行、文化治世(企)。进大脑、进内心才会最终赢得天下。对于企业而言,消费理念、消费心理、消费方式是消费者购买企业产品的主要影响因素。给消费者"洗脑、洗心"才能赢得消费者,占领市场。广告是文化的重要方面,要加大在目标市场地的广告投入与研究,引导消费,共同把产品和市场蛋糕做大。要加大文化交流,凡是有中国企业走出去的地方,就应有中国文化中心落地。中国美食已经走向了全世界,也包括走出去的中国企业的传播功劳,中国美食的影响力有目共睹。红包、红对联、红幅、红灯笼都是典型的中国文化符号,中国企业要在走出去的地方在各种场合竭力展现这些中国元素,例如宣传"要想富,先修路"(Road first, then rich)。将道路互相连通,之后修桥梁、修铁路、修高铁、修机场、修信息高速公路等。

九、兵马未动、粮草先行——影视

主要观点:
(1) 走出去的企业是兵马,影视作品是粮草;
(2) 做影视强国,加快影视走出去,助力企业走出去;
(3) 中国的影视产业水平还很低,离人民的期待还有一段距离;
(4) 中国影视的现状依然堪忧;

第十三章
破解文化障碍之道

（5）全球化语境下的中国影视之路；

（6）未来中国的影视业必能闯出一片天。

1. 做影视强国，加快影视走出去，助力企业走出去

"兵马未动，粮草先行"。这里的"粮草"就是向企业走出去的目的地国人民提供精神食粮的影视作品。影视是获得人们认同感和好感的比较快的载体。20世纪七八十年代，日本企业大量进入中国前，日本的影视作品就已经大规模登陆中国大陆，并取得了收视热潮。当年的山口百惠、三浦友和、高仓健等都是中国大陆家喻户晓的明星，并引领中国大陆的时尚潮流。日本人的良好形象通过影视的热播完全树立起来，一扫过去因为侵华战争造成的加害者和施暴者印象，可谓轻而易举地成功收复了中国的人心。中日两国人民的友好关系也进入"蜜月期"，双方的民意调查也证明，两国人民的彼此好感度空前上升。日本影视产品在中国大陆的成功为日本其他产品的登陆扫除了各种障碍，日本货是当时中国人心里的最抢手货，日资企业是大陆最受欢迎的企业，日资成为大陆招商引资最主要的对象。当然，日本企业也赚得盆满钵满。韩国也是一例。1998年韩国政府提出"文化立国"的国策，取消了电影审查制度，此后又颁布了《文化产业振兴基本法》等十几部相关法律。在"文化立国"战略中，影视业被视为"重中之重"。为此，韩国政府采取了一系列行之有效的措施，如大力支持影视业按市场经济规律办事。自此，它的电影投资和发行体制开始了根本性的变革。随着韩国影视在我国的热播，韩国文化也备受追捧，韩式餐饮、服装、美容、家电大量涌入中国，中国成了LG、三星的最大出口市场。韩国影视在东南亚的风靡还吸引了大量的观光客。从1998年金大中政府推行新文化战略算起，韩国仅用12年时间便把韩国的文化与商品打出了知名度和品牌影响力。而这一切，都要归功于以影视作品为先导的完整产业链条，影视业是打入目标市场人群的先头部队。韩国人之所以大力营造"韩流"，是看中了影视业特殊的意义和使命，因为影视作品能够把韩国传统文化、饮食、服饰、韩国产品和旅游等捆绑在一起，"一源多用"。韩国影视产业的迅速崛起，运用东方文化的样式包装，并向全世界市场推广，最大的变化就是类型电影的多样化。

美国更是如此。美国电影引自于欧洲的拍摄技术，但是早期的电影先驱发现"发行"和"放映"才是电影的生财之道，因此奠定了美国影视以商业为主的土壤，而后期发展出来的"明星魅力"则成为栽植好莱坞最营养的肥料。美国的电影工业无疑是从资本主义制作系统下发展而来，但好莱坞成为世界电影的龙头并非在朝夕之间，甚至在20世纪20年代以前，美国本地的

市场仍由欧洲国家主导，法国的百代公司、高蒙公司都曾是欧洲和美国地区最大的制片厂。1910年末，美国崇尚快乐、希望以及强调男性气概的时代作风与欧洲幻想型的表现主义格格不入，是迫使欧洲电影退位的主要原因。美国也借此机会逐渐建立营销网络，确立国内的产业经济规模；第二次世界大战使其再度重拾逐渐受到欧洲侵食的市场。早在20世纪第一个10年，美国好莱坞就具有国际视野，从1919年开始，国外市场就已经进入美国电影的生产预算之中。自20世纪三四十年代开始，美国的电影业在全球文化贸易中一直占据主导地位，这是好莱坞全球传播战略的成功标志。

好莱坞电影的全球传播策略是非常值得中国电影深度思考和学习的。早在第一次世界大战开始之前，美国政府便竭力通过各种政治和经济手段向世界各国推销美国电影和电视节目、录音唱片以及其他大众文化产品，并为好莱坞减税，降低外币兑换率，订购影片，甚至充当其海外商业谈判的代表。美国电影的全球化战略，是把美国梦、美国精神和美国价值观塑造成"普世价值"并在全球传播。美国政府的全球战略和策略，也让美国电影拥有无与伦比的优势，并且有意识、有目的地吸收来自不同国家、不同文化背景的外来人员，为全球市场提供多种差异性产品。美国文化影响全世界，美国不仅经济强势，文化更强硬。美国出口的第一产品既不是飞机也不是其他，而是文化产业，美国文化产业占了其GDP的24%，排在第一，美国文化GDP产值占了全球1/4，全面影响世界。美国文化不仅仅渠道强，而且还有很多著名品牌，比如奥斯卡、格莱美、迪士尼，甚至包括肯德基、麦当劳，它创造了文化产业方方面面的东西，影响美国传统的思想价值观，并意图引导全世界从小就形成唯"美"主义。好莱坞擅于利用它的特效技术优势去营造一个个虚幻的梦。那林立的摩天高楼，繁华的街道，超现代的科技产品，万夫莫敌的救世英雄，现代的生活，温馨的人际关怀……通过这些，展现在观众面前的是一个被认为不可超越的完美国度，甚至使人有一种朝拜的冲动，脑子里会不由自主地浮现"美国梦"，从而为美国的企业和产品、美国人，甚至美国的政治涂脂抹粉，连美国霸权主义也被粉饰上一层华丽的外衣。由此看来，好莱坞是美国专为世界而建的一个造梦工厂，亦是美化美国霸权的一部强大的宣传机器。

电影不仅是国际软实力竞争中重要的文化符号，而且是能带来真金白银的产业。全世界上映的电影有85%都是美国制造的，好莱坞电影每年能在海外市场取得100亿美元左右的收益。但世界电影市场中主要的电影产品贸易却主要集中在少数几个发达国家，全球的主流价值被西方垄断。"007"系列、《碟中谍》这些西方的谍战片塑造的西方特工"孤胆英雄"：他们正直爱国，面对敌对国家的敌人和组织内部的叛徒从不妥协低头；他们武功高强且有胆有识，他们总能披荆斩棘，在受尽冤屈之后匡扶正义，为国除害。这些荧幕上的传奇特工，不仅给电影公司带来了源源不断的票房，也在向全世界观众灌输着西方英雄的形象，传播着西方英雄身上的价值观。西方的文化霸权已经笼罩世界，东方的价值体系基本边缘化。

作为文化产业的龙头，电影输出的产量与质量被公认为国家文化软实力和影响力的重要体现。电影是一种特殊形式的文化产品，有着巨大的传导效应和影响效应。在各种形式的文化产品中，电影是最具国际化的产品之一。相对于电视剧、图书等，电影凭借声光电化的现代手段，浓缩而精彩的故事内容，精练的叙事策略，普世化的故事主题，迅速穿越不同文化之间的隔阂，成为一个国家文化产品、文化观念输出的先锋。作为头号世界文化产业强国的美国，电影也是对外输出的主要产品。

"文化流"呈单向流动，发达国家的影视作品尤其是美国的影视作品大量流向发展中国家，电影艺术的双向交流逐渐成为"强势性"的单向输入，中国电影在此过程中处于低位。强势文化尤其是好莱坞电影文化的单向输入，往往能聪明地运用全球资源来突破文化差异。强势电影会使人们趋之若鹜，漠视差异，并逐渐接受它的价值观、英雄形象、文化审美。即便是有限的在国际影坛上获奖的中国电影，也很难进入西方发达国家尤其是美国的主流院线放映，更不用说其他的中国电影，另外，我们有些从影人还有意无意地向好莱坞趣味靠近，对国外电影奖项青睐有加。"水往低处流"的现实是由电影工业的实力决定的。世界各文明体之间横亘着看不见的"文化沟"，让文化关系表现出文化隔离、文化交汇、文化相融、文化冲突的不同形态。全球传播格局的扩大使得国家之间的文化相互渗透融合。

当今世界，文化产业发展已经成为新的战略制高点，成为各国国家战略的重要组成部分。我国"十二五"规划也着重强调了振兴我国的文化产业。在这个大背景下，我们要把文化产业的发展放在更加突出的位置，增强中国的文化软实力。2010年国务院办公厅提倡大力发展电影产业，提升国家文化软实力。影视是声、光、电、化等硬技术和编导演及IP（知识产权）软技术的"系统集成"产品，是一国硬实力和软实力的集中反映，也是一国展示其实力的最佳窗口。影视的魅力在于人们永远需要逃离现实的幻觉，而它能很方便地给人们带来镜头画面和人的内心发生碰撞的一刹那快感。这种愉悦的体验是"体验经济"的重要部分。基于这一点，影视产业永远不会成为夕阳产业。

现在的中国影视生产企业还很难堪当走出去的"急先锋",为中国企业走出去扫除隐性障碍。在整个制造业体系中,中国的电影工业是短板,尚处于幼稚阶段,与西方的电影工业水平的差距还比较大。中国电影在全世界的"吸金"能力和"吸粉"能力都相当弱小,弱资、弱智和弱质影视作品还比较普遍,与中国的经济地位极不相符,与广大观众的期待还有很大一段距离。随着中国国家经济实力的提升和在经济全球市场中地位的提升,中国的国际地位和国际影响也在日益扩大,这对中国文化提出了严峻的历史挑战。中国已成为世界第二大经济体,但中国电影在世界文化市场上仅占4%的份额;经济奇迹与文化产业弱势形成了非对称性困局;中国电影的国际传播能力与国内电影市场对引进影片的接受状况严重不平衡;中国电影的国际影响力与我国在政治、经济方面的国际影响力相比,还很不相称。西方国家的"电影战略",不仅仅是电影产品对中国的大量出口和"贸易顺差",更重要的是电影的思想、理论和模式的"对华出口"和"贸易顺差"。

中国电影总体的影响力虽然与中国的大国地位还不相称,但也在缓慢提高。中国文化博大精深,伴随着中国的崛起,对世界有着越来越强的吸引力,世界各地兴起"汉语热""孔子热"等。外国观众对中国电影的兴趣也在增加。

2. 全球化语境下的中国电影产业之路

电影对于彰显一个国家的政治、经济、文化并构成强大的"文化软实力"具有不可替代的特殊作用。在全球化语境中,中国电影面临的不仅是市场挑战,还有文化挑战。面对全球化,中国电影并非一定是缺乏竞争力,而主要是缺乏必要的表达手段,缺乏将全球化与本土化紧密结合的方式,缺乏像好莱坞那样世界通吃的胃口。但在文化模糊与重构的当下,中国电影在借鉴好莱坞的同时,更要走出自己的表达之路,那就是"中国化"与"去中国化"的平衡运用。一方面,要坚守本土化的特色表达,用"中国化"来重建市场。全球化过程中,西方文明强势冲击各种不同的文明,但短时间内弱势文明不可能消亡,会不断地交锋、碰撞与融合。在未来漫长的过程中,强势文化会脱颖而出,文明的格局将再次改写。对于有着悠久文明历史的中国而言,应该建立文化自信,相信中国特色的表达方式。中国电影必须牢牢把握好本土化特色,讲好自己的故事,表现出中国人独特的诉求与风貌,守住本土观众。同时,积极参与全球化,用全新的视角"去中国化",用普世价值体系参与到重新建构世界文化版图之中。全球视野是全球化竞争时代的首要条件。电影存在文化短板。中国电影"走出去"的关键在于能否创作出更富有全球视野和普世价值的作品。如果一味地追求本土特色、坚持民族性，不可能在世界市场上走远。当前环境下，需要在电影中充分兼顾娱乐化与通俗化，多表达人性、忠诚、正义、爱情等普世性主题，以多元而特色的表达方式来吸引受众的眼球。中国的电影要"走出去"，应重视跨文化问题，避免跨文化陷阱和文化沟，要对电影中的文化信息、语言信息、内容信息进行分析，找出能够契合中西文化的点。

近些年，中国电影在西方电影强势冲击下还能够蓬勃兴起，正是得力于中国电影坚守立足本土、贴近观众的特色表达之路，为自己赢得了世界市场的目光。中国电影已经进入了一个产业化时代，这是"全球化"发展的必然结果。在发展中国电影的道路上，我们要充分平衡运用全球化的因素和本土的情绪，不妨采取一种"全球+本土化"的艺术形式，用我们的民族特色和文化认同在电影中描写发生在中国本土的事件，加快中国的特色文化研究和电影研究的世界性和全球化进程。

中国电影走出去具有长期性、艰巨性、复杂性和多变性，还需要在全球竞争中锻炼和提高。中国电影要有效地走出去，不仅需要制定具有全球化思维的"电影战略"应对全球化挑战，同时也要制定正确的策略，在战术层面抓住每一个有利时机。中国电影走出去离不开商业运作的主渠道，就必须"多面化"，经济面孔、学术面孔、政府面孔、民间面孔都要兼而有之。一方面努力巩固国产电影的市场份额，另一方面积极探索差异化营销，不断开拓海外市场。

在"一带一路"建设中，电影对产业链的带动作用巨大；反过来，"一带一路"也有助于推动中国电影走出去。"一带一路"建设中，电影有着不可替代的地位，电影艺术应当抓住历史机遇，承担起历史使命，以"电影丝路"传承丝路精神，促进不同文明之间的沟通交流，提升中国文化的国际影响力，让命运共同体意识在沿线国家的人们心中落地生根。推动"一带一路"沿线国家和地区间的电影教育与电影产业等方面的全面合作，通过倡导建立正式的"一带一路"电影组织，加快沿线国家和地区的电影（包括电影教育、电影人才、电影资本、IP资源等）的流通与交流，形成新的市场竞争力。我们拥有良好的资源，人才也与日俱增，随着全球化加速进程更多的导演具有了国际视野，文化的交流与碰撞也带给了我们难得的契机。

3. 中国电影现状依然令人担忧

中国拥有着五千年的灿烂历史，尤其是近些年来，中国迅速发展崛起对世界的影响越来越大,世界各地都兴起了"汉语热""孔子热"等,但中国的文化要想通过电影的方式传播到世界各地,还必须要有一定的国际适应能力,在坚守自己民族文化特色的同时也应逐渐地发展自身电影能力,形成自己民族的品牌。这方面中国电影还差得很远。因此,我们要清醒地认识到中国的文化传播中,电影是一个明显的短板,中国的电影传播能力与西方相比还有显著的差距,中国的电影基本上属于自产自销、自娱自乐,还不能走进国际市场,离全面走出去的期望还有相当一段路要走。中国电影市场的火爆程度令全世界震惊,但被看重的主要还是中国电影市场的体量、增长速度以及巨大的潜质,而非中国影片本身。文化传播的弱势,使中国电影在世界主流市场没有需求,中国电影的国际传播能力与国内电影市场对引进影片的接受状况严重不平衡。中国电影的国际影响力与我国在政治、经济方面的国际影响力相比,还很不相称,文化软实力与我国综合国力和国际地位很不相称。我国文化企业规模偏小,精品力作和知名文化品牌不多,文化产业处于全球文化产业链条的下游,文化产品出口占全球市场比重大大低于发达国家10%以上的水平。

电影是最具有国际性的文化产品,推动中国电影"走出去"对于提升中国文化软实力具有极为重要的意义。

电影"走出去"实质是通过电影的对外贸易,实现对外文化传播,塑造一个国家良好的文化形象,扩大一个国家的文化在国际上的影响力,即提升文化软实力。电影是国家文化软实力的体现之一,承载着国家形象、价值观念、精神和文化等元素。中国文化软实力需要与经济硬实力一起,推动中华民族的伟大复兴。简而言之,文化软势力对内是凝聚力,对外是影响力。如何让中国电影走出去,保持中国电影在国际上有较高能见度和曝光率,占据更多的市场份额,扩大国家的影响力、展示软实力,是当下中国电影业面临的重大课题。

近年来,中国电影"走出去"取得了很大的进步,但中国元素、中国精神、中国形象、中国故事的世界性表达和传播能力,与国际电影的主流形态存在差距,仍面临着电影竞争力弱、缺乏品牌优势等问题。中国电影想要走出去,让全世界通过电影认识中国,了解中国,接受中国,就必须逐渐弥补自身存在的弱点。如何弥补中国电影走出去的弱点成为当务之急。

(1)过度依赖国内市场的票房收入,缺乏国际视角与出击意识。我国目前的国产电影往往定位于国内的消费群体,很少有电影厂商敢把电影定位于整个全球市场,而目前中国电影"走出去"多停留在企业行为、商业行为,具有很大的局限性，必须要上升到全局层面，才能有效开创中国电影对外传播的新局面。电影产业不是一朝一夕就能改进的，民族电影的意识更是需要日积月累才能有所突破。国内票房只是"看上去很美"，如果没有过硬的电影产品，国内票房再高也只是消费大国，而非电影强国。在强悍的票房成绩下，隐藏的是一个"相对虚弱"的产业。从体制到资本再到人才，方方面面的缺陷和漏洞终究会爆发。海外市场才代表中国电影的国际竞争力。国内外两个市场冰火两重天的境遇，凸显了国产电影"走出去"的弱点，说明我国国产电影要在国外市场上取得成功还有很长的路要走。中国电影依然处于产业化的初级阶段，电影产业、电影创作和电影文化依然存在着深层次矛盾。

（2）中国电影的话语方式有待进一步国际化。不同民族之间的文化障碍，如语言障碍、文化障碍、习俗障碍、价值观障碍、审美障碍等，由文化差异产生的"文化沟"会大大降低传播效果，这也成为中国电影"走出去"必然碰到的一道坎。在叙事、技术、影像等各个方面与世界先进水平的电影接轨，适应产业化、国际化大背景下的电影市场需要是中国电影发展探索的必由之路。

（3）走出去的渠道能力有限。目前，在中国电影市场，生产的影片数量多，实现出口的少；参加公益性对外交流的影片多，实现商业性海外销售的少；国产片在海外艺术院线发行和华语电视频道的多，进入商业院线和主流电影频道的少。目前我国每年的电影产量非常多，几乎都超过500部，但是却只有不到十分之一的影片在海外市场发行。中国电影产量稳居世界第三，却为什么很难在国际上占有一席之地？究其原因，一方面，中国电影没有办法很好地融入国际主流市场中，因为既带有强烈的民族特色而又符合世界各国观众审美的电影少之又少；另一方面，中国电影的国际传播能力与营销观念相对落后，对于网络媒体资源的运用相对稚嫩，还没有形成良好的网络体系，这些都是中国电影"走出去"的制约和障碍。

（4）缺少对"后电影"产品的开发。电影具有较强的产业链带动能力，美国电影80%的收入来自票房以外产品的销售和电影品牌商业价值的开发，如影片的海外版权、录像制品、电视播映权，还包括图书出版、手机视频、服装鞋帽、饰品、海报、珠宝、游戏、玩具、文具、日常用品、原声音乐和主题公园等。中国电影海外收入全依赖电影票房，后续带动能力仍然不足。推动中国电影"走出去"，要以"泛营销"理念为指导，改变过去单纯依靠影片发行、营销的观念。

（5）生产环节诸多技术性问题。包括字幕标准化、双语化等细节问题。

韩国电影业的发展也证明了这一点——正是随着大量在好莱坞学习先进工业技术的韩国电影从业者回到韩国,让其电影产业高度繁荣、竞争充分,才有了韩国电影的今天。所以,拥有优秀、专业的电影人才,不仅有利于提升中国电影制作水平,更能从创意和技术水平等方面加强国产电影的制作水准。

4. 中国电影业必能奋斗出一片天

1905 年,中国第一部电影《定军山》在北京丰泰照相馆诞生,著名京剧老生谭鑫培在镜头前表演了自己最拿手的几个片断。片子随后被拿到前门大观楼熙攘的人群中放映,万人空巷,就此宣告中国电影的诞生。中国电影业的改革自 1993 年始,到 2003 年才真正步入"产业化"发展轨道。2009 年 7 月,国务院常务会议通过我国第一部文化产业专项规划《文化产业振兴规划》,标志着文化产业已经上升为国家的战略性产业。规划特别提出促进中国电影产业的发展,促进电影产业大发展、大繁荣。2010 年,《国务院办公厅关于促进电影产业繁荣发展的指导意见》出台,提出了十大措施,在全国优化结构、扩大内需、发展新型服务业的总体布局中,提倡大力发展电影产业,推动我国电影产业跨越式发展,提升国家文化软实力,实现由电影大国向电影强国的历史性转变。2009 年 7 月,国务院常务会议通过我国第一部文化产业专项规划《文化产业振兴规划》,标志着文化产业已经上升为国家的战略性产业。规划特别提出促进中国电影产业的发展,促进电影产业大发展、大繁荣。2010 年,《国务院办公厅关于促进电影产业繁荣发展的指导意见》出台,提出了十大措施,在全国优化结构、扩大内需、发展新型服务业的总体布局中,提倡大力发展电影产业,推动我国电影产业跨越式发展,提升国家文化软实力,实现由电影大国向电影强国的历史性转变。2016 年 11 月 7 日发布了《中华人民共和国电影产业促进法》,可以说我国的法律在电影方面朝着愈加成熟的方向发展了。

迄今,中国电影市场已经迅速崛起,成为美国本土市场之外最受重视的第二市场。2017 年的中国电影票房突破 559 亿,国产电影已经占据半壁江山,占比达 54%。《战狼 2》还历史性地进入全球最卖座的电影排行榜。事实上,随着中国电影产业规模的不断扩大和资本力量的逐步雄厚,中国的电影公司已经开始由"电影产品走出去"到发展部署公司的国际化战略。中国各大电影公司在美国成立分(子)公司,将从制作环节和投融资环节进入好莱坞。同时,财大气粗的民营电影公司开始并购海外公司。万达、阿里影业、乐视影业、华人文化产业投资基金等近年来都有所动作。华谊投资的好莱坞影片《礼物》（Gift）直指北美市场而根本不在中国发行。现阶段的中国电影公司不再只固守中国本土市场，而是直接投资好莱坞电影进而参与影片全球分账。布局海外已经成为中国电影"走出去"的新阶段。

中国电影的高速发展令人欣喜，但在这欣喜的背后，要充分认识到中国电影走向世界的道路一定是曲折的，还会面临许多问题。虽然国产电影要走的路很长，但我们有理由相信国产电影的辉煌指日可待。面对美好的未来除了要有坚定的信心外，还应锲而不舍地做好以下工作：

(1) 内容为王。电影是特殊的文本，内容是最主要的。中国电影能否"走出去"，其关键在于能否创作出更富有全球视野和普世价值的作品，否则像万达并购 AMC 这样的事件，并不能成为中国电影走向海外的机遇。在推动电影"走出去"的过程中，应特别注意话题、主题的共通性和差异性，以中国视角看待人类的共同性问题、普世性话题，如亲情、爱情、生死主题，关注全球气候变暖、环境污染问题、科技发展对人类的影响问题、城市化问题等，更易被全世界的受众所接受。以全球共同关心的主题为切入点，结合中国特色，充分表现在共同话题上的中国话语。"走出去"的电影在创作上需要寻求全球主流观众的共鸣点，从而获得观众的心灵认同。放眼当下全球优秀的电影作品，或者基于对于金融危机、战争、灾难等困境的反思，或者基于对于人性、自我、生命的层层拷问，或者引领人们去追寻"真善美"。电影的时空感异常广阔，超越了民族、种族、国家的界限，在未来、虚拟之中任意穿梭。国际化主流电影，必须借鉴、吸收世界各国的文化和艺术，关注人类群体和不同文化的共通性，灌注人类不同族群所拥有的共通价值观。

(2) 特色鲜明。"走出去"的电影需要"具有中国文化特质"，这是中国电影的内核，也是与世界其他国家进行差异化竞争的要素。弄清楚什么才是中国特色非常重要。20 世纪 80 年代金熊奖获奖影片《红高粱》，当时国内观众对其内在精神的张扬觉得很有新鲜感，而海外同样认同度很高，一时引起很大轰动。在国内饱受诟病的《菊豆》《大红灯笼高高挂》等在国外的认同度也很高，海外艺术界对电影本身和对张艺谋两者都有认同感和新鲜感，中国观众认为的"贩卖落后的东西"恰是海外市场认为有新鲜感的地方。但这些影片所展示的并非中国特色。中国人伦理型的文化精神，在文学艺术中形成了"文以载道"的思想传统。这使中国电影理论相对注重电影功能的研究，并且不是停留于抽象的载道功能，而是和具体的社会历史条件结合起来，成为一种以社会功能为核心的电影本体论，并具体演化为对电影和时代、电影和社会、电影和人民、电影和政治等一系列关系的研究。中国文化真正的要通过电影传播出去,还必须继续提高中国电影产品的国际适应能力,在坚守自身文化特色、主流价值观和审美观的同时提高中国电影的市场化程度,形成市场品牌,让自己的文化成为世界文化。只有将中国的传统文化转化为被当代人所接受的现代文化,以"中国元素,国际表达"为理念,用现代化的、国际化的方式去表现传统文化,才能够继续扩大中国电影业在国际交流中的传播范围,不断增强中国电影这一文化软实力。应打造"国际性表现形式"与"中国特色创意"完美融合的、具有国际市场竞争力的影片。我们技术上还要慢慢修炼,不能拔苗助长,而应水到渠成。在不能屈就的情况下,要首先做好本土和民族的东西。在自身尚待修炼的情况下,急功近利地把眼光放在如何夺取海外市场是不切实际的幻想。不能把文化当作一个急功近利的东西,应该沉下心来,修炼身心,做自己有价值的东西。好电影应该引导而不是为了迎合观众丢失自己的特色与内涵。

(3) 树立品牌。好莱坞作为世界影视产业的超级巨头,其全球化战略在品牌推广中起着十分重要的作用。有必要实施打造中国自己的"好莱坞"的电影品牌战略。以中国梦和中国故事为品牌核心,具有中国电影独特的审美特征和文化内涵,把高新技术和较高艺术水准融于一体,既能满足本土观众,也能被全球主流观众认同。在电影生产过程中树立类型观、品牌观,加大具有比较优势的类型片生产力度,进而带动具有市场号召力的中国电影走出去。还应该充分挖掘资源,带动电影对外贸易的规模化发展。

(4) 全产业链。中国电影的现状是产业链和价值链未充分形成,整体产业带动力不强。整体文化产业除了重点关注影视、图书出版、游戏、演艺等核心门类,还要关注外围文化产品和衍生产品,充分发挥影视产品的产业带动能力。以后要逐渐完善电影产业链条,推进非荧幕营销,以影视带动图书、音乐、游戏等后续产品的合作,实现多文化领域的融合发展,提升文化品牌影响力,形成影片文化产业中国制造的全方位产业链条。所谓电影衍生产品开发,是指以原创电影的主题、演员、歌手、影像、形体、旋律、符号、事件、创意为基础的派生物。国内很少有电影厂商敢把电影定位于整个全球市场。事实上,以"全球资源整合"的发展策略,涉足网游、文学、影视、音乐等文化领域,形成文化集团,在众多文化产业的融合下,已显示出巨大的发展优势。贯穿了从文学到影视、音乐、游戏全产业链,实现了从读者到观众、到听众再到玩家的一系列用户转换。好莱坞不仅是电影工业中心,还是跨产业的生产中心，涉及出版业、音像业、玩具业、旅游业、餐饮业和服装业等的产业链。美国影视产品的产业带动力强，影片的放映带动外围和衍生产品热卖，电影80%的收入来自银幕之外。迪士尼的动画片带动了图书的出版、主题公园的建设、衣服饰品、纪念品等。从1977年开始的三部《星球大战》的票房总收入不过10亿美元，而衍生品开发的收入至今已有40亿美元。1989年的《蝙蝠侠》的衍生品销售也达到1亿美元，是票房收入的4倍。《泰坦尼克号》的扑克、T恤衫等更是不计其数。《变形金刚》带动了汽车的销售、汽车玩具的热销。而中国电影收入主要依靠电影票房，后续带动能力不足。国内的许多影视产品也在尝试着开发影视产业链和价值链，以影视产业带动整体产业的发展，以期形成品牌优势，扩大收入来源。但是总体而言，整个影视产业开发链条还没有完全形成，绝大多数电影产品开发依旧是一个突出的薄弱环节。

（5）人才培养。与过去相比，中国电影不缺钱、技术和设备，很多硬件水平已经达到或接近世界先进水平，现在最缺的是创意和人才等"软件"。

（6）体制、机制创新。中国现有的上影、北影、长影三大厂，16个省办厂以及其他一些制片企业全部加起来的综合实力也比不上好莱坞8大公司中的任何一家。中国电影要走向世界，就不能再用关税壁垒和贸易配额等传统措施来把外国竞争对手挡在国门之外。中国电影业要取得根本发展，就必须按现代企业制度建立电影企业，按市场规律办事。中国电影要走向世界，产业化才是真正唯一的出路，面向国际市场的产业化改造是中国电影所必须面对的命题。中国电影能见度低、国际营销能力弱、讲述方式不够国际化，根本原因在于电影产业化起步较晚，电影市场体制与运行机制还不完备。中国电影在坚守自身文化特色、主流价值观和审美观的同时，也要从制度、体制、运作借鉴世界先进的电影理念和运作方式。

（7）技术辅助。随着数字化时代的到来，新媒体和大数据在电影的国际传播中将发挥重要作用。媒体融合的来临，对于原创影视创作者来说，信息传播方式的转变简化了影视行业的入门门槛，越来越多非专业人群涌入影视行业，让影视作品题材多样化的同时也带来了一些信息过剩的问题。要制作出市场需要的作品，就要运用大数据分析受众的喜好、电影类型等内容，把受众偏爱的元素融入中国的电影中，使电影更具海外传播力和吸引力。要想使得中国的电影可以"走出去"，实现跨文化传播的目的，要对电影中的文化信息、语言信息、内容信息进行分析找出中西文化融合的切合点。"互联网+"是指互联网渗透进传统产业的生产模式,具体在电影产业中,广度上它已经显而易见地影响到集资、制作、宣传、营销等电影的各个环节。而从深度方面,互联网的注入也将给中国电影产业当前面临的一些困境带来解决机遇,加强了中国电影国际传播的力度和广度,给中国电影"走出去"带来新的契机。"互联网+"将为电影产业创造新的生态环境。目前,从众筹、融资到粉丝经济,再到在线销售的完整环节已经建立,内容将成为电影产业唯一的生存空间,这在一定程度上"解放"了电影人,促使业界将更多更好的创意投入到创作中。除给产业本身带来的提升,"互联网+"给电影界带来的观念更新,同样令电影人感触颇深。"互联网+"给电影提供了一个非常透明和自由的平台,在普通作者和电影制作方之间打开了一个切面,让真正的优质IP可以畅通无阻地为市场所发现。互联网精神是一种开放和合作的精神,电影制作完全可以打破行业界限,邀请多行业的国际团队合作。充分利用网络平台传播速度快、传播范围广、传播内容丰富等优势,展示中国电影作品。

(8) 精品至上。没有做好自己,急于"走出去",是自毁形象的"砸牌子"。市场经济杠杆下容易急功近利,不容易出精品。精品需要精心、细心、恒心、信心、雄心;需要花时间精耕细作;市场运作则要计算投资产出比,投资方希望花最短的时间、最低的成本获得最大的收益,因此,"粗制滥造"的"快品"大量出现。八七版《红楼梦》历时五年多时间,才造就出一代精品,成为难以超越的经典。中国最大的文化资源是五千年的历史资源,每一年、每一个历史朝代都是别国望尘莫及的。如果深度挖掘历史上每一年的好故事,就能拍五千部作品。因此,中国的影视作品应该重点放在发觉和发掘历史文化,拍出优秀历史剧。管理部门的文化部、中宣部、广电、教育部应联合搞影视"大工程",可以将五千年分成若干部分,进行项目招标,选出优秀的影视公司,坚决杜绝在一个题材上出现"堰塞湖""一窝蜂""神剧""烂片""假大空"等现象。除了历史剧外,还应重点开发当代剧和科幻剧,当代剧应主要描写新农村、新都市生活,讴歌改革开放以来的国人精神风貌;科幻剧要培养中国人的想象力、探索精神、探险精神、危机意识。

(9) 定位市场。总体来看,中国电影产品大致分为满足内需型、内外兼顾型、主打海外型。对中国电影而言,海外市场主要可以分为三大板块:亚太、北美和欧洲。一边是中国电影的外销窘境,另一边却是一些国家对引进国外电影的巨大需求。日本、韩国、巴西、意大利等数十国电影工业协会公

第十三章 破解文化障碍之道

开的数据显示，它们每年引入海外电影的数量巨大。海外市场需求巨大，中国电影"走出去"不是为了和好莱坞抗衡。因为美国电影的市场份额是不可撼动的。蛋糕只有这么大，好莱坞占了将近90%，而我们只剩下不到10%的市场份额跟世界电影竞争。不要奢望北美市场，而应该瞄准"一带一路"沿线国家。整个非英语电影要进入美国电影市场时都存在一个结构性障碍。因为在美国观众看来，非英语电影就是"艺术电影"，而"艺术电影"只能是在艺术院线的范畴发行。北美电影绝大部分的市场份额都由美国影片所占据，其他非英语电影要进入北美电影市场，所能争取到的市场份额和发展空间并不大。电影"走出去"的目标瞄准美国是不明智的。应该采取细分市场、循序渐进的策略。将文化同源的亚洲市场当作国内市场的延伸，将日、韩等深受儒家文化浸染的国家作为中国电影"走出去"的首站，首先打入华语圈、儒家文化圈，然后再是非洲、拉美等地的一些国家。可以重点辐射亚洲地区：亚洲拥有全世界三分之二人口，亚洲影视市场早已成为世界媒体巨头的必争之地。东亚国家与中国文化有着天然的渊源，中国向这些国家输出影视作品不致遭遇过多的文化壁垒。

（10）打造龙头。现在中国文化企业存在的问题就是规模普遍偏小。上百亿美元的，除了万达，可能还没有。而外国两百亿、三百亿的公司很普遍。而且现在的文化企业，外国称之为娱乐企业，基本上都是全产业链、全媒体，很少有单独的电影公司，全都是电影、电视台等合并起来的。所以我国文化企业走出去和这些大的财团竞争，结果可想而知。美国电影有超过3000家的企业，真正有全球竞争力的就只有六家，而这六家，每年自己拍的片子占比1/3，其余的是靠发行别家的影片来收益。美国大型旅游企业超过1000家，有核心竞争力的就几家，真正有影响力的品牌就两个：迪士尼和传奇。这说明，文化要影响本国进而再影响世界，不是靠一堆人，而是几个大品牌就决定了，要靠龙头企业。就战斗力来讲，一万只小船并在一起，也抵不过航空母舰。中国文化要走出去，不管是在国内走还是向外走，首先中国文化要有龙头企业，而且应不止有一个龙头企业，要有一批龙头企业。中国如果能培养出两三个年收入在百亿美金的综合性文化产业的文化企业，可能我们的文化在世界文化交流当中就能够占领潮头。

（11）精准合作。中国电影一直渴望打进海外市场，但成就寥寥。首先应将文化同源的亚洲市场当作国内市场的延伸，将日、韩等深受儒家文化浸染的国家作为中国电影"走出去"的首站，再进一步与近邻加强合作，《狄仁杰之通天帝国》在韩国、法国就取得了不俗的票房表现。其实亚洲电影优秀的从业人员聚集在一起完全可以达到跟好莱坞基本抗衡的状态。而对于以欧美国家为主的异质文化市场，不妨利用好莱坞对中国文化有新鲜感、神秘感的兴趣，通过提供内容的方式，先输出形象和故事，同样可以起到提升中国文化影响力的作用。日本、韩国甚至是泰国曾有不少电影被好莱坞买去翻拍成英文版，而我国香港电影《无间道》被好莱坞翻拍，并且获得奥斯卡大奖的《无间行者》就是一个内容输出的成功案例。

（12）鼓励创新。中国电影进入海外商业院线的数量非常有限，究其原因，在于中国电影还未找到一种表达方法——在符合西方观众审美意识的文化风格下叙述原汁原味的中国故事，并让西方观众深刻理解中国电影中所蕴含的文化背景和思想观念。我国传统文化历史悠久，但由于创新能力不强，丰富的文化资源未得到有效开发利用。世界各国对中国文化的认识几乎止于中国传统文化，大量反映封建文化的历史剧成为热播剧目，我国文化"走出去"被误解为文化"扩张"等。基于文化软实力所具有的通过吸引、感召、同化等手段而获得客体的认同、亲近、归属感的特点，中国电影应该有意识地融入有助于增加国际认知度的内容，探索中国好故事，照顾到更大范围受众的文化需求和欣赏习惯，从而增强吸引力和感染力。这些都是"走出去"需要认知和实施的总的文化策略。公路喜剧片的代表作《泰囧》借鉴了好莱坞创作手法，在笑点设计上融合当下流行的话题，满足了国内观众的心理期待，符合国人的情感诉求。但在情节设计上，尚未能走出对国外类型片模仿、借鉴的路子，创新不足。另一方面，中国式幽默在跨文化交流中无法引起海外观众的共鸣，没有找到本土性与全球性的最佳契合点。以此为鉴，中国应多拍有创新的"公路喜剧""高铁喜剧"等。充分利用当代中国高科技成就，采用高科技手段，提升影片观赏性，打造具有国际市场竞争力的影片。

（13）文化研究。西方发达国家是文化产业研究的发源地，研究成果和研究实力在世界领先。因此，在科学理论的指导下，西方国家利用其完备的产业链优势、雄厚的经济实力以及丰富的国际营销经验，能够准确地掌握中国市场的需求，实现精准高效的传播。中国从改革开放以来，不断地引进和吸收西方先进的科技和文化产品，这就使得中国受众在潜移默化中接触到了西方的生活方式、文化方式和意识形态。相比于西方国家的人们对中国认识的局限性，中国观众更容易接受带有西方特色的文化产品，这就导致许多影片在海外的受欢迎程度与国内相比具有较大的差异。任何文化产品都源于文化，文化产品有自己的特殊性，人们在接受不熟悉的产品时，文化差异导致理解和认知不同，兴趣、语言、文化背景、历史传统、社会道德都会使文化产品的文化价值大打折扣——文化折扣。两部曾经在亚洲地区均取得高票房的《赤壁》和《投名状》败走西方主流电影市场即是此类问题的典型例证。1998年的美国动画片《花木兰》和2005年的《功夫熊猫》在中国火爆上映，在中国赚足了口碑和票房。中国电影人不得不惊叹美国电影的巧妙构思和精致画面，而这两部电影采用的题材正是自身认为难以开发出新意的中国传统题材。《功夫梦》《功夫熊猫》等都是用好莱坞故事的"瓶子"装中国故事的"酒"，中国文化元素如面条、饺子、武功秘笈，包括四合院等在影片中一一展现。中国电影人不得不反思：为什么美国好莱坞电影讲这些中国故事的时候不但没有文化折扣，反而成了文化卖点？根本原因是好莱坞做足了功课，彻底了解了中国的文化心理。我们必须要研究他们的叙事手法、故事策略和话语方式，最重要的就是要善于用普适价值来表达中国。

（14）挖掘资源。我国拥有五千多年的灿烂历史文明，有着丰富的人文、自然等文化资源。各种历史古迹、文物均蕴含着无穷文化魅力和财富。中国的现代化伟大成就，如高铁、天眼、风电、太阳能、桥梁、高速公路、摩天大楼等，中国英雄、中国精神、中国智慧、中国速度、中国制造、中国创造……这些丰富的文化资源为我国电影产业发展提供了非常好的题材。我们要通过电影作品，表达、创造有充分本土特点的探求欲，满足观众对新奇视觉镜像的需求，充分利用具有民族特质的人文空间民族文化，生产和传播有别于目标市场的民族性图景，提供给观众不同的视觉感受和情感感受的镜像内容，这正是我国电影的优势所在。中国是一个坐拥5000年文明历史的大国，就算一年拍摄一部，总共拍上5000部电影，也只能反映出我国民族文化的冰山一角。改革开放四十年的伟大成就，每一年都有动人的故事。这对我国的国产电影来说无疑是绝佳的资源，丰满的文化为其带来广阔的发展空间。

（15）中国精神。中国的电影、电视节目缺少特别能够直指人心的作品。中国电影的制作技术在迅速提高，画面、音效精美化的同时，电影对精神层面的追求却仍须提高，普遍存在缺乏人文关怀、缺乏精神追求等现象，很难令人满意，甚至被反映水准下降。无论是大片还是艺术片，大都远离现实，没有时代感和精神高度，不关心电影所表现的文化，放逐精神，降低高度，普遍化地远离心灵，尤其是远离在复杂的急剧变化的社会形态当中每一个人的内心世界，这使得观众对中国电影的前途感到一片茫然。电影是国家文化软实力的体现之一，成为传播国家的核心价值和民族文化的精粹的媒介载体，承载着国家形象、价值观念、精神和文化等元素。民族文化的尊严感是中华民族的精神火种，是我们得以前行的精神火炬。每个民族的文学艺术都有自己民族的文化身份和美学的独特性、本土性。中国电影的文化身份，第一要有自己的国家文化形象，讲好中国故事，传递出价值内核，表达出中国的文化、价值观和审美特质。第二要有中国精神，电影创作者要关注我们的民情、民生，要为民生写作。谢晋导演曾说："一个真正的艺术家，同时也应该是一个思想家，应该通过他的影片对一些社会问题发言。而当下，忙着以精美画面和大型炒作来吸引观众进影院的导演们，习惯于戏说，不习惯思考，所拍摄的影片缺少精神，缺乏文化，缺乏对深刻人性的思考。攀登精神高度，这是中国电影无论是大片还是中小影片当中都不可或缺的一个非常重要的元素，或者是一个非常基本的条件。"我们应该同时强调话题、主题的共通性和视角的差异性，以中国视角看待人类共通性问题，而不是刻意表现中国式民俗、陋规或武侠精神。中国精神、中国形象、中国故事、中国速度的世界性表达和传播能力，与之前相比没有实质性提升，与国际电影的主流形态存在差距。在复杂的急剧变化的时代氛围中，中国电影要建立精神坐标，寻找精神高度。

总之，随着中国国家经济实力的提升和在经济全球市场中地位的提升，中国的国际地位和国际影响也在日益扩大，这对中国文化提出了严峻的历史挑战——中国文化软实力能否与经济硬实力一起，推动中华民族的伟大复兴。简而言之，文化软实力对内是凝聚力，对外是影响力。电影作为一种特殊的文化产品，在国内国外传导效应和影响效应巨大。而"一带一路"的提出，我国大力倡导和平发展，积极主动发展与沿线国家的经济合作伙伴关系，共同打造政治互信、经济融合、文化包容的利益共同体和命运共同体。电影的重要性使其成为各国文化竞争的又一战场，电影产业得到了世界各国的重视。我国的电影发行到国外很难，中国电影的对外影响力还很小。中国文化要通过电影传播出去，还必须继续提高中国电影产品的国际传播能力，不断地扩大中国电影在世界的传播范围，渐渐地成为国际主流文化。实现民族复兴最重要的除了发展经济、发展军事，还要改变在文化领域里影响中国的现象，我们要把"影响中国"变为"中国影响"。要加快实现我国由电影生产大国向电影生产强国转变，需要广大电影工作者坚持贴近实际、贴近生活、贴近群众，以创作为先导，以改革创新为动力，以高新技术为支撑，以人才为保证，加快推动我国电影产业实现新的跨越发展。在坚守自身文化特色、主流价值观和审美观的同时提高中国电影的市场化程度，形成市场品牌，让自己的文化成为世界文化。只有将中国的传统文化转化为被当代人所接受的现代文化，以"中国元素，国际表达"为理念，用现代化的、国际化的方式去表现中国传统文化，才能够继续扩大中国电影业在国际交流中的传播范围，不断增强中国电影这一文化软实力。在这样一个大的背景下，电影之于中国，显得尤为重要。在国家"引进来，走出去"的宏观战略下，如何让中国电影产业"走出去"，获得经济与文化的双发展，进而为中国的国际战略开拓道路，是一个值得研究的课题。

结　　语

以地理大发现为标志的海洋时代打造了西方国家五百年"走出去"的道路，带给世界的却不是福音，而是殖民、掠夺和战争，包括两次世界大战。新时代中国的"走出去"，带给世界的是和平发展、共同发展和人类命运共同体。中国用了七十年走上了和平崛起的现代化道路，完成了西方几百年才走完的工业化道路，但走出去的道路注定不平凡也不平坦。时至今日，中国已经成为世界第二大经济体和第二大消费国，也是世界唯一一个具备全部工业门类、全工业体系的国家，这必将是中国企业走出去的底气和信心。

中国的现代化并未完成，在这个世界上仍然存在着企图阻碍中国实现现代化的外部力量，有的已经充分显现和暴露出来，有的还是隐藏着的和潜在的。在世界局势面临"百年未有之大变局"的背景下，中国的"一带一路"倡议不仅是中国给自己指出的一条道路，也是给世界指明了道路，走这条道路的目标就是道路沿线各国经济的繁荣、区域经济的合作、不同文明的互鉴、世界和平的发展。这条道路让中国企业很容易看清楚哪些是朋友、哪些是难点、哪些是危险，尤其是中国企业无法躲过中美关系变化带来的经营风险。

中国企业走出去要面临的另外一个重要环境变化是新工业革命的孕育。第一次工业革命让英国企业走向世界，第二次工业革命让美国企业走向世界，第三次工业革命让美国企业成为世界霸主。第四次工业革命已经在路上。这一次新工业革命是中国企业走出去和能否走在世界前沿的关键时期。中国企业能否能重现美国企业那样的辉煌尚不得而知，但作为中国最成功企业之一华为的遭遇表明，任何中国企业走出去的艰难程度注定要远远大于美国企业。

中国企业走出去面临的政治因素和文化因素尤为突出。政治因素多为显性的，而文化因素多为隐性的。国际政治风云变幻，中美关系是最大的政治变量。上世纪后五十年中苏关系从友好转变为破裂，中美关系从敌对转变为建交，而美苏关系从冷战转变为缓和。大国关系的变迁一定是这场百年未有之大变局最重要的变量。美国国内企图以"新冷战"来促使中国走前苏联结局的势力不时甚嚣尘上，"逆全球化""去中国化""美国优先"思潮也颇有市场。但上一个一百年的历史已经让世界人民懂得，和平、发展、全球化才是通往美好生活的唯一正确道路，生活在 21 世纪的一百年的世界人民绝不会让上世纪的人间悲剧重演。中国和"一带一路"沿线各国共建起来的经济带已经证明"一带一路"带来是双赢、多赢、共赢，而不是你输我赢。

全球战略将是中国企业走出去必备的基本功。全球卖、全球买、全球学、全球游、全球就业、全球支付标志着拥有十四亿人口的中国在生产方式、生活方式发生了根本性改变，中国人的生产能力和消费能力都达到了历史空前的高度，占全球人口四分之一的中国人势必形成不可遏制的洪流改变世界。基于全球化趋势，全球思维、全球布局、全球运作、全球调动、全球分配、全球支配、全球制造、全球一体将是任何一家有志成为一个国际化企业的基本能力。

与美国、前苏联、英国、日本、德国等这些全球化能力比较成熟的国家相比，中国还处于全球化初期阶段，中国企业也是刚刚学会跨出国门，其跨国化、国际化、全球化能力比美国企业、英国企业、德国企业、日本企业相比还有很大的差距。

基于以上认识，囿于作者个人有限的能力，本书仅仅是尝试以全球化视野下的文化视角提供给中国企业一孔之见而已。特此感谢北京物资学院外国语言与文化学院领导以及文化传播教研室同仁的大力支持。

参考文献

[1] [美] 斯塔夫里阿诺斯著，董书慧，王昶，徐正源，译. 全球通史（第七版）[M]. 北京：北京大学出版社，2005.

[2] [美] 威尔·杜兰特. 世界文明史：信仰的时代 [M]. 北京：华夏出版社，2010.

[3] 丁一凡. 大潮流——经济全球化与中国面临的挑战 [M]. 北京：中国发展出版社.

[4] 卫灵，管文虎. 当代世界经济与政治 [M]. 北京：中国人民大学出版社，2007.

[5] [英] 马林诺夫斯基. 科学的文化理论 [M]. 北京：中央民族大学出版社，1999.

[6] [美] 帕拉哈拉德，伊夫·多茨，著. 跨国公司使命 [M]. 王文彬，等，译. 北京：华夏出版社，2001.

[7] [美] 塞缪尔·亨廷顿，劳伦斯·哈里森，主编. 文化的重要作用———价值观如何影响人类进步 [M]. 程克雄，译. 北京：新华出版社，2002.

[8] [美] 约瑟夫·奈. 美国定能领导世界吗 [M]. 何小东，盖玉云，等，译. 北京：军事译文出版社，1992.

[9] [美] 约瑟夫·奈. 软力量：世界政坛成功之道 [M]. 吴晓辉，钱程，译. 北京：东方出版社，2005.

[10] 曾政辉. 跨文化管理文献综述 [J]. 大众科技，2006（6）：163 – 164.

[11] 关世杰. 中国跨文化传播研究 十年回顾与反思 [J]. 对外大传播，2006（12）：14.

[12] [德] 马克思，恩格斯. 共产党宣言 [M]. 北京：人民出版社，1997.

[13] 王斯德，钱洪，主编. 世界当代史 [M]. 北京：高等教育出版社，1989.

[14] 王晓德. 关于冷战后美国对外文化战略的思考 [J]. 社会科学战线，2000（1）.

[15] 王晓德. 美国文化与外交 [M]. 北京：世界知识出版社，2000.

[16] 黎信. 浅说文化帝国主义 [J]. 新闻爱好者，2000（2）.

[17] 李希光，刘康. 妖魔化与媒体轰炸 [M]. 南京：江苏人民出版社，1999.

[18] 马克思，恩格斯. 马克思恩格斯选集（第4卷）[M]. 人民出版社，1972.

[19] 恩格斯. 《社会主义从空想到科学的发展》英文版导言 [M] // 马克思，恩格斯. 马克思恩格斯全集（第三卷）. 北京：人民教育出版社，1995.

[20] [美] 鲁思·本尼迪克特. 菊与刀 [M]. 一兵，译. 武汉：武汉出版社，2009.

[21] [德] 马克思. 《政治经济学批判》导言 [M] // 马克思恩格斯选集（第二卷），北

京：人民出版社，1972.
［22］张慧诚. 美国独立战争时期文学中的主体精神［J］. 昌吉学院学报，2009（3）.
［23］［德］马克思·韦伯（Weber. M）. 新教伦理与资本主义精神［M］. 康乐，简惠美，译. 桂林：广西师范大学出版社，2007.
［24］美国国家概况. https：//www. fmprc. gov. cn/web/gjhdq_676201/gj_676203/bmz_679954/1206_680528/1206x0_680530/.
［25］［美］塞缪尔·亨廷顿. 文明的冲突与世界秩序的重建［M］. 北京：新华出版社，2010.
［26］［美］威廉·詹姆斯. 实用主义［M］. 北京：商务印书馆，1979.
［27］美国国务院. 2010年人权国别报告［R］. 2010.
［28］［美］迈克尔·H. 亨特. 意识形态与美国外交政策［M］. 北京：世界知识出版社，1999.
［29］W. L. Morton, The Canadian Identity（second edition）［M］. London：The University of Wisconsin 1972.
［30］［美］约瑟夫·奈. 美国霸权的困惑——美国为什么不能独断专行［M］. 北京：世界知识出版社，2002.
［31］北京大学日本研究中心. 日本学（第二辑）［M］. 北京：北京大学出版社，1990.
［32］宁骚. 非洲语言和文字［J］. 西亚非洲，1983（5）：51.
［33］［德］恩格斯. 论封建制度的瓦解和民族国家的产生［M］//马克思，恩格斯. 马克思恩格斯全集（第21卷），北京：人民出版社，1971.
［34］［美］依兰·斯塔文斯，著. 加西亚·马尔克斯传［M］. 史国强，译. 北京：现代出版社，2015.
［35］［英］尼尼安·斯马特. 世界宗教（第二版）［M］. 高师宁，等，译. 北京：北京大学出版社，2004.
［36］王仲义. 犹太教史话［M］. 北京：商务印书馆，1984.
［37］［法］米歇尔·盖尔特曼. 跨国公司［M］. 北京：商务印书馆，1998.
［38］正弘. 跨国公司历史追溯［J//OL］. 人民日报海外版（第十版），2001-09-28. http：//www. people. com. cn/GB/paper39/4343/496104. html.
［39］John. H. Dunning. Location and the Multinational Enterprises a Neglected Factor［J］. Journal of International Business Studies，1998（01）.
［40］［美］彼得·德鲁克（Peter Drucker）. 管理——任务、责任、实践［M］. 北京：中国社会科学出版社，1987.
［41］姜岩. 有效的跨文化管理是跨国经营成功的关键［J］. 决策借鉴，1997（5）：10-11.
［42］朱忠武，等，编著. 德国现代史［M］. 济南：山东大学出版社，1986.
［43］托马斯·K. 麦格劳. 现代资本主义［M］. 南京：江苏人民出版社，1999.

[44][英]克里斯·弗里曼, 罗克·苏特. 工业创新经济学[M]. 北京: 北京大学出版社, 2004.

[45][日]涩泽荣一. 右手论语, 左手算盘[M]. 戴璐璐, 译. 北京: 中国言实出版社, 2007.

[46][日]松下幸之助. 企业即人[M]. 李静, 译. 北京: 人民邮电出版社, 2017.

[47][美]戴维·A. 科利尔, 詹姆斯·R. 埃文斯. 运营管理(第2版)[M]. 北京: 北京大学出版社, 2009.

[48]刘笑盈. 中外新闻传播史[M]. 北京: 中国传媒大学出版社, 2007.

[49][美]特雷斯·E. 迪尔, 阿伦·A. 肯尼迪. 企业文化——现代企业精神支柱[M]. 唐铁军, 叶永青, 陈旭, 译. 上海: 上海科学技术文献出版社, 1989.

[50]周芳玲. 企业家的经营哲学: 德鲁克与松下幸之助企业经营理念比较[M]. 北京: 中国社会出版社, 2013.